统计软件应用与方法系列丛书

基于R的计量经济学应用

（基础篇）

李忠武 程 胜 李奇明 编著

中国统计出版社
China Statistics Press

图书在版编目(CIP)数据

基于R的计量经济学应用. 基础篇 / 李忠武, 程胜, 李奇明编著. —— 北京 : 中国统计出版社, 2024. 12.
(统计软件应用与方法系列丛书). —— ISBN 978-7-5230-0680-1

Ⅰ. F224.0-39

中国国家版本馆CIP数据核字第2025SF9508号

基于R的计量经济学应用(基础篇)

作　　者/李忠武　程　胜　李奇明
责任编辑/姜　洋
封面设计/黄　晨
出版发行/中国统计出版社有限公司
通信地址/北京市丰台区西三环南路甲6号　邮政编码/100073
发行电话/邮购(010)63376909　书店(010)68783171
网　　址/http://www.zgtjcbs.com
印　　刷/河北鑫兆源印刷有限公司
经　　销/新华书店
开　　本/787×1092mm　1/16
字　　数/310千字
印　　张/13
版　　别/2024年12月第1版
版　　次/2024年12月第1次印刷
定　　价/42.00元

前　言

计量经济学是经济学的重要分支之一。进入21世纪以来，随着计算机技术、信息技术以及人工智能技术的发展，计量经济学的应用得到了迅速的普及，并对中国经济和社会的高质量发展与决策起到了科学性、实用性和建设性的作用。

R语言以其免费、开源、可视化能力强和软件包生态系统丰富而受到了越来越多计量建模人员的青睐。尤其是基于整洁流的tidyverse系列扩展包的日益完善，让传统base R陡峭的学习曲线变得更加平易近人，真正实现"所想即所得"。RStudio推出的集成开发环境借助于Quarto或Rmarkdown使得计量经济学与统计软件的融合更加便捷，从数据处理、图形可视化、随机模拟、动态分析到模型结果的报告输出均可以轻易实现可重现性。

本教材以一定的数学和统计学知识为基础，但不拘泥于细节推导，更多强调计量模型及方法与R软件的结合以及模型输出结果的分析与解读，基础薄弱的读者可以追踪阅读书后的参考文献予以弥补。书中R代码全部基于tidy R，且大部分计量模型采取包含手动编写代码在内的多种方法实现，使读者可以根据需要进行学习、拓展和延伸。

编者拟根据读者的现有水平，将计量经济学及其R应用分成基础篇、进阶篇和高级篇三册。本教材（基础篇）在遵从课程教学大纲的前提下，以全面统筹规划、统一编写要求、科学分工合作的形式展开编撰，分工如下：第1—4章由李奇明完成；第5—8章由唐鹏程完成；第9—12章由李忠武完成；第13—14章由程胜完成；全书由李忠武总纂稿。

本教材的适用对象既可以是经济管理类、人文社科类专业的本科生，也可以是生物、医药、地质、资源、环境等自然科学的本科生及研究生。建议授课学时不少于48学时，其中上机实践12～16学时。

因编者水平有限，书中难免会有不妥乃至错漏之处，敬请读者不吝批评指正！

李忠武

2024年10月于武汉新城

目　录

第1章　软件准备 ……1

1.1　软件的下载与安装 ……1

1.2　R包管理模式 ……2

1.3　R文件管理 ……2

1.4　R运算符 ……3

1.5　集成包 tidyverse 简介 ……5

第2章　统计知识回顾(一)——描述统计 ……13

2.1　描述统计的目的 ……13

2.2　数据集与扩展包 ……13

2.3　统计描述的R应用 ……14

第3章　统计知识回顾(二)——推断统计 ……26

3.1　概述 ……26

3.2　单样本 t 检验 ……26

3.3　独立样本 t 检验 ……30

3.4　配对样本 t 检验 ……34

3.5　方差分析 ……38

第4章　统计知识回顾(三)——相关分析 ……43

4.1　协方差与相关系数 ……43

4.2　扩展包 ggstatsplot 中的相关分析 ……46

第5章　一元线性回归模型 ……50

5.1　模型表达及基本假定 ……50

5.2　一元回归方程的拟合 ……51

5.3　一元回归模型在R中的实现 ……53

第6章　一元回归模型的拓展与延伸 ……68

6.1　过原点回归 ……68

6.2　测量尺度变化 ……72

6.3 标准化回归 …………73
6.4 对数转换模型 …………74
6.5 倒数模型 …………77
第7章 多元线性回归模型 …………80
7.1 模型概述 …………80
7.2 多元回归的参数估计与假设检验 …………80
7.3 模型的诊断 …………82
7.4 多元回归模型的R实现 …………82
第8章 多元回归模型的拓展与延伸 …………89
8.1 含定性解释变量的回归模型 …………89
8.2 多项式回归模型 …………91
8.3 受约束的最小二乘法 …………91
8.4 案例及R实现 …………92
第9章 回归模型的诊断与补救——异方差 …………104
9.1 异方差的表现形式 …………104
9.2 异方差存在时方差协方差的计算 …………107
9.3 异方差的诊断方法 …………107
9.4 异方差的补救措施 …………109
9.5 异方差诊断的R实现 …………112
9.6 异方差补救的R实现 …………120
第10章 回归模型的诊断与补救——多重共线性 …………128
10.1 多重共线性及其后果 …………128
10.2 多重共线性的诊断 …………128
10.3 多重共线性的补救措施 …………129
10.4 多重共线性诊断的R实现 …………129
第11章 回归模型的诊断与补救——自相关 …………134
11.1 自相关的表现形式 …………134
11.2 自相关产生的原因及后果 …………134
11.3 自相关的诊断 …………135
11.4 自相关的补救措施 …………138
11.5 自相关诊断的R实现 …………139
11.6 自相关补救的R实现 …………145

第12章　回归模型的诊断与补救——异常值 ……150
12.1　概念厘清 ……150
12.2　异常值产生的原因及后果 ……151
12.3　异常值的诊断 ……152
12.4　异常值的处理策略 ……153
12.5　异常值诊断的R实现 ……154
12.6　异常值补救的R实现 ……158
第13章　模型设定与变量选择 ……160
13.1　模型选择准则 ……160
13.2　模型设定检验 ……162
13.3　模型变量选择 ……163
13.4　信息准则计算的R实现 ……164
13.5　模型设定检验的R实现 ……166
13.6　变量选择的R实现 ……171
第14章　二分因变量回归模型 ……177
14.1　线性概率模型 ……177
14.2　Logit回归模型 ……178
14.3　Probit回归模型 ……179
14.4　模型假设检验与拟合优度 ……179
14.5　混淆矩阵 ……180
14.6　ROC曲线与AUC ……182
14.7　LPM模型的R实现 ……183
14.8　逻辑斯蒂模型的R实现 ……186
参考文献 ……198

第 1 章
软件准备

《计量经济学》是经济学类、管理学类专业的必修基础课程，也是一门融合了数学、经济学和统计学等课程的综合性课程。本教材适用于已经学完《高等数学》《线性代数》《概率论》以及《统计学》等先修课程，正在学习《计量经济学》且对 R 语言有一定基础的大学本科学生。如果读者需要对统计学相关知识进行复习，本书在第 2—4 章准备了描述统计、推断统计以及相关分析等统计学 R 应用的简要回顾。如果读者已经对 R、RStudio 和 Rmarkdown 有所了解，可以直接忽略本章内容。如果读者想从其他软件如 STATA、SPSS、Eviews 等转入到 R 语言，本章将为您提供一个快速搭建计量经济学 R 应用的基本软件框架。

1.1　软件的下载与安装

1.1.1　R 的下载与安装

R 软件是一个免费、开源软件平台，具有统计分析、可视化和编程等强大功能。读者可以根据自己的操作系统从官网 https://cran.r-project.org/免费下载相应的 R 版本。本书使用的版本为 R-4.2.2 for Windows。双击下载的可执行文件（R-4.2.2-win.exe）并设置安装路径（建议安装在非系统盘，如 D:/R）即可完成安装。

如果电脑上已经有老版本的 R，只需要用 installr 包中的 updateR()函数即可实现版本的更新。代码如下：

```
install.packages("installr")      # R扩展包只需要安装一次
library(installr)    # R扩展包使用前需要首先加载
updateR()
```

然后根据提示即可完成 R 的版本更新和现有扩展包的迁移。

1.1.2　RStudio 的下载与安装

安装完 R 后，读者可以在 R 自己的 GUI 中展开工作，但是为了更好地使用 R，强烈建议使用更加友好的 RStudio，它是界面友好、功能强大、使用灵活的 R 集成开发环境（IDE）。读者可以根据自己的操作系统从官网 https://posit.co/download/rstudio-desktop/免费下载相应的 RStudio 桌面版。双击下载的可执行文件（RSTUDIO-2024.04.2-764.EXE）并设置安装路径（建议安装在非系统盘，如 D:/RSTUDIO）即可完成安装。

RStudio 默认包含 4 个视窗，左上角是编辑视窗（Source Pane），主要用来编写代码，可以显示 R 脚本文件、R Markdown 文件、R Notebook 文件以及浏览数据集等信息；左下角是 R 控制台（Console），可以显示执行的代码，也可以临时输入 R 命令用于调试代码；右上角是环境/历史

(Environment/History)视窗,用于显示各种数据对象和历史命令记录;右下角是文件/图形/R包/帮助(Files/Plots/Packages/Help)视窗,分别用于显示当前工作目录下的文件、脚本文件输出的统计图形、安装和加载的R扩展包以及R的帮助系统。读者可以根据自己的偏好在菜单Tools/Global Options中定制个性化的视窗布局、代码风格和外观主题等。

1.1.3 Rmarkdown生成分析报告

为了更好地展示和分享统计分析结果或者让其他人能重复或验证我们的分析结论,可以将研究背景、研究方法、分析过程以及研究结果以文字、公式及图表等形式输出一份完整的报告。

Rmarkdown可以帮助我们生成这样的可重复性报告。它可以使R代码和报告无缝衔接,可以方便地实现数据替换、代码调试、参数选择以及形式美化等。Rmarkdown被集成在RStudio中,无需单独下载安装。R代码既可以单独以代码块(Code Chunks)的形式出现在markdown文件(.Rmd)中,也可以直接插入在文本中。其中代码块以``` {r}开始,以```结束,在Windows操作系统中用快捷方式Ctrl + Alt + I可以快速创建代码块。Rmd文件经过编译(Knit)后可以输出为HTML、PDF、MS Word和ePub等多种格式的文档。更多关于Rmarkdown的使用细节,请登录网站https://www.markdowntutorial.com/查看详细说明。

1.2 R包管理模式

R包(Packages)是可共享的代码、数据、文档、测试等的集合,包含基础包(Base Packages)和扩展包(Contributed Packages)。基础包包含在R安装程序中,在打开R的同时已经被自动加载,而扩展包则需要单独安装和加载才能使用。安装包用install.packages("包名称")函数实现,扩展包只需安装一次,每次使用时只需要用library(包名称)函数加载即可。当某个扩展包需要更新时,可以用update.packages("包名称")函数实现。读者可以访问网站https://cran.r-project.org/web/packages/根据主题(Name)或日期(Date of Publication)查看各种扩展包,进而通过访问网站https://cran.r-project.org/web/views/Econometrics.html查看各种与计量经济学(Econometrics)有关的扩展包。

本章用到的扩展包有:

```
library(ggplot2)
library(dplyr)
library(tidyr)
library(broom)
library(tibble)
library(cowplot)
```

1.3 R文件管理

1.3.1 工程文件

用R做统计数据分析经常会用到各种类型的文件,比如数据文件、R脚本文件、Rmd文件、统计图形文件等。用工程(Project)文件对这些零散的文件进行管理是一个非常高效的方法,既可以实现多人多机资源共享,又可以免去频繁设置或变更工作路径的烦恼。

在RStudio菜单中,点击File / New Project…创建一个新的工程文件,然后将所有的零散文件放在工程文件的工作目录或下级目录中即可,下次使用时只需要打开该工程文件就可以载入所有的工作文件。

1.3.2 读取数据文件

针对不同格式的数据文件类型,R提供了十分丰富的数据读取函数。表1.1列出了常见数据文件的读取方法。

表1.1 R读取数据文件的函数一览表

数据来源	文件格式	R读取函数
纯文本	.txt	read.table()
逗号分隔值	.csv	read.csv()或readr::read_csv()
EXCEL	.xls或.xlsx	readxl::read_excel()
SPSS	.sav	haven::read_sav或foreign::read.spss()
SAS	.sas7bdat	haven::read_sas()
STATA	.dta	haven::read_stata()
R	.Rdata	load()
R	.rds	readr::read_rds()
Internet	URL <- "https://website/data.csv"	readr::read_csv(URL)

1.4 R运算符

R提供了各种用于赋值、数学运算、大小比较等的运算符,包括分配符、算术运算符、关系运算符以及逻辑运算符等。本节对这些运算符做概要介绍。

1.4.1 分配符

分配符用于将某些特定的取值赋值给向量,常见的有左分配符和右分配符。表1.2列出了常用的分配符及其用法举例。

表1.2 R中的分配符

分配符	功能	用法举例
<- 或 = 或 <<-	向左赋值	v1 <- c(1, 0.5, FALSE, 3 + 4i) v1 ## [1] 1.0+0i 0.5+0i 0.0+0i 3.0+4i
-> 或 ->>	向右赋值	c(1, 1/3, -100) ->> v2 round(v2, 2) ## [1] 1.00 0.33 -100.00

1.4.2 算术运算符

算术运算符可以实现向量的加、减、乘、除、乘方等基本算术运算。假设有两个向量a和b,且a=c(1, 3, 5),b=c(2, 4, 6),表1.3列出了常用的算术运算符及其运算结果。

表1.3 R中的算术运算符

算术运算符	功能	运算结果
a + b	向量加法	## [1] 3 7 11
a − b	向量减法	## [1] −1 −1 −1
a * b	向量乘法	## [1] 2 12 30
a / b	向量除法	## [1] 0.50 0.75 0.83
a %% b	向量求余	## [1] 1 3 5
a %/% b	向量求商	## [1] 0 0 0
a %*% b	向量点乘(内积)、矩阵乘法	## [,1] ## [1,] 44
a^b	向量求幂	## [1] 1 81 15625

1.4.3 关系运算符

将第一个向量的每个元素与第二个向量的相应元素进行比较,比较的结果为布尔值TRUE或FALSE。这里依然以1.4.2节中的向量为例,表1.4列出了常用的关系运算符及其运算结果。

表1.4 R中的关系运算符

关系运算符	功能	运算结果
a > b	是否大于	## [1] FALSE FALSE FALSE
a < b	是否小于	## [1] TRUE TRUE TRUE
a == b	是否等于(注意这里是双等号)	## [1] FALSE FALSE FALSE
a >= b	是否大于等于	## [1] FALSE FALSE FALSE
a <= b	是否小于等于	## [1] TRUE TRUE TRUE
a != b	是否不等于	## [1] TRUE TRUE TRUE

1.4.4 逻辑运算符

逻辑运算符一般适用于逻辑类型的向量,常见的有逻辑与(&)、逻辑或(|)以及逻辑非(!)等。逻辑与运算符是将第一个向量的每个元素与第二个向量的相应元素组合,如果两个元素都为TRUE,则结果输出为TRUE,否则一律输出为FALSE。逻辑或运算符是将第一个向量的每个元素与第二个向量的相应元素组合,只要有一个元素为TRUE,则结果输出为TRUE,只有当两个元素均为FALSE时才输出为FALSE。逻辑非运算符则是对向量的每个元素都给出相反的逻辑值。多个向量的逻辑运算仍然遵循上述规则。假设有两个逻辑型向

量,a <- c(TRUE, FALSE, FALSE),b <- c(FALSE, TRUE, FALSE),表1.5列出了常用的逻辑运算符及其运算结果。

表1.5 R中的逻辑运算符

逻辑运算符	功能	运算结果
a & b	逻辑与	## [1] FALSE FALSE FALSE
a | b	逻辑或	## [1] TRUE TRUE FALSE
!b	逻辑非	## [1] TRUE FALSE TRUE

1.4.5 其他运算符

R还提供了冒号运算符、管道运算符等其他方便实用的运算符,符号及使用方法如表1.6所示。

表1.6 R中的其他运算符

其他运算符	功能	运算结果
:	创建整数序列	X <- 1:8 X ## [1] 1 2 3 4 5 6 7 8
%in%	判断某个元素是否属于某个向量	6 %in% X 9 %in% X ## [1] TRUE ## [1] FALSE
%>%	管道运算符,用于将左边的对象作为第一个参数传递给右边的函数	1:100 %>% head(10) ## [1] 1 2 3 4 5 6 7 8 9 10 1:100 %>% head(10) %>% sum() ## [1] 55

1.5 集成包tidyverse简介

全球的R语言用户几乎无时无刻不在贡献各种各样的扩展包,但这是一把双刃剑,在扩大选择余地的同时也面临着风格不统一、底层逻辑不一致、数据结构与接口"五花八门"乃至"选择成本"太高等问题。tidyverse包集合了一系列共享设计理念、语法逻辑一致、数据结构相通的R扩展包,大大地提高了R数据处理、统计分析、模型构建的"整洁性"。本书几乎所有的代码均采用基于"整洁流"(tidy-flow)的编写模式。在加载tidyverse包时,R会自动加载ggplot2、purrr、tibble、dplyr、tidyr、stringr、readr以及forcats等核心功能包,代码如下:

```
library(tidyverse)
## —— Attaching packages ——————————————— tidyverse 1.3.2 ——
## ✔ ggplot2 3.4.0     ✔ purrr   0.3.4
## ✔ tibble  3.1.8     ✔ dplyr   1.0.10
## ✔ tidyr   1.2.1     ✔ stringr 1.4.0
## ✔ readr   2.1.1     ✔ forcats 0.5.1
## —— Conflicts ———————————————————————— tidyverse_conflicts() ——
## ✖ dplyr::filter() masks stats::filter()
```

```
##  ✖ dplyr::lag()    masks stats::lag()
```

本节重点介绍几个本书使用比较多的扩展包。

1.5.1 扩展包 ggplot2

扩展包 ggplot2 是 tidyverse 的核心包之一，主要用于数据可视化(Data Visualization)，它是由 RStudio 首席科学家 Hadley Wickham 开发的作品。ggplot2 基于分层图形语法，功能强大，使用灵活，已经发展成为 R 绘图领域最受欢迎的扩展包。

Hadley Wickham 认为，一幅统计图形就是从数据(data)到几何形状(geometric)所包含的图形属性(aesthetic attribute)的一种映射。

该包中的 ggplot()函数共有 7 个主要图层，分别是数据(框)、映射(mapping)、几何形状、统计变换(stats)、标度(scale)、坐标系(coordinate)和主题(theme)。其中，前三个是必需的。图层与图层之间用“+”号连接，而且“+”号只能放在一行完整代码的后面。ggplot()函数的绘图代码如下(以基础包 datasets 中的数据集 Orange 为例)，输出结果如图 1.1 所示。

```
ggplot(data = Orange,
       mapping = aes(x = age,
                     y = circumference,
                     size = factor(Tree))) +
  geom_point(alpha = 0.5) +
  labs(x = "Age of the Tree(days)",
       y = "Trunk Circumference(mm)",
       title = "Trunk Circumference increases with the Age",
       caption = "Source: R Base Datasets") +
  theme_bw() -> figure01
figure01
```

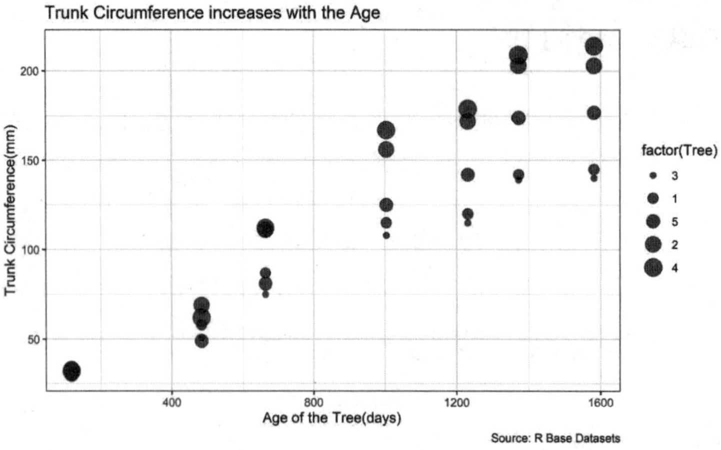

图1.1 ggplot2绘图示例

可以用 ggsave()函数将图形保存在指定的路径，R 代码如下：

```
ggsave(filename = "scatter_plot_orange.png",
       plot = figure01,
```

```
    width = 20,     # 图片宽度
    height = 12,    # 图片高度
    units = "cm",    # 单位
    dpi = 600)   # 设定图片分辨率
```

更多细节请参考 ggplot2: Elegant Graphics for Data Analysis(https://ggplot2-book.org/)以及 The R Graph Gallery(https://r-graph-gallery.com/)等免费在线教材。

1.5.2 扩展包 dplyr

dplyr是 tidyverse 的另一个核心扩展包,主要用于数据处理(Data Wrangling)。该包可以十分高效地实现数据筛选、数据分组、变量选择与变换、数据排序以及统计汇总等工作。本节以 ggplot2 包中的 diamonds 数据集为例,实现 dplyr扩展包的六大核心功能,即

(1)用 filter()函数实现数据筛选(行选择);

(2)用 group_by()函数实现数据分组;

(3)用 select()函数实现变量选择(列选择);

(4)用 mutate()函数实现变量的变换以及生成新变量;

(5)用 arrange()函数实现数据排序;

(6)用 summarise()函数实现数据的统计汇总。

R代码及部分输出结果如下:

```
set.seed(1230)    # 设定种子数,确保随机抽样结果可重现
df_dplyr <- diamonds %>%
  sample_n(500)    # 从diamonds数据集中随机抽取500个样本
head(x = df_dplyr, n = 5)    # 显示前5行样本观测值
```

显示前5行样本数据如下:

```
##     carat     cut      color   clarity   depth   table   price
##     <dbl>    <ord>     <ord>    <ord>    <dbl>   <dbl>   <int>
##     0.45     Ideal       G      VVS1     61.5    57.0    1358
##     1.19     Ideal       D      SI1      62.0    57.0    6857
##     0.31     Ideal       G      VVS1     60.2    58.0     789
##     0.42    Premium      G      VVS1     59.3    59.0    1179
##     0.70     Good        F      VS1      64.0    57.0    2381
```

数据筛选:给定筛选条件,用 filter()函数选出符合条件的样本数据。如筛选钻石重量(carat)超过1克拉且切工(cut)为“Good”的所有观测个案。

```
df_dplyr %>%
  filter(carat >= 1.0 & cut == "Good")    # 共16个,输出结果略
```

变量选择:如选择 carat,cut,color 和 price 等4个变量,输出结果略。

```
df_dplyr %>%
  select(carat, cut, color, price)    # 直接列出变量名
df_dplyr %>%
  select(1:3, 7)    # 也可以列出变量序号
```

变量变换:可以生成新变量或对原始变量直接转换,输出结果略。

```
df_dplyr %>%
  mutate(price10 = price * 10,    # 把价格扩大10倍并命名为price10
         LnPrice = log(price))    # 对价格取自然对数并命名为LnPrice
```

数据排序:根据某个(或某些)变量对数据进行升序或降序排列,输出结果略。

```
df_dplyr %>%
  arrange(price)    # 按照钻石价格升序排列
df_dplyr %>%
  arrange(desc(price))    # 按照钻石价格降序排列
```

数据汇总:可以单独汇总或与group_by()函数结合进行分类汇总,结果依然是数据框的形式。

```
df_dplyr %>%
  group_by(cut) %>%    # 根据钻石切工将数据分为5组
  summarise(price_ave = mean(price),    # 汇总每组的平均价格
            price_sd = sd(price),    # 汇总每组价格的标准差
            price_no = n())    # 统计每组的频数
```

```
##        cut        price_ave    price_sd    price_no
##       <ord>         <dbl>        <dbl>       <int>
##       Fair        4234.556     4088.537      18
##       Good        3407.667     2666.425      45
##    Very Good      3696.667     3827.326     117
##     Premium       4072.628     4194.182     137
##      Ideal        3302.514     3510.712     183
```

1.5.3 扩展包 tidyr

扩展包tidyr主要用于清洁数据,常用的两个函数是pivot_longer()和pivot_wider(),分别用于宽格式数据转化为长格式以及长格式数据转换为宽格式。下面用模拟的数据集简要介绍二者的使用方法。

1. 宽格式数据转换为长格式

调查人员收集了4位大学生某年每个季度的消费支出(单位:元),数据录入是如下的宽格式形式:

```
consumption <- tibble(ID = c(1, 2, 3, 4),
                      Name = c("张三", "李四", "王五", "赵六"),
                      Q1 = c(1600, 2200, 2500, 3100),
                      Q2 = c(NA, 2500, 2800, 3300),
                      Q3 = c(1100, 1400, 1500, 1650),
                      Q4 = c(1500, 1700, 1850, 2000))
consumption
```

```
##   ID   Name    Q1     Q2     Q3     Q4
##   1    张三    1600   2000   1100   1500
##   2    李四    2200   2500   1400   1700
##   3    王五    NA     2800   1500   1850
##   4    赵六    3100   3300   1650   2000
```

用pivot_longer()函数将其转化为长格式。R代码及部分输出结果如下：

```
consumption %>%
  pivot_longer(cols = starts_with("Q"),
               names_to = "Quarter",
               values_to = "Consumption",
               values_drop_na = TRUE)
```

```
##     ID      Name      Quarter      Consumption
##     1       张三      Q1           1600
##     1       张三      Q3           1100
##     1       张三      Q4           1500
##     2       李四      Q1           2200
##     2       李四      Q2           2500
##     2       李四      Q3           1400
##     2       李四      Q4           1700
```

2.长格式数据转换为宽格式

研究人员对3只小白鼠进行了一项实验并记录了实验前后的体重(单位:千克),数据录入是如下的长格式：

```
weight_mouse <-
  tibble(Mouse_id = rep(c("Mouse01", "Mouse02", "Mouse03"), each = 2),
         Treat = rep(c("before", "after"), times = 3),
         Weight = c(2.10, 2.52, 3.08, 3.15, 1.87, 1.86))
weight_mouse
```

```
##    Mouse_id      Treat      Weight
##    Mouse01       before     2.10
##    Mouse01       after      2.52
##    Mouse02       before     3.08
##    Mouse02       after      3.15
##    Mouse03       before     1.87
##    Mouse03       after      1.86
```

用pivot_wider()函数将其转化为宽格式。R代码及输出结果如下：

```
weight_mouse %>%
  pivot_wider(names_from = Treat,
              names_prefix = "Weight_",
              values_from = Weight)
```

```
##    Mouse_id      Weight_before      Weight_after
##    Mouse01       2.10               2.52
##    Mouse02       3.08               3.15
##    Mouse03       1.87               1.86
```

1.5.4 扩展包 broom

broom包将R中的统计分析对象转换为整洁的tibble格式(基础包多为列表(list)格式),可以更方便地与dplyr、tidyr以及ggplot2等扩展包对其进行组合或格式重构,该扩展包主要包含tidy()、augment()和glance()等三个核心函数。以计量经济学中的线性回归模型为例,tidy()函数对模型的统计结果进行综述,如回归系数的估计值、标准误、t统计量以及p值等;augment()函数将模型的预测值、残差、杠杆值等作为新变量添加在原始数据中;glance()函数则提供了判决系数、调整的判决系数、AIC、BIC等模型统计信息。

下面以随机模拟的数据为例,对broom包中三个核心函数的使方法进行介绍。R代码及输出结果如下。

1. 数据模拟

```
set.seed(1230)   # 设定种子数
beta1 = 2.58   # 指定截距项
beta2 = 0.76   # 指定斜率系数
x <- runif(n = 10,
           min = 1,
           max = 10)   # 随机生成服从均匀分布的自变量x
epsilon <- rnorm(n = 10,
                 mean = 0,
                 sd = 2)   # 随机生成满足经典假定的随机干扰项
y <- beta1 + beta2 * x + epsilon   # 根据总体回归模型计算因变量y
# 生成数据框并保留2位有效小数
df_broom <- tibble(x = round(x, 2),
                   y = round(y, 2))
df_broom
```

A tibble: 10 × 2

x <dbl>	y <dbl>
6.13	9.30
6.89	8.49
7.87	13.27
3.36	8.32
4.40	7.03
5.43	5.48
9.21	13.48
6.62	11.59
8.79	9.01
8.07	6.76

10 rows

2. 拟合一元回归模型

用lm()函数拟合一元回归模型,下面两行代码完全等价。

```
model_broom <- lm(formula = y ~ x, data = df_broom)
model_broom <- df_broom %>% lm(y ~ x, data = .)   # 其中“.”号表示占位符
```

3. tidy()函数的应用

```
model_broom %>% tidy() -> df_broom_tidy
```

```
df_broom_tidy
```

A tibble: 2 × 5

term	estimate	std.error	statistic	p.value
<chr>	<dbl>	<dbl>	<dbl>	<dbl>
(Intercept)	4.3061090	2.9934065	1.438531	0.1882312
x	0.7438806	0.4328925	1.718396	0.1240470

4. glance()函数的应用

```
model_broom %>% glance() -> df_broom_glance
df_broom_glance
```

A tibble: 1 × 12

r.squared	adj.r.squared	sigma	statistic	p.value	df	logLik	AIC	BIC	deviance
<dbl>	<dbl>	<dbl>	<dbl>	<dbl>	<dbl>	<dbl>	<dbl>	<dbl>	<dbl>
0.2695988	0.1782986	2.461579	2.952884	0.124047	1	-22.0817	50.1634	51.07115	48.47498

1 row | 1-10 of 12 columns

5. augment()函数的应用

```
model_broom %>% augment() -> df_broom_augment
df_broom_augment
```

A tibble: 10 × 8

y	x	.fitted	.resid	.hat	.sigma	.cooksd	.std.resid
<dbl>	<dbl>	<dbl>	<dbl>	<dbl>	<dbl>	<dbl>	<dbl>
9.30	6.13	8.866097	0.4339027	0.1092535	2.625796	0.002139214	0.1867676
8.49	6.89	9.431447	-0.9414466	0.1014031	2.604629	0.009184492	-0.4034590
13.27	7.87	10.160450	3.1095504	0.1440163	2.304618	0.156826007	1.3653721
8.32	3.36	6.805548	1.5144520	0.4402697	2.517861	0.265958957	0.8223417
7.03	4.40	7.579184	-0.5491838	0.2603461	2.620448	0.011843274	-0.2594117
5.48	5.43	8.345381	-2.8653809	0.1480912	2.355459	0.138245161	-1.2611651
13.48	9.21	11.157250	2.3227504	0.2984279	2.413796	0.269924454	1.1265554
11.59	6.62	9.230599	2.3594012	0.1001005	2.457902	0.056779824	1.0103944
9.01	8.79	10.844820	-1.8348198	0.2380802	2.508741	0.113928892	-0.8539352
6.76	8.07	10.309226	-3.5492257	0.1600115	2.186920	0.235729617	-1.5731970

10 rows

三个函数输出结果均为tibble格式(相关统计量的含义将在后续的章节中陆续为大家介绍),读者可以用数据框的操作方法对其进行调用、重组以及其他操作。这里以augment()函数输出结果为例,绘制模型的散点图(带回归直线)和残差图,R代码如下,输出结果如图1.2所示。

```
# 绘制散点图和回归直线
df_broom_aug %>%
  ggplot(aes(x = x, y = y)) +
  geom_point() +
  geom_abline(intercept = df_broom_tidy$estimate[1],
              slope = df_broom_tidy$estimate[2],
              size = 0.8, color = "blue") +
  theme_bw() -> figure01
# 绘制残差图
df_broom_aug %>%
  ggplot(aes(x = x, y = .resid)) +
  geom_point() +
  geom_hline(yintercept = 0, lty = 2, color = "red") +
  theme_bw() -> figure02
```

```
# 用cowplot包中的plot_grid()函数将2幅图拼接在一起
cowplot::plot_grid(figure01, figure02, ncol = 1)
# 将图形保存为本地图片
ggsave(filename = "./figure/scatter_residual_plot.png",
  width = 20,
  height = 14,
  units = "cm",
  plot = last_plot(),
  dpi = 600)
```

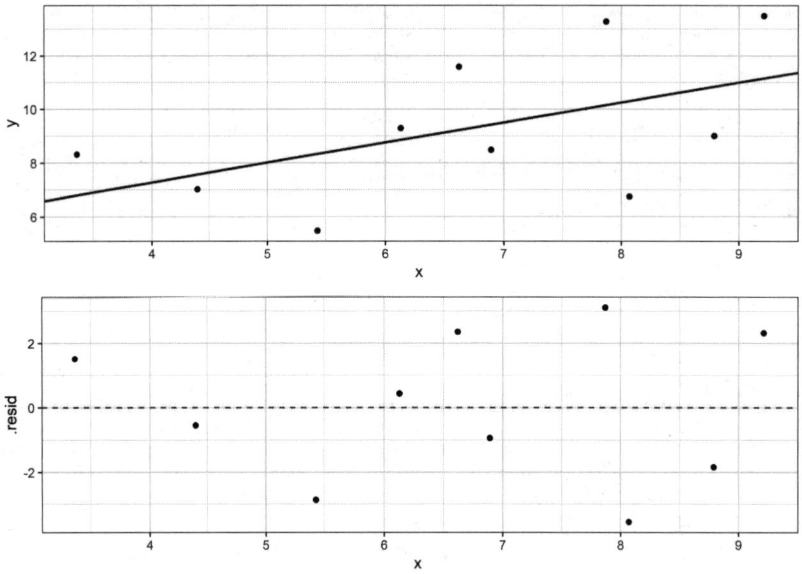

图1.2　模拟数据的散点图和残差图

图1.2中的上图是包含回归直线的散点图，在用geom_abline()函数绘制直线时直接调用了数据框df_broom_tidy中的估计结果(estimate列)；图1.2中的下图是回归模型的残差图，直接调用了数据框df_broom_augment中的拟合残差(.resid列)。

第 2 章

统计知识回顾（一）
——描述统计

2.1 描述统计的目的

在对某一个数据集进行计量建模之前，首先要对其进行全面了解，至少要熟悉它的数据结构和样本观测数量。

(1)数据集的维度，即弄清楚数据集中有多少个变量和多少个样本观测个案；

(2)变量的测度类型，即弄清楚每个变量的类型是数值型、字符型还是分类型，如果是分类型变量，还要进一步了解是名义型分类变量还是顺序型分类变量以及不同分类对应的取值；

(3)变量的分布，即弄清楚用于建模的变量是否服从正态分布或者通过某种转换后服从正态分布；

(4)是否满足某些假定，即弄清楚样本数据是否违背计量建模的经典假定。

以上这些问题都可以借助于描述统计得到初步的了解。

2.2 数据集与扩展包

2.2.1 扩展包

本章要用到的 R 扩展包如下：

```
library(dplyr)   # 用于数据处理
library(tidyr)   # 用于数据清洁
library(ggplot2)   # 用于数据可视化
library(purrr)   # 用于函数编程
library(forcats)   # 用于分类数据处理
library(ggmosaic)   # 用于绘制马赛克图
library(Hmisc)   # 用于数据描述
library(scales)   # 用于数据尺度变换
library(gtsummary)   # 格式化输出结果
library(sjPlots)   # 统计数据可视化
library(lessR)   # 用更简化的代码输出更丰富的结果
library(ISLR)   # 基于R的统计学习
library(car)   # 经典应用回归
```

2.2.2 数据集

本章用到的数据集是lessR包中的dataEmployee,这是一个关于人力资源的数据,包含37个员工的年薪(Salary)、工作年限(Years)、性别(Gender)、部门(Dept)和工作满意度(JobSat)等8个变量。

首先加载数据集,然后用dplyr包中的as_tibble()函数将数据框转换成符合tidy流的数据结构,同时用mutate()函数将变量年薪进行对数变换。R代码如下:

```
data(dataEmployee, package = "lessR")
Employee <- dataEmployee %>%
  as_tibble() %>%
  mutate(LogSalary = log(Salary))
```

2.3 统计描述的R应用

2.3.1 数据概览

读入数据后会在RStudio的global environment中看到数据集中变量及其观测值的信息,用基础包中的str()函数或dplyr包中的glimpse()函数查看更详细的信息。R代码如下:

```
Employee %>% str()
## tibble [37 × 9] (S3: tbl_df/tbl/data.frame)
##  $ Years    : int [1:37] 7 NA 7 15 5 6 18 8 8 4 ...
##  $ Gender   : chr [1:37] "M" "M" "W" "M" ...
##  $ Dept     : chr [1:37] "ADMN" "SALE" "FINC" "SALE" ...
##  $ Salary   : num [1:37] 53788 94495 57140 111075 53773 ...
##  $ JobSat   : chr [1:37] "med" "low" "high" "low" ...
##  $ Plan     : int [1:37] 1 1 2 3 1 2 3 1 2 1 ...
##  $ Pre      : int [1:37] 82 62 90 96 65 100 81 76 93 78 ...
##  $ Post     : int [1:37] 92 74 86 97 62 100 84 84 92 91 ...
##  $ LogSalary: num [1:37] 10.9 11.5 11 11.6 10.9 ...
Employee %>% glimpse()
## Rows: 37
## Columns: 9
## $ Years     <int> 7, NA, 7, 15, 5, 6, 18, 8, 8, 4, 8, 13, 9, 10, 14, 10, 18, 2…
## $ Gender    <chr> "M", "M", "W", "M", "W", "W", "M", "M", "W", "W", "W", "M", …
## $ Dept      <chr> "ADMN", "SALE", "FINC", "SALE", NA, "ADMN", "MKTG", "SALE", …
## $ Salary    <dbl> 53788.26, 94494.58, 57139.90, 111074.86, 53772.58, 69441.93,…
## $ JobSat    <chr> "med", "low", "high", "low", NA, "high", "med", "low", "high…
## $ Plan      <int> 1, 1, 2, 3, 1, 2, 3, 1, 2, 1, 1, 2, 2, 1, 3, 2, 2, 1, 3, 3, …
## $ Pre       <int> 82, 62, 90, 96, 65, 100, 81, 76, 93, 78, 98, 90, 60, 67, 66,…
## $ Post      <int> 92, 74, 86, 97, 62, 100, 84, 84, 92, 91, 100, 94, 61, 72, 73…
## $ LogSalary <dbl> 10.89281, 11.45630, 10.95326, 11.61796, 10.89252, 11.14825, …
```

由输出结果可知,加上对数转换后的年薪,数据集中一共有9个变量和37个观测个案。其中,有4个整数型(int)变量、3个字符型(chr)变量以及2个双精度型(dbl)数值变量。

2.3.2 定性变量描述

在R中常见的定性变量是因子型(factor)和字符型(character),可以通过频数分布表或柱状图进行描述。首先将工作满意度(JobSat)、性别(Gender)和就职部门(Dept)转化成因子型。R代码如下:

```
Employee <- Employee %>%
  mutate(JobSat = factor(JobSat,
                         levels = c("low", "med", "high"),
                         labels = c("low", "middle", "high")),
         Gender = factor(Gender,
                         levels = c("W", "M"),
                         labels = c("female", "male")),
         Department = factor(Dept))
```

1. 频数分布表

用table()函数既可以生成单一分类变量的频数统计表,也可以生成两个或多个变量的列联表。还可以借助knitr包中的kable()函数直接生成表格。

(1)一个分类变量的一维表

用table()函数对性别(Gender)进行频数统计。R代码及输出结果如下:

```
table(Employee$Gender)
##
## female   male
##     19     18
```

结果表明,样本数据中女性员工和男性员工的观测频数分别为19和18。

(2)两个分类变量的二维表

先用table()函数生成频数分布表,然后可以用knitr包中的kable()函数生成表格的形式。R代码如下,输出结果如表2.1所示。

```
# 统计任职部门Dept与工作满意度JobSat的二维列联表
knitr::kable(table(Employee$JobSat, Employee$Dept))
```

表2.1 员工任职部门与工作满意度二维表

	ACCT	ADMN	FINC	MKTG	SALE
low	1	1	2	0	9
middle	1	3	0	2	5
high	2	2	2	4	1

(3)三个分类变量的三维表

用table()函数同样可以对三个或多个分类变量进行频数分析。比如,我们在任职部门和工作满意度的基础上加入性别变量,就可以生成三维表。R代码及输出结果如下:

```
Employee %>%
  select(JobSat, Dept, Gender) %>%
  table()
```

```
##   Gender = female
##              Dept
##    JobSat   ACCT   ADMN    FINC    MKTG    SALE
##    low         0      1       0       0       1
##    middle      1      1       0       1       4
##    high        1      2       1       4       0
##
##    Gender = male
##              Dept
##    JobSat   ACCT   ADMN    FINC    MKTG    SALE
##    low         1      0       2       0       8
##    middle      0      2       0       1       1
##    high        1      0       1       0       1
```

2. 柱状图

除了频数分布表外,还可以用柱状图(又称条形图)直观展示分类变量的分布。本节重点介绍简单条图、复式条图和马赛克图。

(1)一个分类变量的简单柱状图

这里介绍两种方法绘制柱状图。

方法一:用ggplot2包中的geom_bar()函数绘制,R代码如下,输出结果如图2.1所示。

```
Employee %>%
  ggplot(aes(x = JobSat)) +
  geom_bar() +
  theme_bw()
```

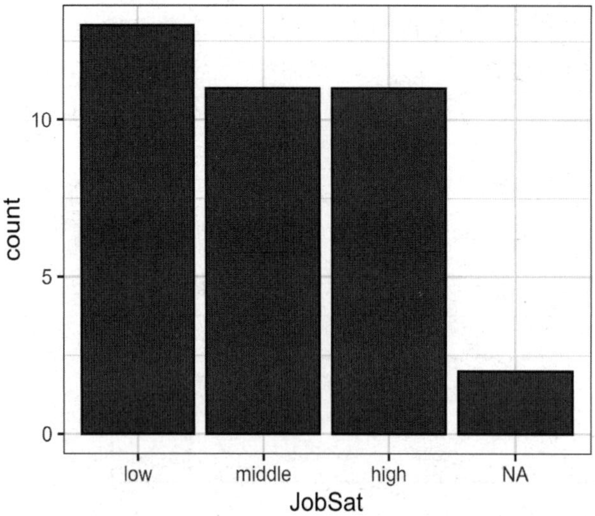

图2.1　员工工作满意度柱状图(一)

方法二:用sjPlot包中的plot_frq()函数绘制,R代码如下,输出结果如图2.2所示。

```
Employee %>%
  plot_frq(JobSat, ylim = c(0,18))
```

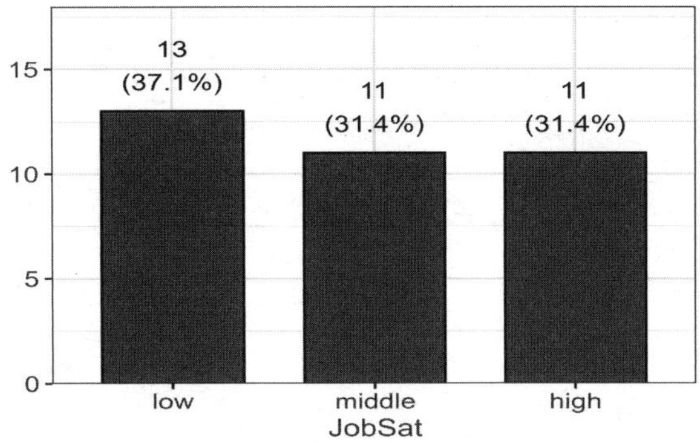

图2.2 员工工作满意度柱状图(二)

(2)两个分类变量的复式条图

当数据中有两个分类变量时,可以用复式条图进行对比,这里介绍两种方法绘制复式条图。

方法一:ggplot::geom_bar()函数绘制,R代码如下,输出结果如图2.3所示。

```
Employee %>% drop_na() %>%
  ggplot(aes(x = JobSat, fill = Gender)) +
  geom_bar(position = "dodge") +     # 将"dodge"改为"stack"即为堆栈条图
  theme_bw()
```

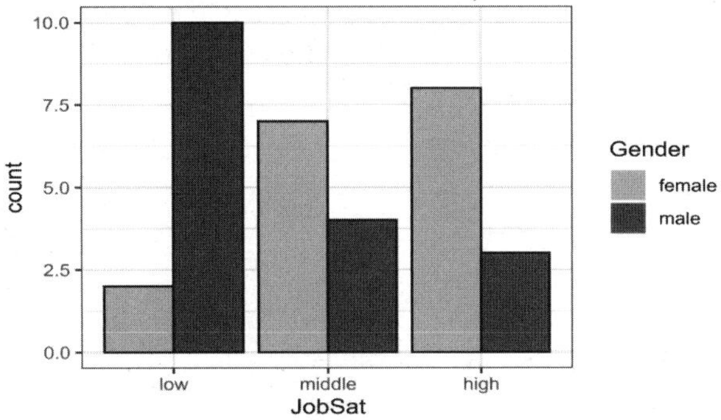

图2.3 不同性别员工工作满意度复式条图(一)

方法二:sjPlot::plot_grpfrq()函数绘制,R代码如下,输出结果如图2.4所示。

```
plot_grpfrq(Employee$JobSat, Employee$Gender,
            ylim = c(0,15), geom.size = 0.8)
```

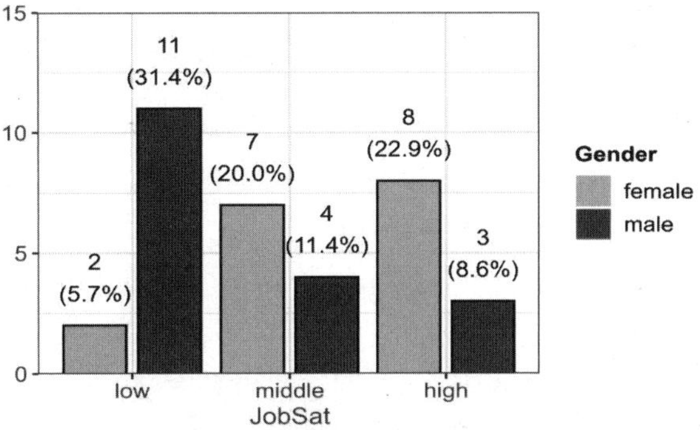

图2.4 不同性别员工工作满意度复式条图(二)

3. 马赛克图

当分类变量比较多时,可以用ggplot的分面(facet)图层,也可以绘制马赛克图进行图形展示。这里选择样本量更大的ISLR包中的Wage数据集绘制马赛克图。R代码如下,输出结果如图2.5所示。

```
ISLR::Wage %>%
  mutate(jobclass = fct_rev(jobclass)) %>%
  ggplot() +
  geom_mosaic(aes(x = product(education, race),
                  fill = race,
                  conds = product(jobclass)),
              divider = mosaic("v")) +
  labs(x = "", y = "Education : Jobclass", fill = "Race") +
  theme(axis.title.x = element_blank(),
        axis.text.x = element_blank(),
        axis.ticks.x = element_blank())
```

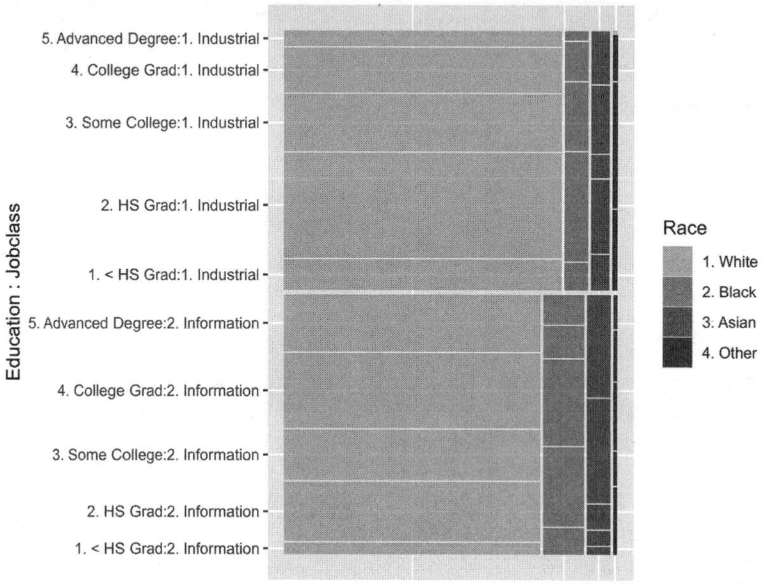

图2.5 多个分类变量的马赛克图

2.3.3 定量变量描述

在R中定量变量常见的数据类型是整型(integer)和双精度型(double),既可以用相关统计函数计算此类数据的集中趋势、离散趋势和分布形态等统计量,也可以通过直方图、概率密度图、箱型图以及小提琴图等对其进行图形展示。

1. 简单统计描述

(1)统计量测度

在R中,很多包可以实现统计量的测度,本例给出三种方法。

方法一:用基础包中的summary()函数,R代码及输出结果如下:

```
Employee %>%
  select(Salary, Pre, Post) %>%
  summary()
```

```
     Salary            Pre              Post
Min.   : 46125   Min.   : 59.00   Min.   : 59
1st Qu.: 56773   1st Qu.: 70.00   1st Qu.: 72
Median : 69548   Median : 80.00   Median : 84
Mean   : 73796   Mean   : 78.78   Mean   : 81
3rd Qu.: 87786   3rd Qu.: 90.00   3rd Qu.: 91
Max.   :134419   Max.   :100.00   Max.   :100
```

该函数默认给出了变量的最小值(Min.)、下四分位数(1st Qu.)、中位数(Median)、均值(Mean)、上四分位数(3rd Qu.)和最大值(Max.)。

方法二:用Hmisc包中的describe()函数,R代码及输出结果如下:

```
Employee %>%
  select(Salary, Pre, Post) %>%
  Hmisc::describe()
```

```
 1  Variables      37  Observations
--------------------------------------------------------------------------------
Salary
       n  missing distinct     Info     Mean      Gmd      .05      .10      .25      .50
      37        0       37        1    73796    24112    49602    50570    56773    69548
     .75      .90      .95
   87786   102693   113373

lowest :  46124.97  49188.96  49704.79  49868.68  51036.85
highest:  99062.66 108138.43 111074.86 122563.38 134419.23
--------------------------------------------------------------------------------
```

该函数除了展示样本容量、缺失个案数和无重复值数量外,还给出了多个分位数以及最大和最小的5个观测值。

方法三:用lessR包中的pivot()函数,R代码及输出结果如下:

```
lessR::pivot(data = Employee,
             compute = c(min, mean, median, sd, skew, kurtosis, IQR, max),
             variable = c(Salary, Pre, Post))
```

Description: df [3 × 10]

	n <dbl>	na <dbl>	min <dbl>	mean <dbl>	median <dbl>	sd <dbl>	skew <dbl>	kurtosis <dbl>	IQR <dbl>	max <dbl>
Salary	37	0	46124.97	73795.557	69547.6	21799.533	1.02	0.55	31012.56	134419.2
Pre	37	0	59.00	78.784	80.0	12.037	0.05	-1.04	20.00	100.0
Post	37	0	59.00	81.000	84.0	11.593	-0.23	-0.99	19.00	100.0

该函数输出的结果是数据框(dataframe)的形式,可以自己定制需要计算的统计量,包括求和(sum)、算术平均值(mean)、中位数(median)、最小值(min)、最大值(max)、标准差(sd)、方差(var)、偏度(skew)、峰度(kurtosis)、四分位差(IQR)、平均绝对离差(mad),等等。

(2)统计图形展示

通常用直方图(Histogram)来展示数值型变量的分布形态。R代码如下,输出结果如图2.6所示。

```
ggplot(data = Employee, aes(x = Salary)) +
  geom_histogram(fill = "white", color = "black", bins = 50) +
  scale_x_continuous(labels = scales::dollar) +
  labs(x = "Salary", y = "Count")
```

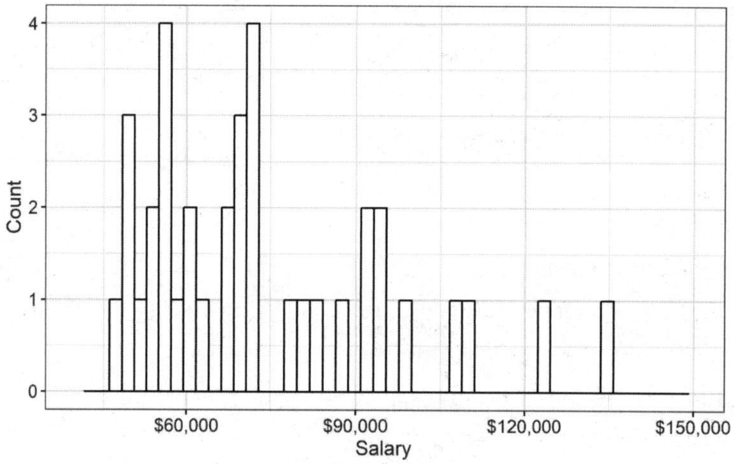

图2.6 员工年薪直方图

2. 单一分类变量分组统计描述

根据某个分类变量将数值型变量分为若干个组,计算不同组的统计量。下面我们以部门(Dept)为分组变量,对年薪(Salary)进行分组统计描述。

(1)统计量测度

同样介绍三种方法。

方法一:用基础包中的tapply()函数,R代码及输出结果如下:

```
tapply(Employee$Salary, Employee$Dept, summary)
```

```
$ACCT
   Min. 1st Qu.  Median    Mean 3rd Qu.    Max.
  46125   49705   69548   61793   71084   72503

$ADMN
   Min. 1st Qu.  Median    Mean 3rd Qu.    Max.
  53788   63152   71059   81277   99273  122563

$FINC
   Min. 1st Qu.  Median    Mean 3rd Qu.    Max.
  57140   57457   61938   69011   73492   95028

$MKTG
   Min. 1st Qu.  Median    Mean 3rd Qu.    Max.
  51037   57919   61659   70257   84005   99063

$SALE
   Min. 1st Qu.  Median    Mean 3rd Qu.    Max.
  49189   61423   77715   78830   90233  134419
```

方法二:用lessR包中的pivot()函数定制描述统计结果,R代码及输出结果如下:

```
pivot(data = Employee, compute = c(median, sd),
      variable = Salary, by = Dept,
      out_names = c("Median", "Standard Deviation"))
```

Description: df [6 × 5]

Dept <fctr>	Salary_n <int>	Salary_na <int>	Median <dbl>	Standard Deviation <dbl>
ACCT	5	0	69547.60	12774.61
ADMN	6	0	71058.60	27585.15
FINC	4	0	61937.62	17852.50
MKTG	6	0	61658.99	19869.81
SALE	15	0	77714.85	23476.84
NA	1	0	53772.58	*NA*

方法三:用dplyr包中的group_by()和summarise()函数,R代码及输出结果如下:

```
Employee %>% select(Salary, Dept) %>%
  group_by(Dept) %>%
  summarise(across(.cols = everything(),
                   .fns = list(mean = mean,
                               median = median,
                               `std deviation` = sd,
                               nmiss = ~ sum(is.na(.x)))))
```

A tibble: 6 × 5

Dept <chr>	Salary_mean <dbl>	Salary_median <dbl>	Salary_std deviation <dbl>	Salary_nmiss <int>
ACCT	61792.78	69547.60	12774.61	0
ADMN	81277.12	71058.60	27585.15	0
FINC	69010.68	61937.62	17852.50	0
MKTG	70257.13	61658.99	19869.81	0
SALE	78830.06	77714.85	23476.84	0
NA	53772.58	53772.58	NA	0

(2)分类箱形图

用ggplot2包中的geom_boxplot()函数绘制分类箱形图,可以用于对比不同类别的均值及分布情况。R代码如下,输出结果如图2.7所示。

```
Employee %>% drop_na %>%
  ggplot(aes(x = Salary, y = Dept)) +
  geom_boxplot(color = "black") +
  scale_x_continuous(labels = scales::dollar) +
  labs(x = "Salary", y = "Department")
```

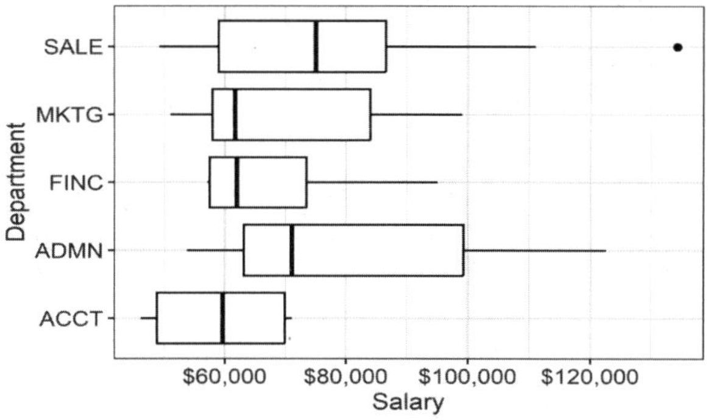

图2.7 不同部门员工年薪的箱形图

(3)概率密度图

用ggplot2包中的geom_density()函数绘制概率密度图,更直观体现变量的分布形态。R代码如下,输出结果如图2.8所示。

```
Employee %>% select(Salary, Gender) %>%
  ggplot(aes(x = Salary, fill = Gender)) +
  geom_density(alpha = 0.6) +
  scale_x_continuous(labels = scales::dollar) +
  labs(x = "Salary", y = "Density", fill = "Gender") +
  theme(legend.position = "right")
```

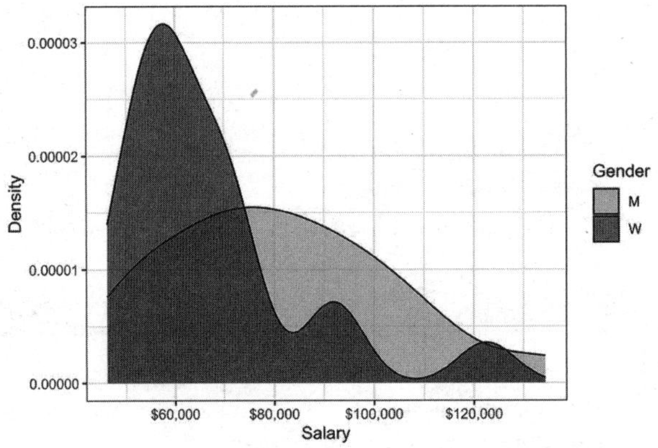

图2.8　不同性别员工年薪的概率密度图

从图2.8可以看出，女性员工的平均工资低于男性，男性员工工资的离散程度高于女性员工工资的离散程度。

(4)小提琴图

小提琴图兼具了密度图和箱型图的特征，可以更清楚地体现局部细节特征。R代码如下，输出结果如图2.9所示。

```
Employee %>%
  select(Salary, Gender) %>%
  ggplot(aes(x = Gender, y = Salary)) +
  geom_violin(trim = FALSE) +
  stat_summary(fun.data = mean_sdl,
               fun.args = list(mult = 1),
               geom = "pointrange",
               lty = 2, color = "blue") +
  scale_y_continuous(labels = scales::dollar) +
  labs(x = "", y = "Salary")
```

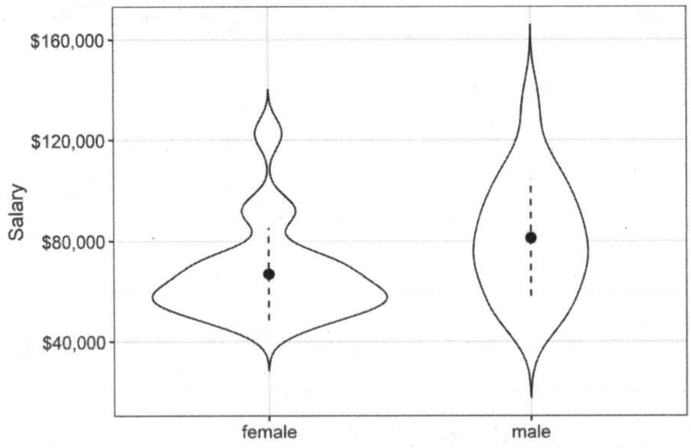

图2.9　不同性别员工年薪的小提琴图

3. 两个分类变量的分组统计描述

在之前的基础上再增加一个分类变量，就会形成更多种分组组合，也可以通过统计量测度和图形展示的方式对数值型变量进行的多分组分类汇总。

(1)统计量测度

这里同样介绍三种方法。

方法一:用purrr包中的map()函数,R代码及输出结果如下:

```
Wage %>%
  mutate(jobclass_health_ins = interaction(jobclass, health_ins)) %>%
  select(wage, jobclass_health_ins) %>%
  split(.$jobclass_health_ins) %>%
  map(summary)
```

```
$`1. Industrial.1. Yes`
      wage                        jobclass_health_ins
 Min.   : 34.61   1. Industrial.1. Yes :969
 1st Qu.: 87.98   2. Information.1. Yes:  0
 Median :107.90   1. Industrial.2. No  :  0
 Mean   :112.26   2. Information.2. No :  0
 3rd Qu.:129.45
 Max.   :278.96

$`2. Information.1. Yes`
      wage                        jobclass_health_ins
 Min.   : 32.37   1. Industrial.1. Yes :   0
 1st Qu.: 99.69   2. Information.1. Yes:1114
 Median :117.15   1. Industrial.2. No  :   0
 Mean   :127.18   2. Information.2. No :   0
 3rd Qu.:141.78
 Max.   :318.34

$`1. Industrial.2. No`
      wage                        jobclass_health_ins
 Min.   : 22.96   1. Industrial.1. Yes :  0
 1st Qu.: 68.75   2. Information.1. Yes:  0
 Median : 84.10   1. Industrial.2. No  :575
 Mean   : 88.27   2. Information.2. No :  0
 3rd Qu.:102.87
 Max.   :295.99

$`2. Information.2. No`
      wage                        jobclass_health_ins
 Min.   : 20.09   1. Industrial.1. Yes :  0
 1st Qu.: 73.78   2. Information.1. Yes:  0
 Median : 92.30   1. Industrial.2. No  :  0
 Mean   : 99.13   2. Information.2. No :342
 3rd Qu.:116.93
 Max.   :309.57
```

方法二:用lessR包中的pivot()函数,R代码及输出结果如下:

```
Wage %>%
  select(wage, jobclass, health_ins) %>%
  pivot(compute = c(min, median, sd, max),
        variable = wage,
        by = c(jobclass, health_ins),
        out_names = c("MinWage", "MedianWage", "SdWage", "MaxWage"))
```

Description: df [4 × 8]

jobclass <fctr>	health_ins <fctr>	wage_n <int>	wage_na <int>	MinWage <dbl>	MedianWage <dbl>	SdWage <dbl>	MaxWage <dbl>
1. Industrial	1. Yes	969	0	34.607	107.904	34.267	278.964
2. Information	1. Yes	1114	0	32.366	117.147	45.343	318.342
1. Industrial	2. No	575	0	22.962	84.100	31.173	295.991
2. Information	2. No	342	0	20.086	92.298	42.023	309.572

方法三:组合使用dplyr包中的group_by()函数和summarise()函数,R代码及输出结果如下:

```
Wage %>%
  select(wage, jobclass, health_ins) %>%
  group_by(jobclass, health_ins) %>%
  summarise(across(.cols = everything(),
                   .fns = list(min = min,
                               median = median,
                               mean = mean,
                               max = max)))
```

A tibble: 4 × 6 Groups: jobclass [2]

jobclass <fctr>	health_ins <fctr>	wage_min <dbl>	wage_median <dbl>	wage_mean <dbl>	wage_max <dbl>
1. Industrial	1. Yes	34.60742	107.90392	112.25527	278.9645
1. Industrial	2. No	22.96240	84.10001	88.26516	295.9912
2. Information	1. Yes	32.36641	117.14682	127.18227	318:3424
2. Information	2. No	20.08554	92.29754	99.12851	309.5718

(2)多分类箱形图

用ggplot2包中的geom_boxplot()函数绘制分类箱形图,R代码如下,输出结果如图2.10所示。

```
Wage %>%
  ggplot(aes(x = wage,
             y = jobclass,
             fill = health_ins)) +
  geom_boxplot(color = "black") +
  scale_x_continuous(labels = scales::dollar) +
  scale_fill_manual(values = c("skyblue", "lightyellow")) +
  theme(legend.position = "top") +
  labs(x = "Wage",
       y = "Jobclass",
       fill = "Health_ins")
```

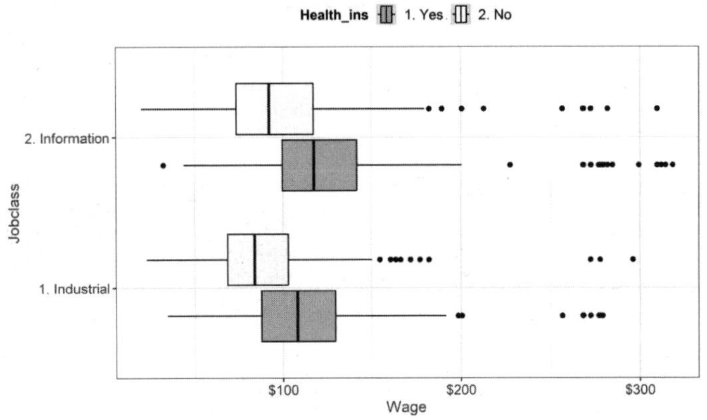

图2.10　不同行业员工是否购买医疗保险对应的工资对比箱形图

(3)多分类密度图

用ggplot2包中的geom_density()函数绘制分类箱形图,R代码如下,输出结果如图2.11所示。

```
Wage %>%
  ggplot(aes(x = wage, fill = jobclass)) +
  geom_density(alpha = 0.8) +
  facet_grid(cols = vars(health_ins), labeller = label_both) +
  scale_x_continuous(labels = scales::dollar) +
  scale_fill_manual(values = c("grey40", "grey70")) +
  labs(x = "Wage(in thousand dollars)",
       y = "Density",
       fill = "Jobclass")
```

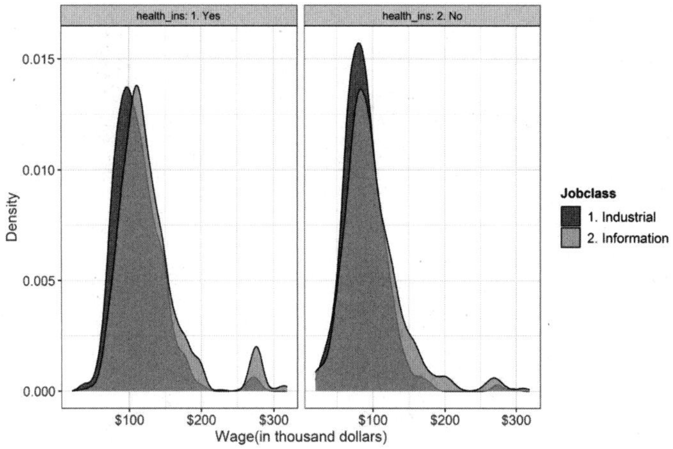

图2.11 不同行业员工是否购买医疗保险对应的工资对比密度图

(4)多分类小提琴图

用ggplot()函数和geom_violin()函数绘制分类箱形图,R代码如下,输出结果如图2.12所示。

```
Wage %>%
  ggplot(aes(x = jobclass,
             y = wage,
             fill = health_ins)) +
  geom_violin(trim = FALSE) +
  stat_summary(fun.data = mean_sdl,
               fun.args = list(mult = 1),
               geom = "pointrange", color = "red",
               position = position_dodge(width = 0.9)) +
  scale_y_continuous(labels = scales::dollar) +
  scale_fill_manual(values = c("skyblue", "lightyellow")) +
  labs(x = " ",
       y = "Wage(in thousand dollars)",
       fill = "Health_ins")
```

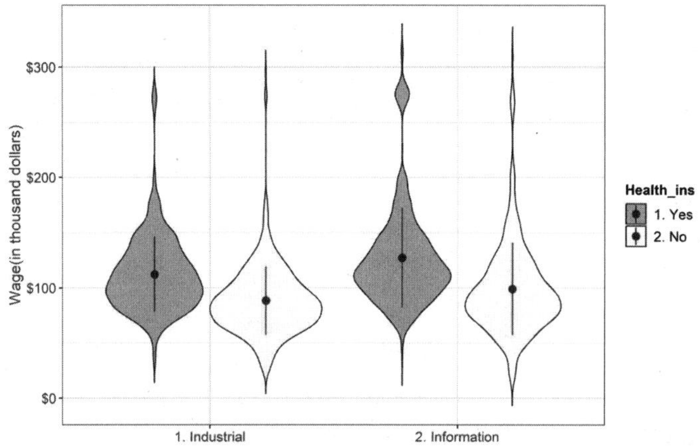

图2.12 不同行业员工是否购买医疗保险对应的工资对比小提琴图

第3章 统计知识回顾(二)——推断统计

3.1 概述

本章主要回顾了统计推断中的参数估计、假设检验和方差分析。其中,参数估计和假设检验在R中归属同一个模块,包括单个总体参数的估计和检验、两个总体参数的估计和检验,而方差分析则用于检验多个总体均值是否全部相等。

假设检验本质上是对总体参数是否满足某种自然属性的陈述进行检验,在检验之前需要事先设定显著性水平α,对应的置信水平为$1-\alpha$。在R中,通常根据p值(犯第一类错误的实际概率)的大小进行决策,如果$p<\alpha$,则拒绝原假设,否则不拒绝原假设。下面的案例中,均选择0.05作为默认的显著性水平。

本章需要用到的R扩展包有:

```
library(ggplot2)
library(dplyr)
library(tidyr)
library(forcats)
library(stringr)
library(broom)
library(car)
library(boot)
library(lessR)
library(gtsummary)
library(sjPlot)
library(knitr)
library(emmeans)
```

3.2 单样本t检验

3.2.1 数据准备

本节我们自己模拟一份服从正态分布的总体数据(总体容量为$N=100$,总体均值为$\mu=100$,总体标准差为$sd=15$),然后从中选出一个样本(样本容量为$n=25$),用该样本数据对总体进行参数估计和假设检验。数据如下：

1. 总体数据模拟

```
set.seed(1230)
df_1 <- tibble(ID = as.character(c(1:100)),
               VAR = rnorm(n = 100, mean = 85, sd = 15))
df_1
## # A tibble:  100 × 2
##       ID       VAR
##      <chr>   <dbl>
##   1   1        87.6
##   2   2        95.8
##   3   3        80.3
##   4   4        105.0
##   5   5        102.0
##   6   6        100.0
##   7   7        90.0
##   8   8        120.0
##   9   9        109.0
##  10   10       93.3
## # … with 90 more rows
```

2. 总体特征统计描述

```
stat_pop <- pivot(data = df_1,
                  variable = VAR,
                  compute = c(min, mean, sd, max))
```

3. 从总体中抽取随机样本

```
set.seed(1230)
df_11 <- df_1 %>%
  sample_n(size = 25)
df_11
## # A tibble: 25 × 2
##       D      VAR
##     <chr>   <dbl>
##   1   6     100.0
##   2   23    111.0
##   3   39    89.8
##   4   96    93.5
##   5   15    70.3
##   6   85    79.3
##   7   58    48.9
##   8   98    69.5
##   9   29    117.0
##  10   33    72.0
## # … with 15 more rows
```

4.样本统计描述

```
stat_sample <- pivot(data = df_11,
                     variable = VAR,
                     compute = c(min, mean, sd, max))
```

5.样本特征与总体特征的比较

用rbind()函数将上述结果整理在一起,得出总体特征与样本特征的汇总比较,结果如表3.1所示。

```
kable(rbind(stat_pop, stat_sample))
```

表3.1 总体与样本的统计特征对比

	VAR_n	VAR_na	VAR_min	VAR_mean	VAR_sd	VAR_max
population	100	0	48.858	87.317	16.686	120.264
sample	25	0	48.858	89.206	20.961	120.264

3.2.2 正态性检验

在进行传统的参数估计和假设检验时,通常会要求总体为正态分布,可以用直方图或夏皮罗—威尔克检验的方法判断正态性是否成立。

1.直方图

用ggplot2绘制样本数据直方图,R代码如下,输出结果如图3.1所示。

```
ggplot(data = df_11, aes(x = VAR)) +
  geom_histogram(fill = "white", color = "black") +
  theme(axis.title.x = element_blank(),
        axis.text.x = element_blank(),
        axis.ticks.x = element_blank())
```

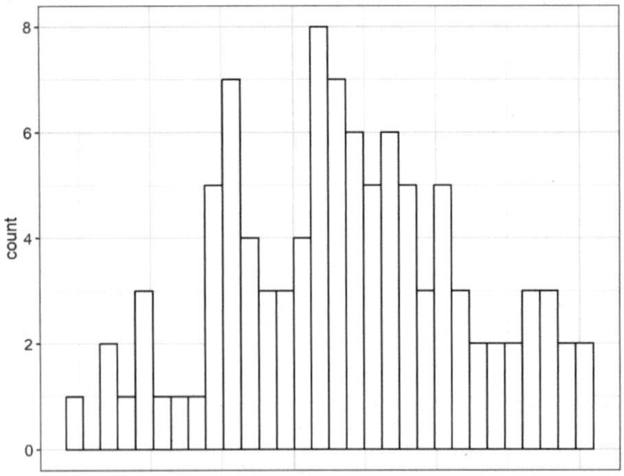

图3.1 模拟数据直方图

2.夏皮罗—威尔克检验

用基础包中的shapiro.test()函数进行正态性检验,R代码及输出结果如下:

```
shapiro.test(df_11$VAR)
##     Shapiro-Wilk normality test
```

```
##
##  data:  df_11$VAR
##  W = 0.95437, p-value = 0.3138
```

大于0.05的p值表明正态性原假设成立。

3.2.3 学生t检验的R实现

根据检验的方向性,将假设检验分为双尾检验和单尾检验。

1. 双尾检验

本节介绍三种方法实现单样本t检验。

(1)方法一:手动编写代码

R代码如下,输出结果如表3.2所示。

```
n <- length(df_11$VAR)    # 样本容量
VAR_bar <- mean(df_11$VAR)    # 样本均值
se <- sqrt(var(df_11$VAR) / n )    # 样本均值的标准误
t_stat <- (VAR_bar - 0) / se    # t统计量
p_value <- 2 * pt(q = -abs(t_stat), df = n - 1)    # t检验的p值
alpha <- 0.05    # 显著性水平
error <- qt(p = 1 - alpha / 2, df = n - 1) * se    # 边际误差
lower_CI <- VAR_bar - error    # 置信区间下限
upper_CI <- VAR_bar + error    # 置信区间上限
# 用knitr包中的kable()函数生成表格
knitr::kable(tibble(n, VAR_bar, se, t_stat,
                    p_value, alpha, error,
                    lower_CI, upper_CI))
```

表3.2 单样本t检验结果

n	VAR_bar	se	t_stat	p_value	alpha	error	lower_CI	upper_CI
25	89.20629	4.192151	21.27936	0.000	0.05	8.652175	80.55412	97.85847

(2)方法二:用基础包中的t.test()函数

```
t.test(df_11$VAR,
       alternative = "two.sided",
       mu = 0,
       conf.level = 0.95)
```

```
##
##  One Sample t-test
##
## data:  df_11$VAR
## t = 21.279, df = 24, p-value < 0.00000000000000022
## alternative hypothesis: true mean is not equal to 0
## 95 percent confidence interval:
##  80.55412  97.85847
## sample estimates:
```

```
## mean of x
##  89.20629
```

(3)方法三:用lessR中的ttest()函数

```
ttest(data = df_11,
      x = VAR,
      alternative = "two_sided",
      conf_level = 0.95)
## ------ Describe ------
##
## VAR:  n.miss = 0,  n = 25,   mean = 89.206293,  sd = 20.960757
##
## ------ Normality Assumption ------
##
## Null hypothesis is a normal distribution of VAR.
## Shapiro-Wilk normality test:  W = 0.9544,  p-value = 0.3138
##
## ------ Infer ------
##
## t-cutoff for 95% range of variation: tcut = 2.064
## Standard Error of Mean: SE = 4.192151
##
## Margin of Error for 95% Confidence Level:  8.652175
## 95% Confidence Interval for Mean:  80.554118 to 97.858468
```

2. 单尾检验

如果原假设和备择假设是有方向的,则需要进行单尾检验。在基础包中的t.test()函数和扩展包lessR中的ttest()函数中,只需要将参数alternative中"two.sided"改为"less"(左尾)或"greater"(右尾)即可。读者可以自行尝试。

3.3 独立样本*t*检验

3.3.1 数据准备

本例仍采用随机模拟数据,用rnorm()函数随机模拟50个男生和50个女生的成绩。

```
set.seed(1230)
options(digits = 2)
df_2 <- tibble(
  female = rnorm(n = 50, mean = 85, sd = 5),
  male = rnorm(n = 50, mean = 80, sd = 6)) %>%
  pivot_longer(cols = c(female, male),
               names_to = "Gender",
               values_to = "Score")
df_2 <- df_2 %>%
```

```
  mutate(Gender = factor(Gender))
df_2
```

该数据集的前10个观测值如下：

A tibble: 100 × 2

Gender <fctr>	Score <dbl>
female	86
male	84
female	89
male	77
female	83
male	80
female	92
male	80
female	91
male	80

3.3.2 数据可视化

读者可以用第1章中的ggplot()函数绘制，本节尝试用lessR包中的相关函数绘制箱形图和小提琴图。

1.箱形图

分类箱型图可以直观比较男生和女生的成绩分布，R代码如下，输出结果如图3.2所示。

```
lessR::BoxPlot(data = df_2,
               x = Score,
               by1 = Gender,
               vbs_mean = TRUE,
               box_fill = "lightgoldenrod")
```

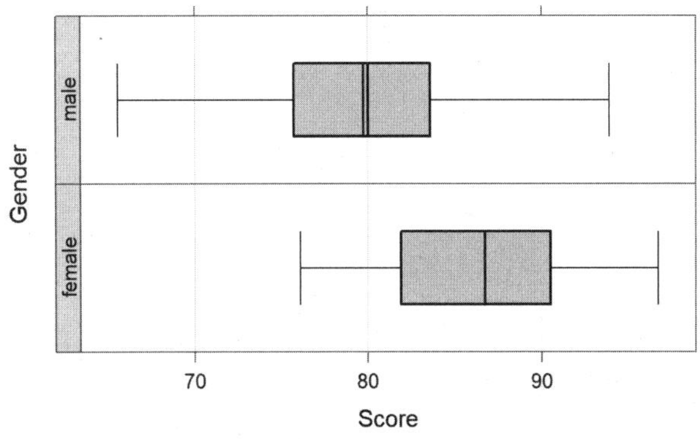

图3.2 不同性别学生成绩的箱形图

2.小提琴图

小提琴图可以提供更丰富的数据分布信息，R代码如下，输出结果如图3.3所示。

```
lessR::Plot(data = df_2,
            x = Score,
```

```
            by1 = Gender,
            vbs_mean = TRUE,
            violin_fill = "pink",
            box_fill = "lightgoldenrod")
```

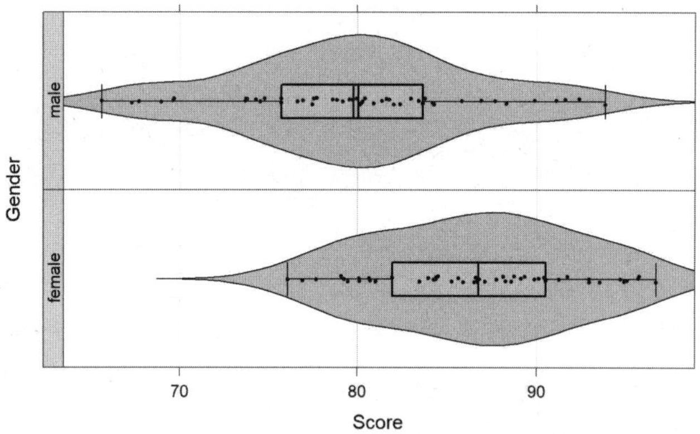

图 3.3　不同性别学生成绩的小提琴图

3.3.3　正态性检验

用基础包中的shapiro.test()函数分别对男生成绩和女生成绩进行正态性检验。R代码和输出结果如下：

```
# 对男生成绩进行正态性检验
df_2 %>%
  filter(Gender == "male")  %>%
  pull(Score) %>%
  shapiro.test()
##    Shapiro-Wilk normality test
##
##  data:  .
##  W = 0.9832, p-value = 0.694
# 对女生成绩进行正态性检验
df_2 %>%
  filter(Gender == "female")  %>%
  pull(Score) %>%
  shapiro.test()
##    Shapiro-Wilk normality test
##
##  data:  .
##  W = 0.9739, p-value = 0.33
```

检验结果表明,无论是男生成绩还是女生成绩均服从正态分布,检验结果和箱型图以及小提琴图展示的结果相同。

3.3.4 方差齐性检验

用基础包中的var.test()函数检验男生成绩和女生成绩的方差是否相等。

```
var.test(formula = Score ~ Gender,
         data = df_2,
         ratio = 1,
         alternative = "two.sided",
         conf.level = 0.95)
##   F test to compare two variances
##
##  data:  Score by Gender
##  F = 0.6888, num df = 49, denom df = 49, p-value = 0.196
##  alternative hypothesis: true ratio of variances is not equal to 1
##  95 percent confidence interval:
##   0.390896  1.213852
##  sample estimates:
##  ratio of variances
##            0.688832
```

检验的p值为0.196,大于0.05,表明两个总体的方差是相等的。

3.3.5 独立样本t检验的R实现

和单样本t检验一样,只需要在t.test()函数中增加参数paired=FALSE即可实现独立样本t检验。R代码及输出结果如下:

```
t.test(formula = Score ~ Gender,
       data = df_2,
       alternative = "two.sided",
       mu = 0,
       paired = FALSE,
       var.equal = TRUE)
##   Two Sample t-test
##
##  data:  Score by Gender
##  t = 5.718, df = 98, p-value = 0.000000117
##  alternative hypothesis: true difference in means between group female and group
##  male is not equal to 0
##  95 percent confidence interval:
##   4.54271  9.37168
##  sample estimates:
##  mean in group female   mean in group male
##               86.7324              79.7752
```

如果3.3.4节中方差齐性检验的结果是两个总体的方差不相等,则需要用Welch t检验代替,只需要将代码中var.equal=TRUE改为var.equal=FALSE即可。读者可以自行尝试。

3.4 配对样本*t*检验

配对样本*t*检验的基本设定与独立样本基本相同,只是两个样本是相关联的。比较常见的情况是同样的研究对象在不同时间点的观测,比如相同的女性在服用减肥药前后的体重、同一批病人在采取不同治疗方案前后的效果、医学中安慰组与对照组的比较等。

3.4.1 参数的方法

如果正态性假定满足,可以采取参数的方法进行配对样本*t*检验。

1. 数据准备

本例采用随机模拟的体重数据进行实验前后的配对样本检验。R代码及数据的前10个观测值如下:

```
set.seed(1230)
df_3 <- tibble(
  id = as.character(c(1:30)),
  Pre_treatment = rnorm(30, mean = 62, sd = 5),
  Post_treatment = rnorm(30, mean = 57, sd = 5)) %>%
  pivot_longer(cols = c(Pre_treatment, Post_treatment),
               names_to = "Group",
               values_to = "Weight")
df_3
```

A tibble: 60 × 3

id <chr>	Group <chr>	Weight <dbl>
1	Pre_treatment	62.8829
1	Post_treatment	63.2747
2	Pre_treatment	65.5921
2	Post_treatment	56.2265
3	Pre_treatment	60.4403
3	Post_treatment	52.6597
4	Pre_treatment	68.7761
4	Post_treatment	57.2487
5	Pre_treatment	67.5409
5	Post_treatment	61.3428

2. 配对箱形图

将同一个观测个体实验前后的观测值用线段连接起来,形成配对箱形图。R代码如下,输出结果如图3.4所示。

```
df_3 %>%
ggplot(aes(x = reorder(Group, Weight),
           y = Weight)) +
  geom_boxplot() +
  geom_point() +
  geom_line(aes(group = factor(ID)), lty = 2)
```

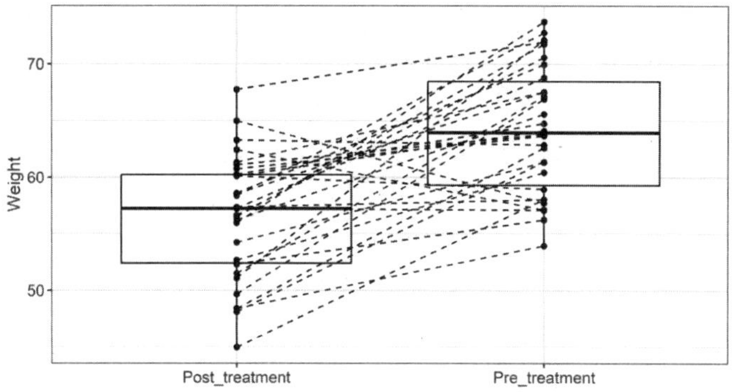

图3.4 实验前后体重数据配对箱形图

3.正态性检验

(1)夏皮罗—威尔克检验

对配对差进行正态性检验,R代码及输出结果如下:

```
df_3 %>%
  pivot_wider(id_cols = ID,
              names_from = "Group",
              values_from = "Weight") %>%
  mutate(difference = Post_treatment - Pre_treatment) %>%
  pull(difference) %>%
  shapiro.test()
```

```
##   Shapiro-Wilk normality test
##
##  data:  .
##  W = 0.9696, p-value = 0.528
```

检验的p值大于0.05,表明样本配对差满足正态性假定。

(2)概率密度图

R代码如下,输出结果如图3.5所示。

```
df_3 %>%
  pivot_wider(id_cols = ID,
              names_from = "Group",
              values_from = "Weight") %>%
  mutate(difference = Post_treatment - Pre_treatment) %>%
  ggplot(aes(x = difference)) +
  geom_density()
```

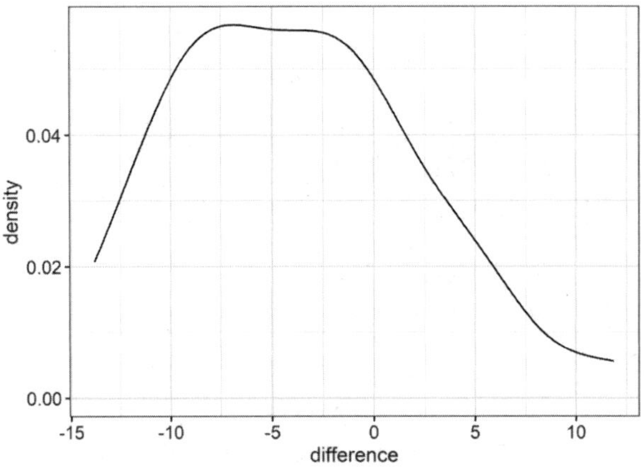

图3.5　实验前后体重差异的概率密度图

4. 配对样本t检验的R实现

将t.test()函数中的参数设置为paired=TRUE即可实现配对样本t检验。R代码及输出结果如下：

```
t.test(formula = Weight ~ Group,
       data = df_3,
       alternative = "two.sided",
       mu = 0,
       paired = TRUE)
##      Paired t-test
##
##  t = 3.394, df = 29, p-value = 0.00201
##  alternative hypothesis: true mean difference is not equal to 0
##  95 percent confidence interval:
##   1.49062    6.01112
##  sample estimates:
##  mean difference
##          3.75087
```

结果表明，实验前后的体重之差为3.75千克，检验的p值为0.002，说明该差异在统计学意义上是显著的。

3.4.2　非参数的方法

如果数据不服从正态分布，可以用非参数的方法进行检验。

1. 数据准备

本例随机模拟了服从对数正态分布的实验前后的配对数据，R代码及前10个观测值如下：

```
set.seed(1230)
df_4 <- tibble(
  ID = as.character(c(1:30)),
  before_treatment = rlnorm(n = 30, meanlog = 2, sdlog = 0.7),
  after_treatment = rlnorm(n = 30, meanlog = 1, sdlog = 0.6)) %>%
```

```
  pivot_longer(cols = c(before_treatment, after_treatment),
               names_to = "Group",
               values_to = "Variable")
head(df_4, 10)
```

A tibble: 60 × 3

ID <chr>	Group <chr>	Weight <dbl>
1	Pre_treatment	8.36
1	Post_treatment	5.77
2	Pre_treatment	12.22
2	Post_treatment	2.48
3	Pre_treatment	5.94
3	Post_treatment	1.61
4	Pre_treatment	19.08
4	Post_treatment	2.80
5	Pre_treatment	16.05
5	Post_treatment	4.58

2. 概率密度图

分别绘制3.4.1节和3.4.2节中实验前后体重数据的概率密度图,对其分布进行对比。R代码如下,输出结果如图3.6所示。

```
bind_rows(list(df_3 = df_3, df_4 = df_4), .id = "type") %>%
  ggplot(aes(x = Weight, fill = Group)) +
  geom_density(position = "dodge", color = "black") +
  scale_fill_manual(values = c("grey30", "grey70")) +
  facet_wrap(. ~ type, scales = "free") +
  labs(fill = "")
```

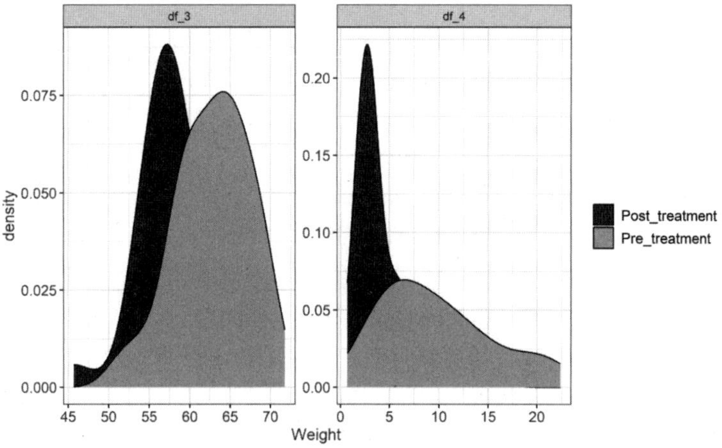

图3.6 不同分布下实验前后体重数据的概率密度图

从图3.6可以看出,df_3数据的分布是正态的,而df_4数据的分布存在明显的右偏。因此需要用非参数的方法进行检验。

3. 配对样本非参数检验的R实现

用基础包中的wilcox.test()函数可以实现配对样本的非参数检验。R代码及输出结果如下:

```
wilcox.test(formula = Weight ~ Group,
            data = df_4,
            alternative = "two.sided",
            mu = 0,
            paired = TRUE)
```

```
##     Wilcoxon signed rank exact test
##
##  data:  Weight by Group
##  V = 41, p-value = 0.0000182
##  alternative hypothesis: true location shift is not equal to 0
```

检验的p值小于0.05,表明实验前后体重的差异在统计学意义上是显著的。

3.5 方差分析

3.5.1 数据准备

本例采用随机模拟数据对不同区域居民的平均寿命进行方差分析。R代码及数据的前10行观测值如下:

```
set.seed(1230)
options(digits = 3)
df_5 <- tibble(
  region_East = rnorm(30, mean = 78, sd = 4),
  region_Middle = rnorm(30, mean = 74, sd = 4),
  region_West = rnorm(30, mean = 69, sd = 4)) %>%
  pivot_longer(cols = starts_with("region"),
               names_to = "Region",
               names_pattern = "._(.*)",
               values_to = "LifeExp") %>%
  mutate(Region = factor(Region))
df_5
```

A tibble: 90 × 2

Region <fctr>	LifeExp <dbl>
East	78.7
Middle	79.0
West	67.3
East	80.9
Middle	73.4
West	67.4
East	76.8
Middle	70.5
West	66.2
East	83.4

1-10 of 90 rows

3.5.2 数据可视化

用ggplot2绘制分类散点图(为了减少观测点重合,用geom_jitter()函数进行了适当的抖动处理)及误差条图。R代码如下,输出结果如图3.7所示。

```
df_5 %>%
  group_by(Region) %>%
  summarise(mean = mean(LifeExp, na.rm = TRUE),
            sd = sd(LifeExp, na.rm = TRUE)) %>%
  left_join(df_5) %>%
  ggplot(aes(x = Region, y = LifeExp, col = Region)) +
  geom_jitter(width = 0.1) +
  geom_errorbar(aes(ymin = mean - sd, ymax = mean + sd)) +
  geom_point(aes(y = mean), size = 5, shape = 3) +
  theme(legend.position = "none")
```

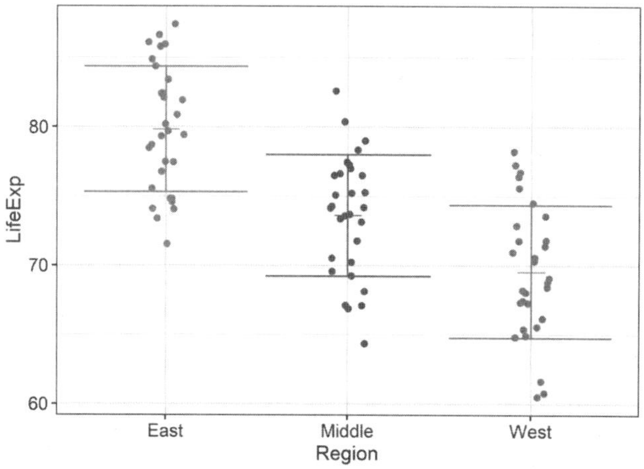

图3.7 不同区域居民寿命对比图

3.5.3 方差分析的R实现

1. 手动实现方差分解的计算过程

根据方差分析的原理,因变量的总误差可以分解为组间误差和组内误差,下面我们通过手动计算逐步体现方差分析的过程。R代码如下,方差分析表如表3.3所示。

(1)提取不同区域的样本数据

```
region_East <- df_5 %>% filter(Region == "East")
region_Middle <- df_5 %>% filter(Region == "Middle")
region_West <- df_5 %>% filter(Region == "West")
```

(2)计算因变量的总均值和组均值

```
mean_East <- mean(region_East$LifeExp)    # 东部地区均值
mean_Middle <- mean(region_Middle$LifeExp)    # 中部地区均值
mean_West <- mean(region_West$LifeExp)    # 西部地区均值
Overall_mean <- mean(df_5$LifeExp, na.rm = T)    # 总均值
```

(3)计算组间平方和及组内平方和

```
SS_Between <- 30 * (mean_East - Overall_mean)^2 +
              30 * (mean_Middle - Overall_mean)^2 +
              30 * (mean_West - Overall_mean)^2
SS_Within <- sum((region_East$LifeExp - mean_East)^2) +
             sum((region_Middle$LifeExp - mean_Middle)^2) +
             sum((region_West$LifeExp - mean_West)^2)
```

(4)计算自由度

```
df_between <- 3-1    # 组间自由度
df_within <- 90-3    # 组内自由度
```

(5)计算F统计量及p值

```
F_stat = (SS_Between / df_between) / (SS_Within / df_within)
p_value = pf(F_stat, df_between, df_within, lower.tail = FALSE)
```

(6)生成方差分析表

```
knitr::kable(tibble(SS_Between, df_between,
                    SS_Within, df_within,
                    F_stat, p_value))
```

表3.3 不同地区居民寿命方差分析结果

SS_Between	df_between	SS_Within	df_within	F_stat	p_value
1603.074885	2	1821.371021	87	38.28640989	0.000

2. 用基础包中的aov()函数生成方差分析表

```
anova_df_5 <- aov(data = df_5, LifeExp ~ Region)
summary(anova_df_)
##              Df    Sum Sq    Mean Sq    F value              Pr(>F)
## Region        2   1603.075   801.5374   38.28641   0.0000000000011821 ***
## Residuals    87   1821.371    20.9353
## Signif. codes:  0 '***' 0.001 '**' 0.01 '*' 0.05 '.' 0.1 ' ' 1
```

3. 方差分析的多重比较

上面的方差分析结果只能告诉我们三个总体(东部、中部和西部)的平均寿命是有差异的,但是无法知道两两之间的比较结果。可以通过多重比较检验任意两个总体之间的差异是否显著,在R中用TukeyHSD()函数实现该检验,代码及输出结果如下:

```
TukeyHSD(anova_df_5)
##  Tukey multiple comparisons of means
##      95% family-wise confidence level
##
##  Fit: aov(formula = LifeExp ~ Region, data = df_5)
##
##  $Region
##                  diff    lwr    upr   p adj
##  Middle-East    -6.20  -9.02 -3.38   0.000
##  West-East     -10.26 -13.08 -7.45   0.000
```

```
## West-Middle -4.06 -6.88 -1.25 0.003
```

两两比较的结果可知,三个区域的居民平均寿命均存在显著差异。

4. 方差齐性检验

方差分析的基本假定之一是各个总体的方差是相同的,因此还要进一步对该假定进行检验。在R中,可以用基础包中的Bartlett检验或car包中的Levene检验实现,代码及输出结果如下:

```
bartlett.test(data = df_5, LifeExp ~ Region)
## Bartlett test of homogeneity of variances
## data: LifeExp by Region
## Bartlett's K-squared = 0.24602, df = 2, p-value = 0.8843
car::leveneTest(LifeExp ~ Region, data = df_5)
## Levene's Test for Homogeneity of Variance (center = median)
##          Df   F value   Pr(>F)
## group     2    0.2272   0.7973
##          87
```

两种检验结果均表明,方差齐性的假定得到了满足。

此外,残差图也可以判断残差和拟合值之间是否存在某种关联。图3.8中的直线将每个区域的均值连接起来,水平的直线表明同方差的假定得到了满足。

```
model_lm <- lm(LifeExp ~ Region, data = df_5)
broom::augment(model_lm) %>%
  group_by(Region) %>%
  summarise(mean_resid = mean(.resid)) %>%
  left_join(broom::augment(model_lm)) %>%
  ggplot(data = ., aes(x = .fitted, y = .resid)) +
  geom_point() +
  geom_line(aes(y = mean_resid), color = "red") +
  labs(x = "Fitted values", y = "Residuals")
```

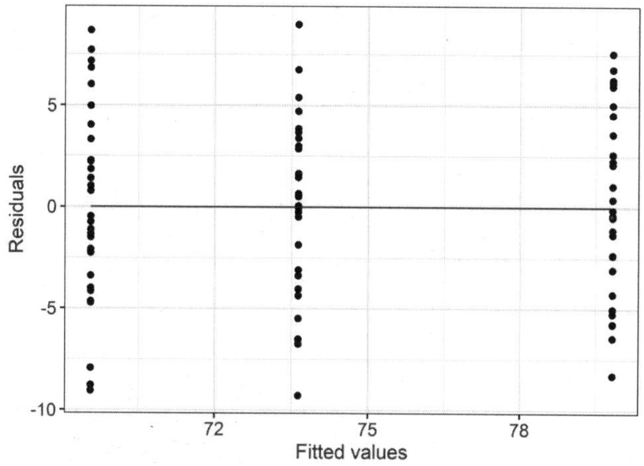

图3.8 方差分析残差图

5. 方差不相等时的方差分析

如果方差齐性检验的结果表明不同总体的方差是不相等的,则需要用Welch单因素检验,

代码格式如下:

```
oneway.test(formula = Variable ~ Group,
            data = dataframe,
            var.equal = FALSE)
```

其中,dataframe是数据框的名称,Variable是数值型因变量,Group是分组变量。

同时,用pairwise.t.test()函数实现两两之间的比较,代码格式如下:

```
pairwise.t.test(x = dataframe$Variable,
                g = dataframe$Group,
                pool.sd = FALSE)
```

第4章 统计知识回顾(三)——相关分析

如果两个随机变量均为数值型变量时,我们通常感兴趣的是它们是否相关以及如何度量其相关性的大小。

4.1 协方差与相关系数

常规的相关关系的度量方法有两种,分别是协方差和相关系数。

4.1.1 协方差

在概率论和统计学中,协方差(Covariance)用于度量两个随机变量的联合变异性。计算公式如下:

$$\mathrm{cov}(X,Y)=\frac{\sum_{i=1}^{n}(X_i-\bar{X})(Y_i-\bar{Y})}{n-1}$$

其中,$\bar{X}$和$\bar{Y}$分别是两个变量的样本均值。当协方差大于0时,Y与X同方向变化;当协方差小于0时,Y与X反方向变化;当协方差等于0时,Y与X趋于独立。

当两个变量相同时,此时的(自)协方差就是变量的方差,用于衡量随机变量的变异程度。

4.1.2 线性相关系数

线性相关系数(Correlation Coefficient)又称为皮尔逊积矩相关系数,它本质上是标准化的协方差,度量了两个随机变量之间线性相关的强弱及方向。线性相关系数通常可以用散点图或相关系数值来描述。

1. 散点图

图4.1给出了正相关和负相关的示意图,左图向右上方倾斜的直线意味着正相关,右图向右下方倾斜的直线意味着负相关。

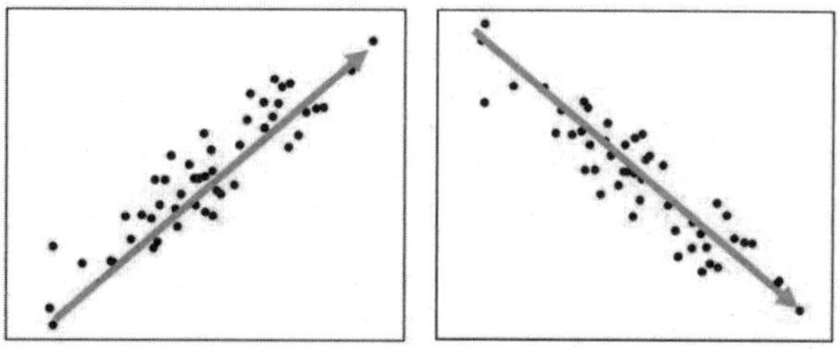

图4.1 正相关与负相关

图4.2给出了线性相关和非线性相关的示意图,左图的线性趋势线意味着变量之间是线性相关,右图的曲线趋势意味着非线性相关。

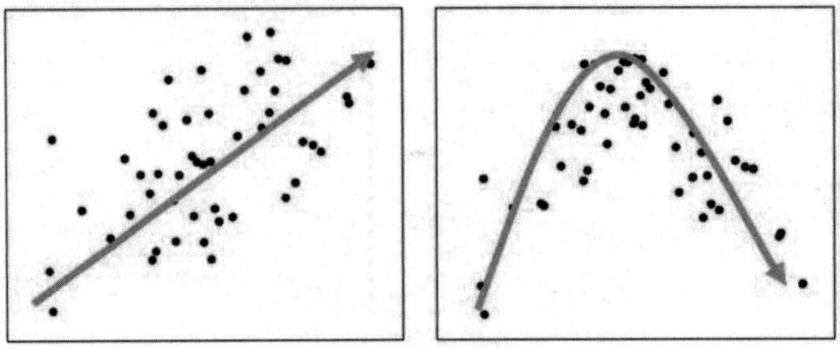

图4.2　线性相关与非线性相关

2.皮尔逊相关系数

皮尔逊相关系数的计算公式为

$$r=\frac{\operatorname{cov}(X,Y)}{s_X s_Y}$$

其中,s_X和s_Y分别为变量X和变量Y的样本标准差。相关系数的值总是在−1和1之间,正值表示正相关,负值表示负相关,0表示不相关。与协方差是一个绝对量不同,相关系数是一个无单位的相对统计量,意味着无论两个变量的单位是万元和千克或元和克,相关系数的值都不会改变。表4.1给出了相关系数大小与相关性强弱的经验法则,并用图形的形式进行了可视化展示,如图4.3所示。

表4.1　相关系数的大小和方向的经验法则

相关系数的值	相关性的强弱	相关性的方向
0.90～1.00(−1.00～−0.90)	非常强	正相关(负相关)
0.70～0.90(−0.90～−0.70)	强	正相关(负相关)
0.50～0.70(−0.70～−0.50)	中等	正相关(负相关)
0.30～0.50(−0.50～−0.30)	弱	正相关(负相关)
0.00～0.30(−0.30～0.00)	几乎不相关	

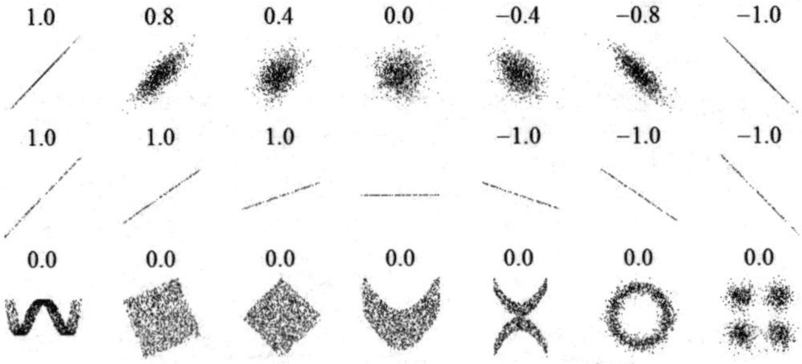

图4.3　相关性大小及方向示意图

3.斯皮尔曼等级相关系数

斯皮尔曼等级相关系数又称为斯皮尔曼秩相关系数(Spearman Rank Correlation

Coefficient),是相关关系的非参数度量。皮尔逊相关系数度量的是线性关系,而该指标则是度量单调关系。它既可以用于连续变量,也可用于有序的离散变量,且数据不需要服从正态分布。其计算公式为

$$\rho_s = 1 - \frac{6\sum d_i^2}{n(n^2-1)}$$

其中,d_i是第i次观测对应的两个变量的秩次之差。

4.1.3 R中的相关函数

1. 协方差和相关系数的计算

在R软件中,计算协方差和相关系数的函数分别为cov()和cor()。R代码如下:

```
set.seed(1230)
X <- runif(n = 20, min = 1, max = 20)
Y <- rnorm(n = 20, mean = 5, sd = 1)
cov <- cov(X, Y)   # 计算协方差
sd_X <- sd(X)   # 计算X的标准差
sd_Y <- sd(Y)   # 计算Y的标准差
r <- cov / (sd_X * sd_Y)   # 计算相关系数
r
##  [1] 0.1397111
cor(x = X,
    y = Y,
    method = "pearson")
##  [1] 0.1397111
```

2. 相关系数的显著性检验

相关系数服从自由度为$n-2$的t分布,可以用cor.test()函数对其统计显著性进行检验。R代码及输出结果如下:

```
cor.test(x = X,
         y = Y,
         method = "pearson")
##
##  Pearson's product-moment correlation
##
##  data:  X and Y
##  t = 0.59862, df = 18, p-value = 0.5569
##  alternative hypothesis: true correlation is not equal to 0
##  95 percent confidence interval:
##   -0.3227646  0.5483313
##  sample estimates:
##        cor
##  0.1397111
```

该t检验的p值为0.5569,表明在0.05的显著性水平下,这两个变量之间的线性相关性并不显著。

3. 斯皮尔曼等级相关系数计算及检验

在R中,只需要将cor.test()函数中的method参数“pearson”改为“spearman”即可。代码及输出结果如下:

```
cor.test(x = X,
         y = Y,
         method = "spearman")
```

```
##
##  Spearman's rank correlation rho
##
##  data:  X and Y
##  S = 1250, p-value = 0.8016
##  alternative hypothesis: true rho is not equal to 0
##  sample estimates:
##         rho
##  0.06015038
```

4.2 扩展包ggstatsplot中的相关分析

R扩展包ggstatsplot中的ggscatterstats()函数是目前用来做相关分析最好用的方法之一。我们以mtcatrs为例,介绍该函数的用法。

4.2.1 皮尔逊相关

将该函数的参数type设置为“parametric”就可以生成皮尔逊相关的可视化结果。R代码如下,输出结果如图4.4所示。

```
library(ggside)
library(ggstatsplot)
ggscatterstats(data = mtcars,
               x = hp, y = mpg,
               type = "parametric")
```

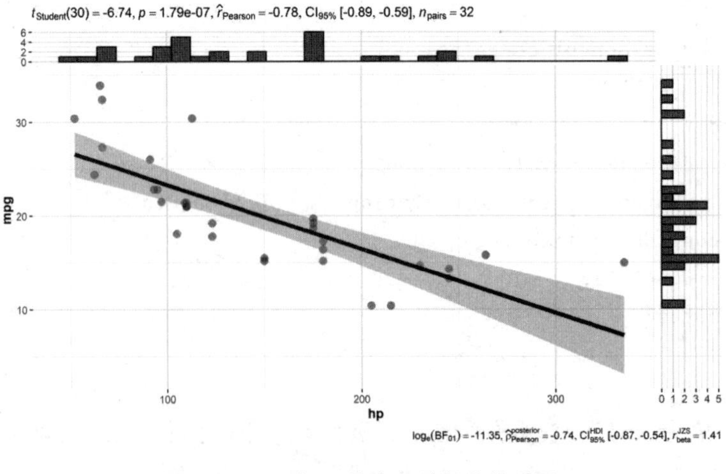

图4.4 mpg 与hp的皮尔逊相关关系图

图4.4的主体部分绘制了变量mpg与hp的散点图及拟合直线,上边缘给出了相关系数经典t检验的统计量、p值、皮尔逊相关系数及其置信区间以及样本容量,同时绘制了变量hp的分布直方图。右边缘绘制了变量mpg的分布直方图。下边缘给出了贝叶斯统计量、后验皮尔逊相关系数及其最高密度置信区间。

本例中两种区间基本上是一致的,如果出现不一致的情况,我们倾向于选择贝叶斯估计的结果,因为它相较于频率学派不易受非线性和非正态分布的影响。

4.2.2 斯皮尔曼等级相关

当线性和正态性都无法得到满足时,基于非参数统计方法的斯皮尔曼等级相关是一种更好的选择。只需要将4.2.1节代码中参数type的值设置为“nonparametric”即可。R代码如下,输出结果如图4.5所示。

```
ggscatterstats(data = mtcars,
               x = hp,
               y = mpg,
               type = "nonparametric")
```

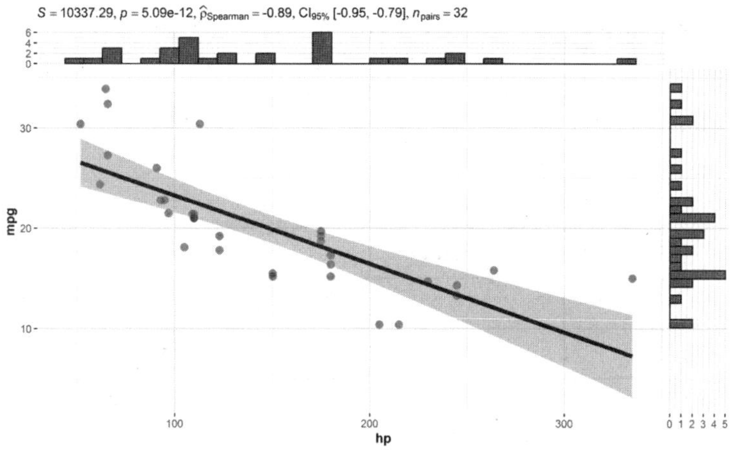

图4.5 mpg 与hp的斯皮尔曼秩相关关系图

4.2.3 处理异常值

当样本中包含异常值时,为了消除异常值的影响,可以采用稳健方法进行相关系数的估计和检验。只需要将4.2.1节代码中参数type的值设置为“robust”即可,R代码如下,输出结果如图4.6所示。

```
ggscatterstats(data = mtcars,
               x = hp,
               y = mpg,
               type = "robust")
```

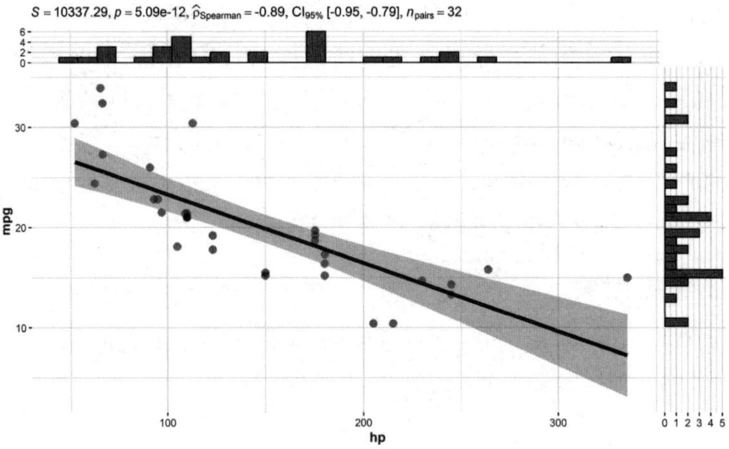

图4.6　mpg 与hp的稳健相关关系图

4.2.4　含分组变量的相关图

当样本数据中包含分类变量时，可以用grouped_ggscatterstats()函数将不同分组的相关系数以可视化的方式展示出来。R代码如下，输出结果如图4.7所示。

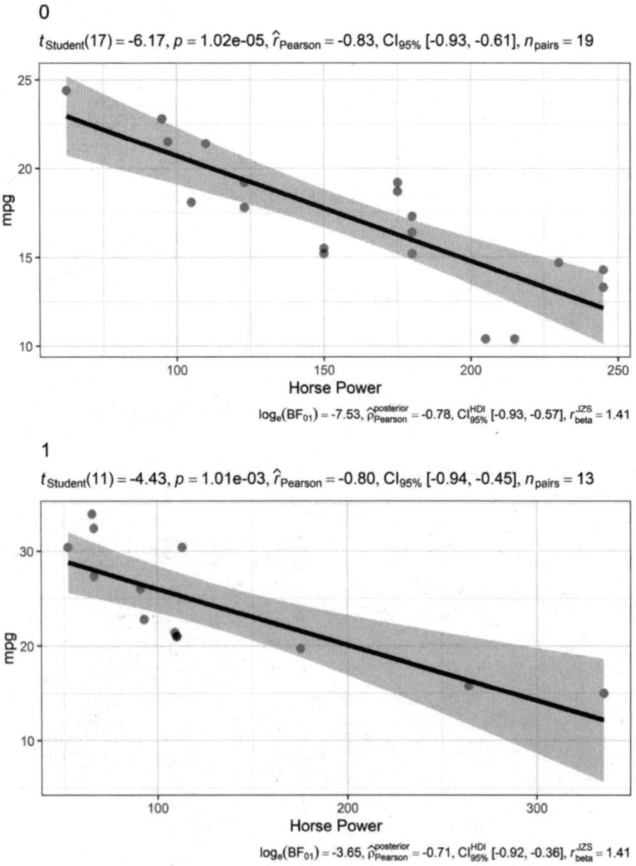

图4.7　不同变速箱类型轿车的mpg 与hp的相关关系图

```
grouped_ggscatterstats(data = mtcars,
                       x = hp,
                       y = mpg,
                       grouping.var = am,
                       xlab = "Horse Power",
                       ggtheme = ggplot2::theme_bw(),
                       marginal = FALSE,
                       plotgrid.args = list(ncol = 1))
```

由图4.7的上图可以看出，当汽车的变速箱为手动挡(am=0)时，变量mpg与变量hp之间的相关系数为−0.83；由图4.7的下图可以看出，当汽车的变速箱为自动挡(am=1)时，二者之间的相关系数为−0.71，当然这种差异是否显著还有待进一步探究。

4.2.5 多变量相关系数矩阵

用ggcorrmat()函数可以生成多个变量两两之间的相关系数矩阵并用图形进行可视化展示。本例从mtcars数据集中筛选mpg、hp、disp以及qsec等4个变量绘制多变量相关系数矩阵图，R代码如下，输出结果如图4.8所示。

```
mtcars %>%
  dplyr::select(mpg, hp, wt, disp, qsec) %>%
  ggcorrmat(data = .,
            matrix.type = "upper",
            colors = c("#cbac43", "white", "#550000"),
            ggtheme = theme_bw())
```

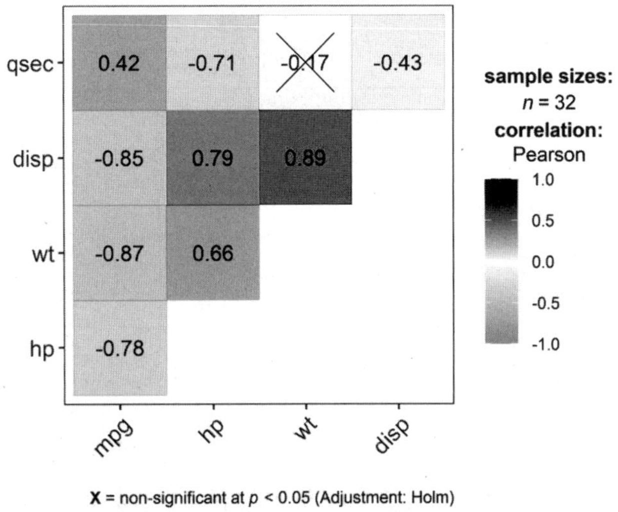

图4.8 多个变量的相关系数矩阵图

第5章 一元线性回归模型

5.1 模型表达及基本假定

5.1.1 模型中的变量名称

一元线性回归,又称为简单线性回归,是指因变量 Y 与自变量 X 之间存在线性关系,即因变量 Y 的条件均值随着自变量 X 的变化而线性变化。这里的线性是针对参数而言的。不同的教材对因变量 Y 与自变量 X 有多种叫法,如表5.1所示。

表5.1 回归中变量的名称

Y	X
因变量(Dependent Variable)	自变量(Independent Variable)
被解释变量(Explained Variable)	解释变量(Explanatory Variable)
内生变量(Endogenous Variable)	外生变量(Exogenous Variable)
反应变量(Outcome Variable)	控制变量(Control Variable)
被预测变量(Predicted Variable)	预测变量(Predictor)
回归子(Regressand)	回归元(Regressor)

5.1.2 模型的表达形式

一元线性回归模型的表达形式如下:

$$Y_i = \beta_1 + \beta_2 X_i + u_i$$

也可以表达为

$$E(Y|X_i) = \beta_1 + \beta_2 X_i$$

其中,Y 是因变量(Dependent Variable),$E(Y|X_i)$ 是因变量 Y 的条件(以 X 为条件)均值,X 是自变量(Independent Variable),u 是随机干扰项(Random Disturbance)或随机误差项(Random Error),β_1 是截距参数或截距系数(Intercept),β_2 是斜率参数或斜率系数(Slope),i 表示第 i 次样本观测($i=1,2,\cdots,n$),n 是样本数据集中的观测值数量即样本容量。

5.1.3 一元线性回归模型的基本假定

一元线性回归模型通常有如下基本假定:

(1)线性假定,即因变量与自变量之间的线性关系存在;

(2)内生性假定,即因变量 Y 是随机变量,自变量 X 是非随机变量(或者可以进一步放松为 X 是随机变量但与随机干扰项不相关);

(3)正态性及同方差性假定,即随机干扰项服从均值为0、方差为恒定常数的正态分布,即 $u_i \sim N(0,\sigma^2)$;

(4)独立性假定,即随机干扰项之间不存在自相关性(也称序列相关性);

(5)无模型设定偏误假定,即所建模型是正确设定的,不存在模型设定偏误。

5.2　一元回归方程的拟合

5.2.1　普通最小二乘法参数估计

用普通最小二乘法(Ordinary Least Square,OLS)拟合回归方程,形式如下:

$$\hat{Y}_i = b_1 + b_2 X_i$$

其中,带帽子符号"ˆ"的 $\hat{Y}_i$ 表示因变量的估计值(Estimated Value),又称为预测值(Predicted Value)或拟合值(Fitted Value),b_1 和 b_2 分别表示参数 β_1 和 β_2 的估计值。将因变量观测值与预测值之差定义为残差(Residual),用 $\hat{u}_i$ 表示,表达式如下:

$$\hat{u}_i = Y_i - \hat{Y}_i$$

定义最小二乘统计量 $Q = \sum_{i=1}^{n} \hat{u}_i^2$,当其取得极小值时即为最优拟合结果。根据数学中的求极值条件,令 Q 分别对 b_1 和 b_2 求偏微分,当且仅当二者同时等于0时,可得到回归方程的参数估计表达式:

$$\begin{cases} b_2 = L_{XY}/L_{XX} \\ b_1 = \bar{Y} - b_1 \bar{X} \end{cases}$$

其中,$L_{XY} = \sum_{i=1}^{n}(X_i - \bar{X})(Y_i - \bar{Y}) = \sum_{i=1}^{n} x_i y_i$,$L_{XX} = \sum_{i=1}^{n}(X_i - \bar{X})^2 = \sum_{i=1}^{n} x_i^2$。$x_i$ 和 y_i 是样本观测值 X_i 和 Y_i 的离差形式。

因变量的方差与干扰项的方差相等,均为 σ^2,它的估计值为残差的方差,即

$$\hat{\sigma}^2 = \mathrm{var}(\hat{u}_i) = \frac{SSE}{df_{\hat{u}_i}} = \frac{\sum_{i=1}^{n} \hat{u}_i^2}{n-2}$$

进而可以求得系数估计量 b_1 和 b_2 的方差及其协方差,即

$$\mathrm{var}(b_1) = \hat{\sigma}^2 \frac{\sum_{i=1}^{n} X_i^2}{n \sum_{i=1}^{n}(X_i - \bar{X})^2}$$

$$\mathrm{var}(b_2) = \hat{\sigma}^2 \frac{1}{\sum_{i=1}^{n}(X_i - \bar{X})^2}$$

$$\mathrm{cov}(b_1, b_2) = \hat{\sigma}^2 \left[\frac{-\bar{X}}{\sum_{i=1}^{n}(X_i - \bar{X})^2} \right]$$

5.2.2 估计量的抽样分布

根据OLS参数估计结果可知,斜率系数b_2是因变量Y的线性组合,因此它也服从正态分布,即

$$b_2 \sim N\left(\beta_2, \frac{\sigma^2}{\sum_{i=1}^{n}(X_i-\bar{X})^2}\right)$$

5.2.3 回归系数的置信区间

在b_2的抽样分布中,σ^2是未知的,当我们用它的估计值$\hat{\sigma}^2$代替时,估计量b_2不再服从正态分布而是服从自由度为$n-2$的t分布。因此,用t临界值构造相应的置信区间

$$[b_2 - tc \times se(b_2), b_2 + tc \times se(b_2)]$$

其中,tc是给定显著性水平的t分布的临界值,$se(b_2)$是b_2的标准误,其值为$\text{var}(b_2)$的算术平方根。

5.2.4 回归系数的显著性检验

根据估计量的抽样分布可知,可以用t统计量对回归系数进行显著性检验(截距项没有明确的经济意义,因此一般只关注斜率系数),其原假设和备择假设分别为

$$\begin{cases} H_0: \beta_2 = 0 \\ H_1: \beta_2 \neq 0 \end{cases}$$

对应的检验统计量为

$$t = \frac{b_2}{se(b_2)}$$

给定显著性水平α,可以根据临界值或p值进行决策。当$|t| > tc$或$p < \alpha$时,拒绝原假设;当$|t| < tc$或$p > \alpha$时,则不拒绝原假设。

5.2.5 模型的显著性检验

回归模型的显著性检验是一个联合假设检验,即检验所有的斜率系数同时为0。在一元回归中,因为只有一个斜率系数,因此该检验的假设陈述与5.2.4节的t检验完全等价。用到的检验统计量为F,其计算公式为

$$F = \frac{MSR}{MSE} = \frac{SSR/(k-1)}{SSE/(n-k)} = \frac{(SST - SSE)/(k-1)}{SSE/(n-k)}$$

它服从分子自由度为自变量个数$k-1$(其中k为待估参数个数,一元回归中$k=2$)、分母自由度为$n-k$(一元回归中为$n-2$)的F分布。在给定显著性水平下,可以根据临界值或p值进行决策。

需要说明的是,该检验是一个右单尾检验,且在一元回归中模型的F检验与斜率系数的t检验是完全等价的,两个统计量存在如下的关系:$F = t^2$。

5.3 一元回归模型在R中的实现

5.3.1 数据及扩展包准备

本案例采用R自带的数据集mtcars,这是一个关于汽车燃油经济性的观测数据,包含32个观测个案和11个变量,其中变量mpg表示每加仑汽油行驶的里程数,hp表示汽车马力。本节需要用到的R扩展包有:

```
library(ggplot2)
library(tidyr)
library(broom)
library(purrr)
library(car)
library(scatterplot3d)
library(skedastic)
library(lmtest)
library(stargazer)
library(ggfortify)
```

首先以hp为横轴,以mpg为纵轴,用ggplot()函数绘制二者的散点图。R代码如下,输出结果如图5.1所示。

```
mtcars %>%
  ggplot(aes(x = hp, y = mpg)) +
  geom_point() +
  theme_bw()
```

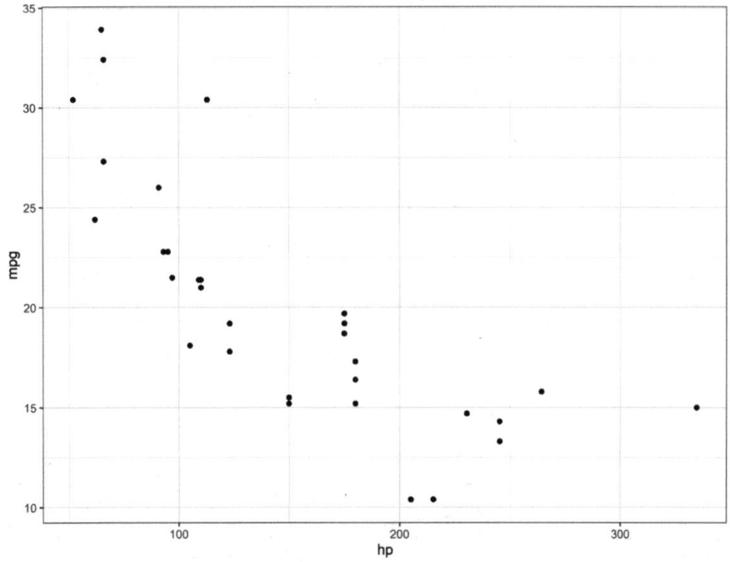

图5.1 mpg与hp之间的散点图

5.3.2 基础包lm()函数拟合模型

用基础包中的线性模型拟合函数lm()拟合回归方程,并把结果保存在model01对象中。R代码如下:

```
model01 <- mtcars %>%
  lm(mpg ~ hp, data = .)
```

1. 模型综述

用summary()函数查看模型的输出结果,R代码及输出结果如下:

```
summary(model01)
## Call:
## lm(formula = mpg ~ hp, data = .)
##
## Residuals:
##     Min      1Q  Median      3Q     Max
## -5.7121 -2.1122 -0.8854  1.5819  8.2360
##
## Coefficients:
##             Estimate   Std. Error  t value   Pr(>|t|)
## (Intercept) 30.09886     1.63392   18.421    < 2e-16 ***
## hp          -0.06823     0.01012   -6.742   1.79e-07 ***
## ---
## Signif. codes:  0 '***' 0.001 '**' 0.01 '*' 0.05 '.' 0.1 ' ' 1
##
## Residual standard error: 3.863 on 30 degrees of freedom
## Multiple R-squared:  0.6024,  Adjusted R-squared:  0.5892
## F-statistic: 45.46 on 1 and 30 DF,  p-value: 1.788e-07
```

该输出结果主要包含四个部分的内容:

(1)第一部分是模型设定,指明了模型的因变量和自变量以及数据集。

(2)第二部分是对残差的统计描述,给出了最小值、下四分位数、中位数、上四分位数和最大值。

(3)第三部分是回归系数的参数估计和假设检验结果,包含常数项(Intercept)和自变量(hp)的系数估计值及其标准误和相应的t统计量的值及对应的p值。

(4)第四部分是模型的综述,包含残差的标准误及自由度、判决系数及调整的判决系数、模型整体显著性检验的F统计量及其p值。

2. 核心统计量的手动计算

(1)残差标准误

残差标准误(Residual Standard Error,RSE)又称为模型估计的误差,是测度回归模型拟合优度的指标,它是残差均方(MSE)的算术平方根。R代码及输出结果如下:

```
SSE <- sum(model01$residuals^2)   # 残差平方和
MSE <- SSE / model01$df.residual   # 残差均方
RSE <- sqrt(MSE)   # 计算拟合优度
RSE
```

```
## [1] 3.862962
```

(2)判决系数

判决系数测度了模型对样本数据的拟合程度,即在因变量的总变异中自变量能解释的比例,用自由度进行调整后可以得到调整的判决系数。R代码及输出结果如下:

```
Yi <- mtcars$mpg   # 因变量的观测值
Ybar <- mean(Yi)   # 因变量的均值
SST <- sum((Yi - Ybar)^2)   # 因变量的总平方和
R_sq <- 1 - SSE / SST   # 计算判决系数
n <- length(mtcars$mpg)   # 样本容量
k <- 2   # 待估参数个数
df <- n - k   # 残差自由度
R_sq_adj <- 1 - (1 - R_sq) * (n - 1) / df   # 计算调整的判决系数
R_sq; R_sq_adj
## [1] 0.6024373
## [1] 0.5891853
```

(3)回归系数的置信区间

根据回归系数的抽样分布,可以用点估计值加减边际误差的形式构造其置信区间。以斜率系数为例,计算其置信区间的R代码及输出结果如下:

```
alpha <- 0.05   # 设定显著性水平
df <- df.residual(model01)   # 提取自由度
b2 <- coef(model01)[[2]]   # 提取回归系数
sm <- summary(model01)
se_b2 <- coef(sm)[2,2]   # 提取回归系数的标准误
tc <- qt(1 - alpha/2, df)   # 计算临界值
CI_lower <- b2 - tc * se_b2   # 计算置信区间下限
CI_upper <- b2 + tc * se_b2   # 计算置信区间上限
print(c(CI_lower, CI_upper))
## [1] -0.08889465 -0.04756190
```

此外,基础包还提供了一个专门生成置信区间的函数confint(),可以直接从模型对象中提取回归系数的置信区间。R代码及输出结果如下:

```
CI_b2 <- confint(model01)
print(CI_b2)
##                   2.5 %      97.5 %
## (Intercept) 26.76194879  33.4357723
## hp          -0.08889465  -0.0475619
```

(4)回归系数的t检验

根据5.2.4节中的原理,对回归系数进行t检验。以斜率系数为例,R代码及输出结果如下:

```
t_value <- b2 / se_b2
p_value_b2 <- 2 * pt(t_value, df = df)
tibble(variable = "hp",
```

```
    t_value = t_value,
    p_value = p_value_b2)
```

A tibble: 1 × 3

variable <chr>	t_value <dbl>	p_value <dbl>
hp	-6.742389	1.787835e-07

(5)F统计量及其p值

根据5.2.5节中的原理,对回归模型整体显著性进行F检验。R代码及输出结果如下:

```
MSR <- (SST - SSE) / (k - 1)
MSE <- SSE / (n - k)
F_value <- MSR / MSE
p_value <- 1 - pf(F_value, df1 = k - 1, df2 = n - k)
F_value
p_value
```

```
## [1] 45.4598
## [1] 1.787835e-07
```

读者可以自己验证,这里的F值(45.4598)等于斜率系数t值(−6.7424)的平方。

(6)方差分析表

用anova()函数生成模型的方差分析表。R代码及输出结果如下:

```
anova(model01)
```

```
## Analysis of Variance Table
##
## Response: mpg
##             Df  Sum Sq  Mean Sq  F value     Pr(>F)
## hp           1  678.37   678.37    45.46  1.788e-07 ***
## Residuals   30  447.67    14.92
## ---
## Signif. codes:  0 '***' 0.001 '**' 0.01 '*' 0.05 '.' 0.1 ' ' 1
```

3. 其他方式查看模型对象

(1)car包中的S()函数

用扩展包car中的S()函数也可以查看模型输出结果。R代码及输出结果如下:

```
car::S(model01)
```

```
## Call: lm(formula = mpg ~ hp, data = .)
##
## Coefficients:
##              Estimate  Std. Error  t value   Pr(>|t|)
## (Intercept)  30.09886     1.63392   18.421   < 2e-16 ***
## hp           -0.06823     0.01012   -6.742  1.79e-07 ***
## ---
## Signif. codes:  0 '***' 0.001 '**' 0.01 '*' 0.05 '.' 0.1 ' ' 1
##
## Residual standard deviation: 3.863 on 30 degrees of freedom
```

```
## Multiple R-squared: 0.6024
## F-statistic: 45.46 on 1 and 30 DF,  p-value: 1.788e-07
##     AIC      BIC
## 181.24   185.64
```

输出结果与基础包大同小异,多出了AIC(赤池信息准则)和BIC(贝叶斯信息准则)两个统计量,其含义将在模型评价准则中予以详细介绍。

(2)broom包中的tidy()函数和glance()函数

扩展包broom中的tidy()函数输出回归系数的估计及检验结果,glance()函数输出模型的拟合优度等综合信息。这两个函数均给出tibble格式的模型输出结果,R代码及输出结果如下:

```
broom::tidy(model01)
```

A tibble: 2 × 5

term <chr>	estimate <dbl>	std.error <dbl>	statistic <dbl>	p.value <dbl>
(Intercept)	30.09886054	1.6339210	18.421246	6.642736e-18
hp	-0.06822828	0.0101193	-6.742389	1.787835e-07

```
broom::glance(model01)
```

A tibble: 1 × 12

r.squared <dbl>	adj.r.squared <dbl>	sigma <dbl>	statistic <dbl>	p.value <dbl>	df <dbl>
0.6024373	0.5891853	3.862962	45.4598	1.787835e-07	1

logLik <dbl>	AIC <dbl>	BIC <dbl>	deviance <dbl>	df.residual <int>	nobs <int>
-87.61931	181.2386	185.6358	447.6743	30	32

其中,r.squared是判决系数R^2,adj.r.squared是调整的判决系数R_a^2,sigma是模型估计的标准误,statistic是F统计量的值,p.value是F检验的p值,df是F检验的分子自由度,logLik是对数似然值,AIC是赤池信息准则,BIC是贝叶斯信息准则,deviance是残差平方和,df.residual是F检验的分母自由度,nobs是样本观测总数。

5.3.3 预测值及其置信区间

用基础包中的predict()函数可以计算指定自变量的因变量的预测值。这里,我们用默认设置,即对所有自变量用5.3.2节中拟合的模型model01计算全部预测值,同时生成一个包含观测值、预测值及其标准误的数据框。R代码及输出结果如下:

```
prediction <- predict(model01, se = T, mtcars)
df_predict <- tibble(hp = mtcars$hp,
                     mpg = mtcars$mpg,
                     .fitted = prediction$fit,
                     .se = prediction$se.fit)
df_predict
```

A tibble: 32 × 4

hp <dbl>	mpg <dbl>	.fitted <dbl>	.se <dbl>
110	21.0	22.593750	0.7772744
110	21.0	22.593750	0.7772744
93	22.8	23.753631	0.8726286
110	21.4	22.593750	0.7772744
175	18.7	18.158912	0.7405479
105	18.1	22.934891	0.8026728
245	14.3	13.382932	1.2066739
62	24.4	25.868707	1.0957827
95	22.8	23.617174	0.8601743
123	19.2	21.706782	0.7237292
123	17.8	21.706782	0.7237292
180	16.4	17.817770	0.7615533
180	17.3	17.817770	0.7615533
180	15.2	17.817770	0.7615533
205	10.4	16.112064	0.9025099
215	10.4	15.429781	0.9716936
230	14.7	14.406357	1.0849356
66	32.4	25.595794	1.0644256

1-18 of 32 rows

用ggplot()函数将上面生成的数据框df_predict中的数据绘制在散点图上,R代码如下,输出结果如图5.2所示。

```
df_predict %>%
  ggplot(aes(x = hp, y = mpg)) +
  geom_point() +
  geom_abline(intercept = model01$coefficients[1],
              slope = model01$coefficients[2],
              color = "blue", size = 1) +
  geom_line(aes(y = .fitted + 2 * .se),
            color = "red", size = 0.5, lty = "dashed") +
  geom_line(aes(y = .fitted - 2 * .se),
            color = "red", size = 0.5, lty = "dashed") +
  labs(x = "Gross horsepower",
       y = "Miles/(US) gallon") +
  theme_bw()
```

图5.2中,实线是拟合的回归方程,虚线是预测值的置信区间。可以看出,均值附近区间最窄,预测最精确,离均值越远,区间越宽,预测误差越大。

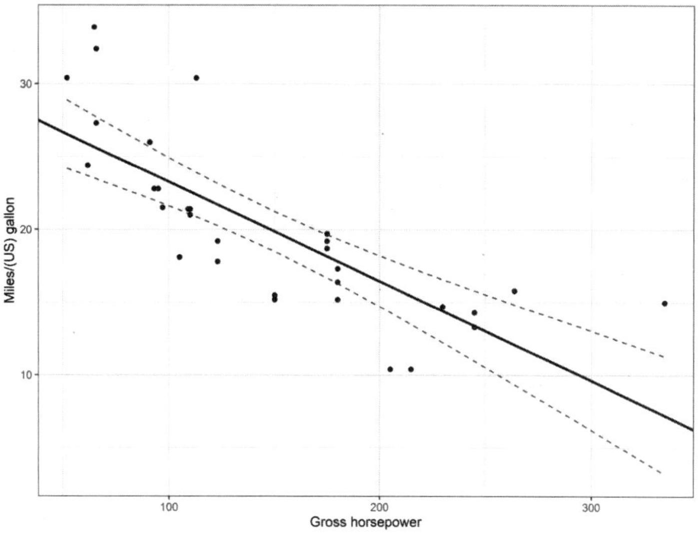

图5.2 因变量预测值及其置信区间

5.3.4 绘制残差误差条

用broom包中的augment()函数将因变量mpg、自变量hp以及拟合值.fitted、残差.resid等统计量输出在同一个数据框中。R代码及输出结果如下：

```
df_augment <- broom::augment(model01)
df_augment
```

A tibble: 32 × 9

mpg <dbl>	hp <dbl>	.fitted <dbl>	.resid <dbl>	.hat <dbl>	.sigma <dbl>	.cooksd <dbl>	.std.resid <dbl>
21.0	110	22.593750	-1.59374995	0.04048627	3.917367	3.742612e-03	-0.42118619
21.0	110	22.593750	-1.59374995	0.04048627	3.917367	3.742612e-03	-0.42118619
22.8	93	23.753631	-0.95363068	0.05102911	3.924793	1.726640e-03	-0.25341558
21.4	110	22.593750	-1.19374995	0.04048627	3.922478	2.099719e-03	-0.31547671
18.7	175	18.158912	0.54108812	0.03675069	3.927667	3.885555e-04	0.14271781
18.1	105	22.934891	-4.83489134	0.04317538	3.820288	3.693805e-02	-1.27952886
14.3	245	13.382932	0.91706759	0.09757509	3.924909	3.376359e-03	0.24990523
24.4	62	25.868707	-1.46870730	0.08046517	3.918693	6.878142e-03	-0.39648860
22.8	95	23.617174	-0.81717412	0.04958291	3.925916	1.228179e-03	-0.21698865
19.2	123	21.706782	-2.50678234	0.03510034	3.900317	7.937968e-03	-0.66062513

1-10 of 32 rows | 2-9 of 9 columns　　Previous 1 2 3 4 Next

该输出结果中的其他统计量如.hat、.sigma、.cooksd以及.std.resid等统计量的含义将在后续的章节中予以详细介绍。

用ggplot()函数绘制误差条图，R代码如下，输出结果如图5.3所示。

```
df_augment %>%
  ggplot(aes(x = hp, y = mpg)) +
  geom_point() +
  geom_smooth(method = "lm", se = FALSE) +
  geom_segment(aes(xend = hp, yend = .fitted),
               color = "red", size = 0.5, lty = 2) +
  theme_bw()
```

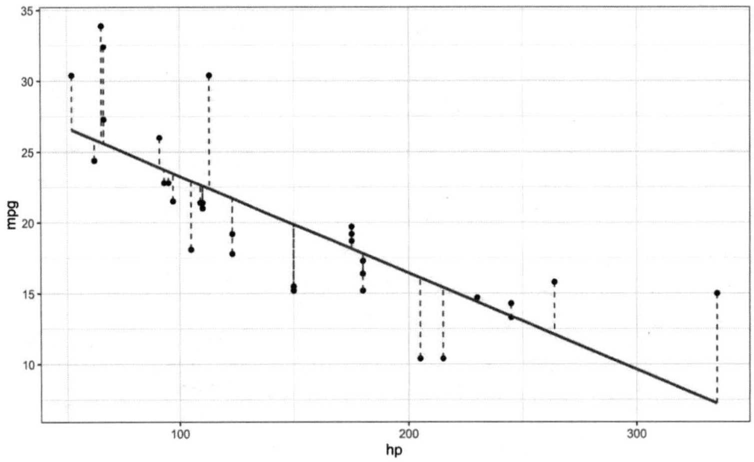

图5.3　回归模型残差的误差条图

从误差条图可以直观地看出每个观测点对应的残差的大小。

5.3.5　模型诊断

1. 基础包中的残差诊断图

(1)线性关系诊断

以残差为纵轴、因变量的拟合值为横轴绘制出的残差图可用于回归模型线性假定的直观判断。用plot()函数可以绘制模型残差诊断图,如图5.4所示。如果图中的实线是水平的,则说明线性关系成立,显然本例中的实线有明显的曲线形状,提示了线性模型的设定是不适当的。

```
plot(model01, which = 1)
```

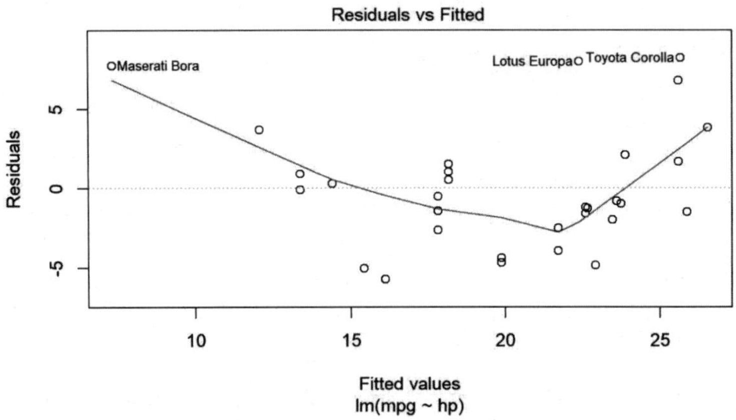

图5.4　回归模型的残差图

(2)正态性QQ图

该图用来检验残差的正态性假定,如果残差服从正态分布,则散点应该均匀分布在虚线(45度对角线)附近,图5.5显示残差的分布存在一定程度的右偏。

```
plot(model01, which = 2)
```

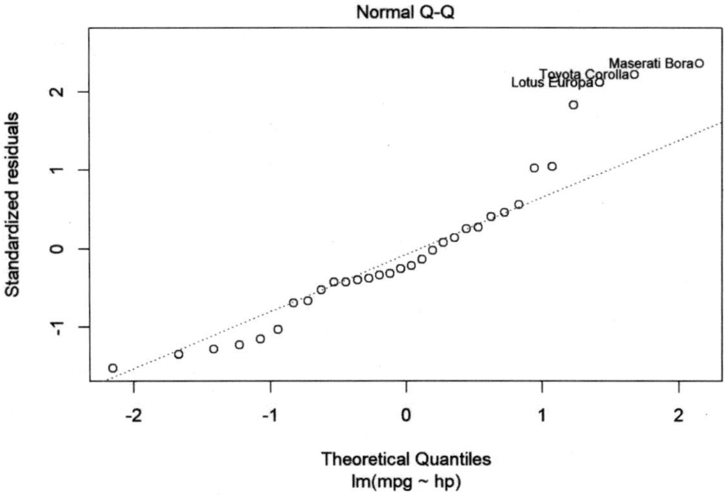

图5.5 回归模型残差的正态QQ图

(3)散布图

该图以标准化残差绝对值的算术平方根为纵轴,以因变量的拟合值为横轴,用以检验同方差的假定。如果图中的实线是水平的且散点围绕其上下均匀分布,则表明同方差的假定得到了满足。图5.6显示本例同方差的假定并没有得到满足。

```
plot(model01, which = 3)
```

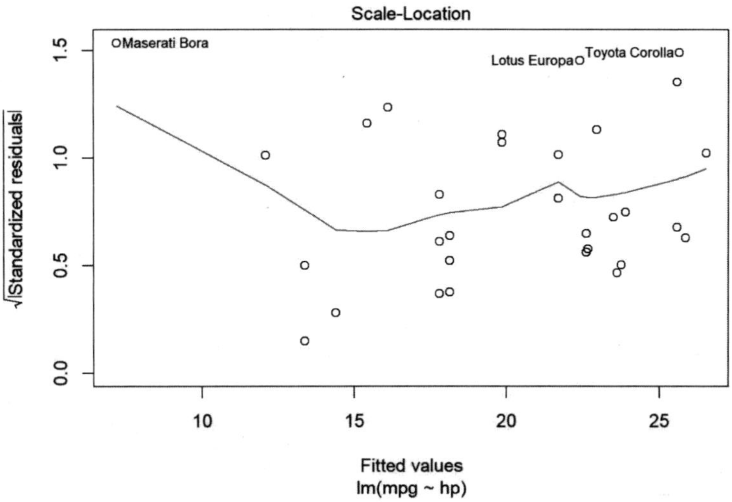

图5.6 回归模型的残差散布图

(4)库克距离图

该图以库克距离(Cook's Distance)为纵轴,以观测值序号为横轴,用以判断模型中是否存在异常值(Outliers),如图5.7所示。关于异常值的知识将在后面的章节中专门介绍。

```
plot(model01, which = 4)
```

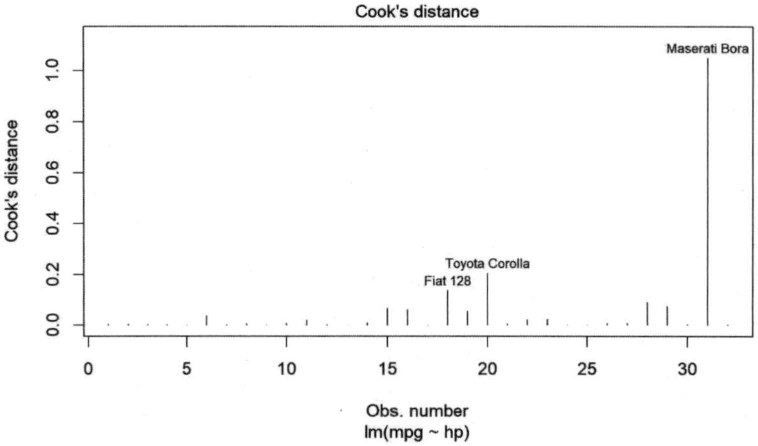

图5.7 回归模型的库克距离图

(5)残差杠杆图

该图以标准化残差为纵轴,以杠杆值为横轴,用以识别高杠杆值(High Leverage Observations)是不是强影响点(Influential Observations)。读者可以将plot()函数中的“which”参数设置为5,即可以得到残差杠杆图。这部分内容将在后面的章节中专门分析。

2. 基于tidyverse的模型诊断

(1)线性关系诊断

前面的残差图分析中,只能给出因变量和自变量之间是否存在线性关系,若不是线性关系则无法知道究竟是何种类型的非线性关系(比如对数关系、多项式关系等)。因此,可以通过变量转换的方法将不同模型的拟合结果显示在散点图中,有助于更直观的判断。本例把二次函数的拟合曲线与一次函数的拟合直线同时体现在图5.8中,读者可以体会二者之间的对比。R代码及输出结果如下:

```
mtcars %>%
  ggplot(aes(x = hp, y = mpg)) +
  geom_point() +
  geom_smooth(method = "lm", se = F,
              aes(lty = "dotdash"), color = "blue") +
  geom_smooth(method = "lm",
              formula = y ~ x + I(x^2), se = F,
              aes(lty = "solid"), color = "blue") +
  scale_linetype_manual(name = "Model",
                        values = c("dotdash" = "dotdash", "solid" = "solid"),
                        labels = c("Quadratic", "Linear")) +
  labs(x = "Horse Power",
       y = "Miles per Gallon") +
  theme_bw()
```

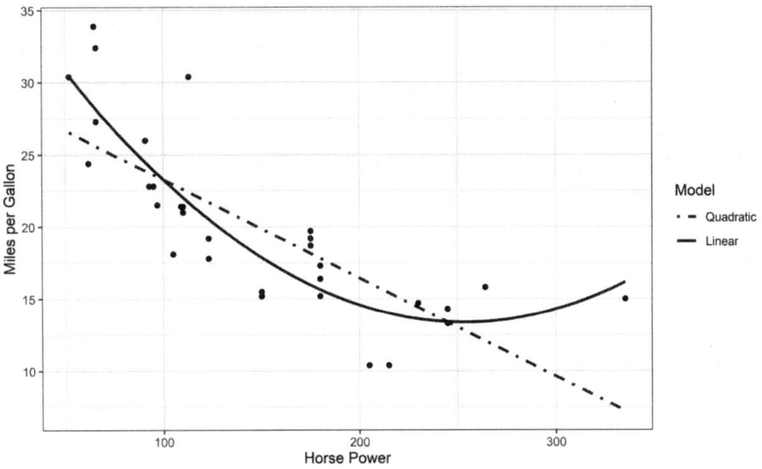

图5.8 线性模型与非线性模型的对比

(2)正态性假定——核密度图

用ggplot()函数绘制残差的核密度图,可以直观观察其是否满足正态性假定。R代码如下,输出结果如图5.9所示。

```
broom::augment(model01) %>%
  ggplot(aes(x = .resid)) +
  geom_histogram(aes(y = ..density..),
                 color = "black", fill = "white") +
  geom_density(color = "red", lty = 2) +
  labs(x = "Residuals", y = "Density") +
  theme_bw()
```

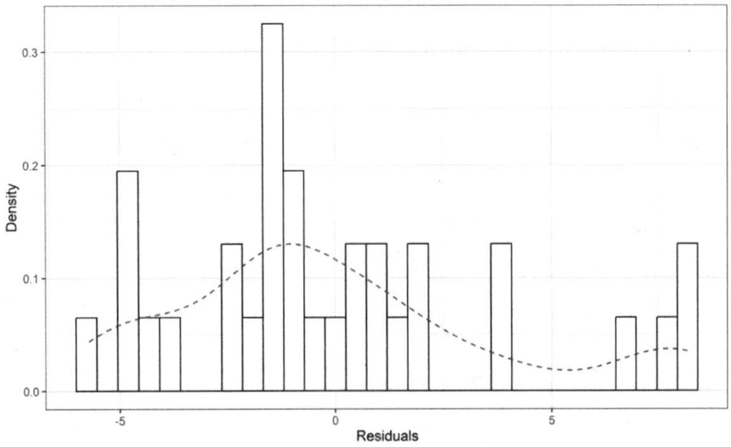

图5.9 回归残差的核密度图

(3)正态性假定——QQ图

也可以用ggplot()函数绘制残差的QQ图诊断其正态性。R代码如下,输出结果如图5.10所示。

```
broom::augment(model01) %>%
```

```
  ggplot(aes(sample = .resid)) +
  stat_qq() +
  stat_qq_line() +
  labs(x = "Theoretical Quantiles",
       y = "Residuals") +
  theme_bw()
```

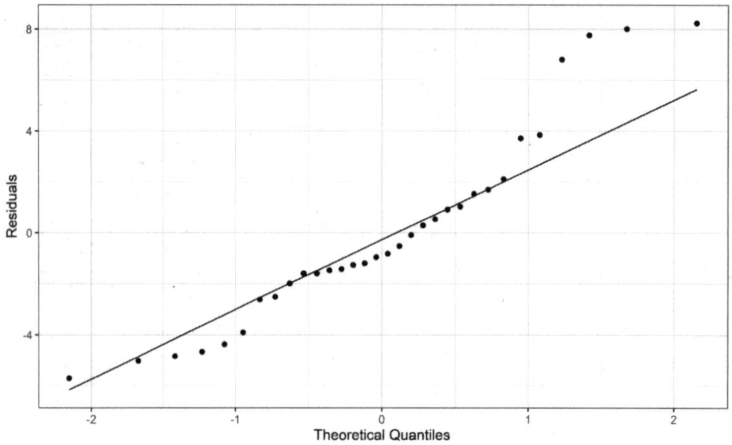

图5.10　回归残差的正态QQ图

(4)夏皮罗—威尔克正态性检验

可以用R中的shapiro.test()函数对残差的正态性进行检验,该检验的原假设是模型残差服从正态分布。R代码及输出结果如下:

```
shapiro.test(model01$residuals)
##     Shapiro-Wilk normality test
##
##   data:  model01$residuals
##   W = 0.92337, p-value = 0.02568
```

小于0.05的p值表明,残差不满足正态性假定,与QQ图给出的直观判断是一致的。

(5)模型误设诊断

这里,我们随机模拟一个二次函数模型,然后用OLS拟合一个线性模型,去观察残差的形态以体会模型误设的后果。R代码如下,输出结果如图5.11所示。

```
set.seed(1230)
# 模拟数据
df_quad_sim <- tibble(x = runif(500, -3, 3),
                      u = rnorm(500, 0, 4),
                      y = 15 - 3.75 * x^2 + u)
# 拟合误设模型
model_quad <- lm(y ~ x, data = df_quad_sim)
# 绘制残差图
broom::augment(model_quad) %>%
  ggplot(aes(x = x, y = .resid)) +
```

```
  geom_point(alpha = 0.5) +
  ylab("residual") +
  theme_bw()
```

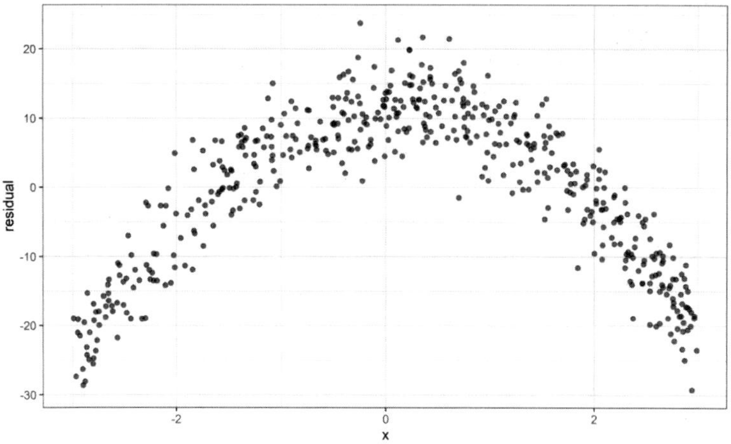

图5.11 具有明显"模式"的残差图

由图5.11可以看出,残差residual和自变量x之间存在明显的曲线关系,说明我们在建模时把二次项遗漏在随机误差项中了。如果残差图没有体现出任何系统的样式,则说明模型设定偏误基本不存在。

(6)异方差诊断图

以残差平方为纵轴,以自变量或因变量的拟合值为横轴,绘制散点图,可以直观判断异方差是否存在。R代码如下,输出结果如图5.12所示。

```
broom::augment(model01) %>%
  mutate(u_sq = .resid^2) %>%
  ggplot(aes(x = hp, y = u_sq)) +
  geom_point(alpha = 0.5) +
  ylab("residual square") +
  theme_bw()
```

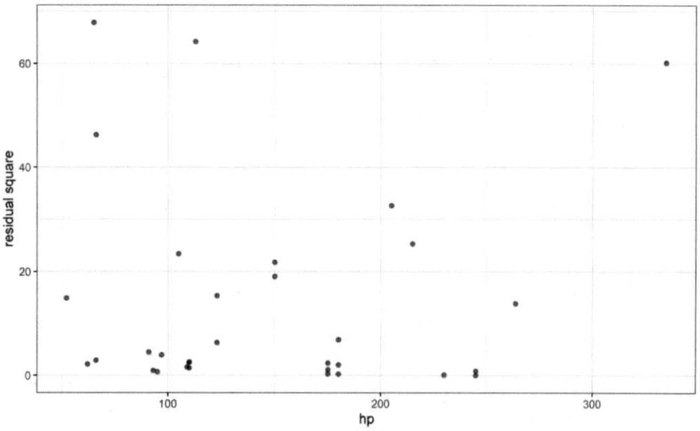

图5.12 模型异方差诊断图

从图5.12可以看出,如果不考虑右上角的那个观测值(可能是异常值),残差图呈现出明显的“倒喇叭口”形状,提示模型可能存在异方差,且干扰项方差随着自变量的增加而减小。

(7)诊断异方差的其他方法

异方差的检验方法有很多,本书将在后面开设的专门章节中予以详细说明,这里仅给出几种常见的检验方法。

① 布罗舒—培根检验

```
lmtest::bptest(model01)
##   studentized Breusch-Pagan test
##
## data:  model01
## BP = 0.049298, df = 1, p-value = 0.8243
skedastic::breusch_pagan(model01)
```

A tibble: 1 × 5

statistic <dbl>	p.value <dbl>	parameter <dbl>	method <chr>	alternative <chr>
0.04929759	0.8242901	1	Koenker (studentised)	greater

② 戈德菲尔德—匡特检验

```
lmtest::gqtest(model01)
##    Goldfeld-Quandt test
##
## data:  model01
## GQ = 4.564, df1 = 14, df2 = 14, p-value = 0.003756
## alternative hypothesis: variance increases from segment 1 to 2
skedastic::goldfeld_quandt(model01, prop_central = 8)
```

A tibble: 1 × 5

statistic <dbl>	p.value <dbl>	parameter <int>	method <chr>	alternative <chr>
4.564041	0.003755738	14	Goldfeld-Quandt F Test	greater

③怀特检验

```
skedastic::white(model01)
```

A tibble: 1 × 5

statistic <dbl>	p.value <dbl>	parameter <dbl>	method <chr>	alternative <chr>
6.438256	0.03998991	2	White's Test	greater

细心的读者可能已经发现,不同的检验方法有时会给出相反的结论,比如上面布罗舒培—根检验的结果不显著,而戈德菲尔德—匡特检验和怀特检验的结果则是显著的。主要原因是每种检验方法的前提条件和参数选择都会影响检验的结果,在后面的专题中,会详细说明各种方法的适用条件。

3. 模型的补救

在用横截面数据构建回归模型时,如果样本量足够大,则无需过多关注正态性问题。如果线性假定不成立,则需要考虑对模型的表达形式进行适当的转换。如果是同方差的假定不成立,则需要首先排除模型设定偏误,然后才是纯粹异方差的补救。

异方差的补救措施通常有两种方法,一是对变量进行对数转换,二是对标准误进行稳健估计以解决异方差带来的参数估计有效性无法满足的后果。关于模型的补救,将在后面的章节中予以专门的讨论。

5.3.6 模型结果输出

1. 手动编辑模型表达式

一般来讲,最终的回归模型需要给出拟合的回归方程、参数估计的标准误(或t值)以及模型的判决系数等。例如,5.3.2节输出的模型可以表达为如下形式:

$$\hat{mpg} = 30.10 - 0.068hp$$
$$se \quad (1.634) \ (0.01)$$
$$R^2 = 0.6024 \quad n = 32$$

该模型表明,汽车的燃油经济性(每加仑汽油行驶的里程数)与汽车马力之间存在负相关,即汽车马力越大,燃油经济性越差,回归系数代表一种边际效应,汽车马力每增加1个单位,每100加仑汽油行驶的里程数平均减少6.8英里。模型的判决系数为0.6024,表明汽车马力这个变量可以解释汽车燃油经济性60%的变异。

2. 用R扩展包输出模型结果

(1)扩展包gtsummary

该扩展包提供了专门的回归模型输出函数tbl_regression(),可以直接输出符合出版要求的模型结果。R代码及输出结果如下:

```
gtsummary::tbl_regression(model01, intercept = TRUE) %>%
  as_gt() %>%
  gt::tab_source_note(gt::md("*dataset: mtcars*"))
```

Characteristic	**Beta**	**95% CI**[1]	**p-value**
(Intercept)	30	27, 33	<0.001
hp	-0.07	-0.09, -0.05	<0.001

[1] CI = Confidence Interval

dataset: mtcars

(2)扩展包stargazer

该扩展包中的stargazer()函数也可以输出多种不同格式的模型结果。R代码及输出结果如下:

```
stargazer::stargazer(model01, type = "text")
```

```
===============================================
                        Dependent variable:
                    ---------------------------
                               mpg
-----------------------------------------------
hp                          -0.068***
                             (0.010)

Constant                    30.100***
                             (1.634)

-----------------------------------------------
Observations                    32
R2                             0.602
Adjusted R2                    0.589
Residual Std. Error       3.863 (df = 30)
F Statistic           45.460*** (df = 1; 30)
===============================================
Note:               *p<0.1; **p<0.05; ***p<0.01
```

第6章 一元回归模型的拓展与延伸

本章以OLS为基础,探究一元线性回归模型的几种特殊情况,包括过原点回归、测量尺度变化、标准化回归、对数回归模型、倒数回归模型等。

本章用到的R扩展包有:

```
library(dplyr)
library(ggplot2)
library(broom)
library(car)
library(stargazer)
library(gapminder)
library(forcats)
library(scales)
library(gujarati)
```

6.1 过原点回归

6.1.1 模型表达

过原点回归模型(Regression Through Origin)又称为零截距模型,顾名思义,是指回归模型中不包含截距项。其表达形式如下:

$$Y_i = \beta_2 X_i + u_i$$

该模型除了截距项为0外,其他均与一般的一元回归模型相同。同样应用普通最小二乘法对回归系数β_2进行参数估计,用t统计量对其进行系数显著性检验,用F统计量对回归模型进行整体显著性检验。

参数估计结果为

$$b_2 = \frac{\sum_{i=1}^{n} X_i Y_i}{\sum_{i=1}^{n} X_i^2}$$

$$\operatorname{var}(b_2) = \frac{\sigma^2}{\sum_{i=1}^{n} X_i^2}$$

$$\hat{\sigma}^2 = \frac{\sum_{i=1}^{n} \hat{u}_i^2}{n-1}$$

值得注意的是,公式中的X与Y均为原始形式而非离差形式,模型估计误差的分母是$n-1$而不是$n-2$。(想一下为什么?)

6.1.2 适用场景

除非有特别确定的先验信息,一般来讲回归模型都应包含截距项。过原点回归常见的情形有下面几种:

1.证券市场线(Security Market Line,SML)

证券市场线是资本资产定价模型(CAPM)的图示模型形式,它主要用来说明投资组合报酬率与系统风险程度β系数之间的关系,以及市场上所有风险性资产的均衡期望收益率与风险之间的关系。证券市场线清晰地反映了风险资产的预期报酬率与其所承担的系统风险β系数之间呈线性关系,充分体现了高风险高收益的原则。其模型表达式为

$$R_i - r_f = (R_m - r_f)\beta_i + u_i$$

其中,R_i为期望收益率,r_f为无风险收益率,R_m为第i种股票或第i种投资组合的必要报酬率。

2.永久收入假说(Permanent Income Hypothesis,PIH)

货币主义领袖米尔顿·弗里德曼认为,人们的消费行为主要取决于永久性收入,而不是偶然所得的"暂时性收入",即$C_i = \alpha Y_{pi}$,其中,C_i为长期消费,Y_{pi}为永久收入。依据该假说,长期消费函数适合用过原点回归模型。

3.可变成本与产出的关系

根据企业成本理论,总成本曲线从纵轴一个截点即产量为零时总成本等于固定成本的那个点开始,随产量的增加而逐步上升。即企业生产的可变成本正比于产出,可变成本函数适合用过原点回归模型。

4.货币主义的相关学说

某些货币主义学说认为,价格变化率(即通货膨胀率)正比于货币供给变化率。

5.模型变换

在计量建模时,有时需要对模型进行变换,当变换后的模型没有截距时,就应该用过原点回归。比如,原始模型为

$$Y_i = \beta_1 + \beta_2 X_i + u_i$$

将该模型两端同时除以$\sqrt{X_i}$,则转换为

$$\frac{Y_i}{\sqrt{X_i}} = \beta_1 \frac{1}{\sqrt{X_i}} + \beta_2 \sqrt{X_i} + \frac{u_i}{\sqrt{X_i}}$$

这是一个没有截距的过原点回归模型。

再比如,在时间序列数据建模时,原始模型为

$$Y_t = \beta_1 + \beta_2 X_t + u_t$$

将其滞后一阶,得到

$$Y_{t-1} = \beta_1 + \beta_2 X_{t-1} + u_{t-1}$$

两式相减得到对应的差分方程

$$\Delta Y_t = \beta_2 \Delta X_t + \Delta u_t$$

这也是一个过原点回归模型。

6.标准化回归

当因变量和自变量的口径不一致时,通常会用标准化处理的变量替代原始变量进行回归。

此时就要用到过原点回归。标准化回归模型将在6.3节予以介绍。

6.1.3 模型特点

过原点的一元回归模型有如下四个特点:

(1)残差自由度是$n-1$而不是常规的$n-2$,因为模型中只有一个待估参数;

(2)残差的均值不一定总等于0(正规方程组中残差和为0的方程并不存在);

(3)常规模型的判决系数一定是非负值,而过原点回归的判决系数可能为负(因为强制过原点导致SSE可能大于SST);

(4)过原点回归参数估计表达式的形式与带截距回归相同,但是后者均是变量离差,而过原点回归全部是原始水平。

6.1.4 过原点回归模型的R实现

1. 样本数据

本例收集了39个家庭的长久收入(Income_long,以元/月计)与长久支出(Expenditure_long,以元/月计)数据,如表6.1所示。我们将该数据录入到R中,数据框命名为df_rto_39。

表6.1 39个家庭的长久收入与长久支出数据

ID	Income_long	Expenditure_long	ID	Income_long	Expenditure_long
1	9841	6997	21	5895	4637
2	6738	5785	22	11501	7995
3	11770	8202	23	9429	6229
4	10532	7399	24	9874	7465
5	4479	2772	25	10084	6961
6	8810	6744	26	10267	7401
7	4766	3842	27	6673	4891
8	3680	2673	28	10633	6667
9	10795	7969	29	10158	6122
10	7054	5657	30	3482	3055
11	4278	2826	31	11456	8950
12	10166	6372	32	4465	3375
13	3736	2446	33	10206	8394
14	7028	4225	34	8619	6448
15	6601	3340	35	7226	4934
16	6947	4942	36	10072	7353
17	6818	5057	37	3645	1736
18	3339	2446	38	5699	5042
19	5156	3393	39	7327	4219
20	7549	5978			

2. 过原点回归模型的拟合

(1)模型拟合与对比

在R中,过原点回归的方程表达式只需要人为地把截距项去掉即可。这里我们同时拟合包含截距的模型和不含截距的模型进而加以对比。

用常规方法拟合含截距的回归模型：

```
model_lm <- lm(Expenditure_long ~ Income_long, data = df_rto_39)
```

在表达式的自变量部分加入−1或0即可拟合不含截距的模型：

```
model_rto <- lm(Expenditure_long ~ -1 + Income_long, data = df_rto_39)
```

或

```
model_rto <- lm(Expenditure_long ~ 0 + Income_long, data = df_rto_39)
```

把两种模型的输出结果放在一起作对比，结果如下：

```
stargazer(model_lm, model_rto, type = "text")
```

```
======================================================================
                                 Dependent variable:
                     -------------------------------------------------
                                  Expenditure_long
                            (1)                       (2)
----------------------------------------------------------------------
Income_long               0.707***                  0.763***
                          (0.037)                   (0.012)

Constant                  479.400
                         (300.500)

----------------------------------------------------------------------
Observations                39                        39
R2                         0.906                     0.990
Adjusted R2                0.904                     0.990
Residual Std. Error   610.700 (df = 37)        623.000 (df = 38)
F Statistic        358.400*** (df = 1; 37) 3,791.000*** (df = 1; 38)
======================================================================
Note:                                      *p<0.1; **p<0.05; ***p<0.01
```

由输出结果可知，长期来讲收入对消费支出的边际效应都在0.70以上，且两个模型的斜率系数都是高度显著的，而含截距回归模型的截距项如同预期并不显著。需要说明的是，过原点回归的判决系数为0.990，虽然高于含截距模型的0.906，但并不能因此说其优于后者，原因就在于过原点回归判决系数的计算特点不同。

如果一定要对两个模型进行对比，可以用方差分析的方法进行。

```
anova(model_rto, model_lm)
```

```
## Analysis of Variance Table
## Model 1: Expenditure_long ~ 0 + Income_long
## Model 2: Expenditure_long ~ Income_long
##   Res.Df      RSS  Df  Sum of Sq      F   Pr(>F)
## 1     38 14747119
## 2     37 13798108   1     949010   2.54     0.12
```

方差分析结果表明，虽然过原点回归模型的残差平方和高（符合预期），但是两个模型的差异是显著的，因此，过原点回归模型的确是正确的选择。

（2）拟合结果可视化

用ggplot2将两个模型拟合的回归方程绘制在散点图上，R代码如下，输出结果如图6.1所示。图6.1中虚线是过原点回归，实线是带截距的一元线性回归。

```
df_rto_39 %>%
  ggplot(aes(x = Income_long, y = Expenditure_long)) +
  geom_point() +
```

```
  geom_smooth(method = "lm",
              formula = y ~ -1 + x,
              se = FALSE,
              lty = 2, color = "red") +
  geom_abline(intercept = model_lm$coefficients[1],
              slope = model_lm$coefficients[2],
              color = "darkgreen") +
  scale_x_continuous(breaks = seq(0, 12000, 2000)) +
  scale_y_continuous(breaks = seq(0, 9000, 2000)) +
  theme_bw()
```

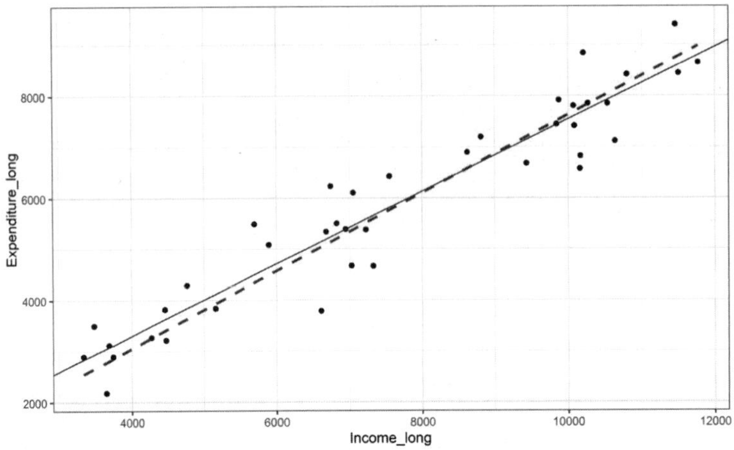

图6.1　过原点回归与带截距回归方程的对比

6.2　测量尺度变化

相同的观测变量用不同的尺度测度时,会对回归结果产生什么样的影响呢?比如:GDP用万元测度和用亿元测度或者身高用厘米测度和用米测度等。下面用模拟的数据加以说明,R代码及输出结果如下:

```
set.seed(1230)
df_scale <- tibble(x = runif(12, 1, 10),
                   y = 2 + 1.2 * x + rnorm(12))
# 原始模型:
model_raw <- lm(y ~ x, data = df_scale)
# 因变量扩大100倍的模型
model_y100 <- df_scale %>%
  mutate(y100 = 100 * y) %>%
  lm(y100 ~ x, data = .)
# 自变量扩大100倍的模型
model_x100 <- df_scale %>%
  mutate(x100 = 100 * x) %>%
```

```
  lm(y ~ x100, data = .)
# 因变量和自变量同时扩大100倍的模型
model_x100_y100 <- df_scale %>%
  mutate(y100 = 100 * y,
         x100 = 100 * x) %>%
  lm(y100 ~ x100, data = .)
# 模型对比
stargazer(model_raw,     # 原始模型
          model_x100,     # 自变量扩大100倍
          model_y100,     # 因变量扩大100倍
          model_x100_y100,     # 同时扩大100倍
          type = "text")
```

```
==========================================================================
                                        Dependent variable:
                              --------------------------------------------
                                      y                   y100
                                 (1)       (2)       (3)        (4)
--------------------------------------------------------------------------
x                             1.337***            133.700***
                              (0.146)             (14.620)

x100                                    0.013***             1.337***
                                        (0.001)              (0.146)

Constant                       1.998*    1.998*   199.800*   199.800*
                              (0.995)   (0.995)   (99.490)   (99.490)

--------------------------------------------------------------------------
Observations                     12        12        12         12
R2                             0.893     0.893     0.893      0.893
Adjusted R2                    0.883     0.883     0.883      0.883
Residual Std. Error (df = 10)  1.125     1.125    112.500    112.500
F Statistic (df = 1; 10)      83.670*** 83.670*** 83.670***  83.670***
==========================================================================
Note:                                        *p<0.1; **p<0.05; ***p<0.01
```

由以上结果可以得知：自变量对因变量的影响是完全相同的，仅仅是数量级的不同而已。具体来讲，判决系数（或者相关系数）和F统计量不受尺度变化的影响，模型估计的标准误、截距项的估计值及其标准误只与因变量的尺度变化有关，斜率系数的估计值及其标准误则同时受到因变量和自变量的尺度变化影响。

6.3 标准化回归

由于回归结果会受到测量尺度的影响，如何避免这种影响呢？标准化回归是方法之一。所谓标准化就是通过减均值再除以标准差的方法把变量口径统一到均值为0而方差为1的变换。

变量Y与X的标准化表达式分别如下：

$$Z_Y=\frac{Y_i-\bar{Y}}{S_Y}$$

$$Z_X=\frac{X_i-\bar{X}}{S_X}$$

因为标准化后的变量均值均为0，而根据回归的基本原理，样本均值点必在回归直线上，所以标准化后的回归模型截距项必为0，即这是一个过原点的回归。其表达式为

$$Z_Y=\beta_2^* Z_X+u_i$$

该模型回归系数β_2^*的含义是:若自变量增加一个标准差,因变量平均变化(增加或减小)$|\beta_2^*|$个标准差。在多元回归中,标准化回归模型可以通过比较标准化自变量系数的绝对值直接对比各个自变量对因变量解释力度的相对大小。

继续沿用6.2节中的模拟数据来介绍标准化回归在软件中的实现。R代码及输出结果如下:

```
y <- df_scale$y
x <- df_scale$x
Zy <- (y - mean(y)) / sd(y)   # 对变量y进行标准化
Zx <- (x - mean(x)) / sd(x) # 对变量x进行标准化
model_std <- lm(Zy ~ 0 + Zx)
car::S(model_std)
##  Call: lm(formula = Zy ~ 0 + Zx)
##
##  Coefficients:
##     Estimate Std. Error t value Pr(>|t|)
##  Zx   0.9451     0.0985    9.59  1.1e-06 ***
##  ---
##  Signif. codes:  0 '***' 0.001 '**' 0.01 '*' 0.05 '.' 0.1 ' ' 1
##
##  Residual standard deviation: 0.327 on 11 degrees of freedom
##  Multiple R-squared: 0.893
##  F-statistic:   92 on 1 and 11 DF,  p-value: 1.12e-06
##    AIC     BIC
##   10.16  11.13
```

对变量的标准化也可以直接调用基础包中的scale()函数,读者可以自行查看该函数的使用方法。

6.4 对数转换模型

6.4.1 双对数模型

该模型起源于对柯布—道格拉斯C-D生产函数的对数形式转换,模型表达式如下:

$$\ln Y_i = \beta_1 + \beta_2 \ln X_i + u_i$$

该模型的斜率系数β_2测度了自变量X对因变量Y的弹性效应,即自变量每变化1个百分点,因变量Y平均变化β_2个百分点。

6.4.2 线性到对数模型

此模型是半对数模型之一,常常用于测度增长率,其表达式如下:

$$\ln Y_i = \beta_1 + \beta_2 X_i + u_i$$

该模型的斜率系数的含义是,自变量每增加1个单位(绝对变化),因变量平均变化$100\beta_2$个百分点(相对变化)。如果自变量是时间,就是常见的增长率模型。

6.4.3 对数到线性模型

此模型是另一个半对数模型,其表达式如下:

$$Y_i = \beta_1 + \beta_2 \ln X_i + u_i$$

与6.4.2节中的模型相反,该模型的斜率系数的含义是,自变量每增加1个百分点(相对变化),因变量平均变化$0.01\beta_2$个单位(绝对变化)。

6.4.4 对数模型的R实现与模型对比

1. 样本数据

本例用扩展包gapminder中的数据集gapminder,选择预期寿命lifeExp为因变量,人均国内生产总值gdpPercap为自变量(将其单位转换为千美元)。

```
df_log_log <- gapminder %>%
  select(year, country, lifeExp, gdpPercap) %>%
  filter(year == "2007") %>%
  mutate(gdpPercap = gdpPercap / 1000)
```

2. 软件实现

分别用如下代码拟合一般线性模型、半对数模型和双对数模型:

```
# 一般线性模型:level-level model
model_level_level <- lm(lifeExp ~ gdpPercap, data = df_log_log)
# 对数到线性模型:level-log model
model_level_log <- lm(lifeExp ~ log(gdpPercap), data = df_log_log)
# 线性到对数模型:log-level model
model_log_level <- lm(log(lifeExp) ~ gdpPercap, data = df_log_log)
# 双对数模型:log-log model
model_log_log <- lm(log(lifeExp) ~ log(gdpPercap), data = df_log_log)
# 将结果放在一起比较
stargazer(model_level_level,
          model_level_log,
          model_log_level,
          model_log_log,
          type = "text")
```

```
=====================================================================
                                      Dependent variable:
                           ------------------------------------------
                                 lifeExp             log(lifeExp)
                              (1)        (2)        (3)        (4)
---------------------------------------------------------------------
gdpPercap                   0.637***             0.010***
                            (0.058)              (0.001)

log(gdpPercap)                        7.203***              0.113***
                                      (0.442)               (0.008)

Constant                   59.570***  54.700***  4.072***   3.993***
                            (1.010)    (0.963)   (0.017)    (0.017)

---------------------------------------------------------------------
Observations                  142        142        142        142
R2                           0.461      0.654      0.408      0.609
Adjusted R2                  0.457      0.652      0.404      0.606
Residual Std. Error (df = 140) 8.899    7.122      0.152      0.124
F Statistic (df = 1; 140)  119.500*** 265.100*** 96.390*** 217.600***
=====================================================================
Note:                                     *p<0.1; **p<0.05; ***p<0.01
```

从四个模型的判决系数R^2来看,在因变量为原始水平时,模型(2)相对较好;在因变量为对数形式时,模型(4)相对较好。值得注意的是,模型(2)和模型(4)不能直接比较R^2的大小来判断哪个更好,因为它们的因变量不同。

用ggplot2将四个模型的回归方程绘制在散点图上,以可视化的方式对它们加以比较。

(1)因变量为原始水平

当因变量为原始水平时,对比线性模型和对数线性模型,R代码如下,输出结果如图6.2所示。

```
figure01 <- ggplot(data = broom::augment(model_level_level),
                   aes(x = gdpPercap, y = lifeExp)) +
            geom_point() +
            geom_line(aes(y = .fitted), lwd = 1, color = "red") +
            labs(title = "Model A: Level Level Model",
                 x = "GDP per captita(in thousand dollars)",
                 y = "Life Expectancy(in years)") +
            theme(axis.text = element_text(size = 8),
                  axis.title = element_text(size = 10))
figure02 <- ggplot(data = broom::augment(model_level_log),
                   aes(x = `log(gdpPercap)`, y = lifeExp)) +
            geom_point() +
            geom_line(aes(y = .fitted), lwd = 1, color = "red") +
            labs(title = "Model B: Level Log Model",
                 x = "Lograithm on GDP per captita(in thousand dollars)",
                 y = "Life Expectancy(in years)") +
            theme(axis.text = element_text(size = 8),
                  axis.title = element_text(size = 10))
# 拼图
cowplot::plot_grid(figure01, figure02)
```

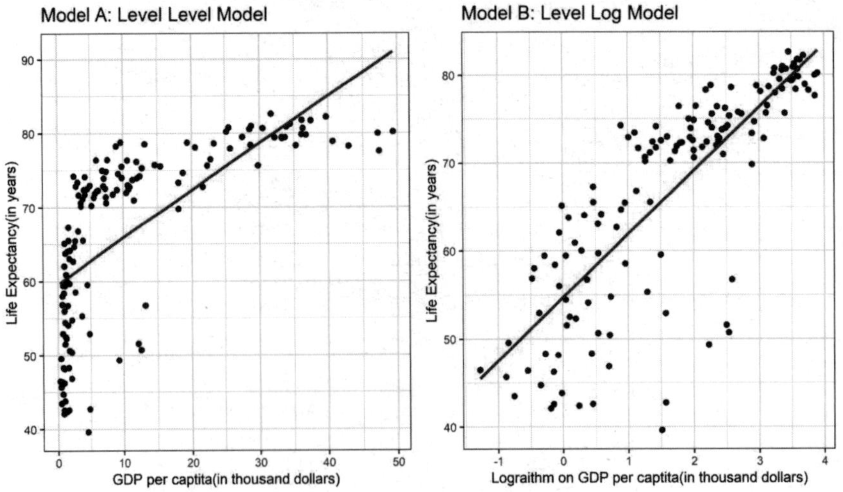

图6.2 线性模型与对数线性模型的对比

(2)因变量为对数转换水平

当因变量为对数转换水平时,对比线性对数模型和双对数模型,R代码如下,输出结果如图6.3所示。

```
figure03 <- ggplot(data = broom::augment(model_log_level),
              aes(x = gdpPercap, y = `log(lifeExp)`)) +
          geom_point() +
          geom_line(aes(y = .fitted), lwd = 1, color = "red") +
          labs(title = "Model C: Log Level Model",
               x = "GDP per captita(in thousand dollars)",
               y = "Lograithm on Life Expectancy(in years)") +
          theme(axis.text = element_text(size = 8),
                axis.title = element_text(size = 10))
figure04 <- ggplot(data = broom::augment(model_log_log),
              aes(x = `log(gdpPercap)`, y = `log(lifeExp)`)) +
          geom_point() +
          geom_line(aes(y = .fitted), lwd = 1, color = "red") +
          labs(title = "Model D: Log Log Model",
               x = "Lograithm on GDP per captita(in thousand dollars)",
               y = "Lograithm on Life Expectancy(in years)") +
          theme(axis.text = element_text(size = 8),
                axis.title = element_text(size = 10))
# 拼图
cowplot::plot_grid(figure03, figure04)
```

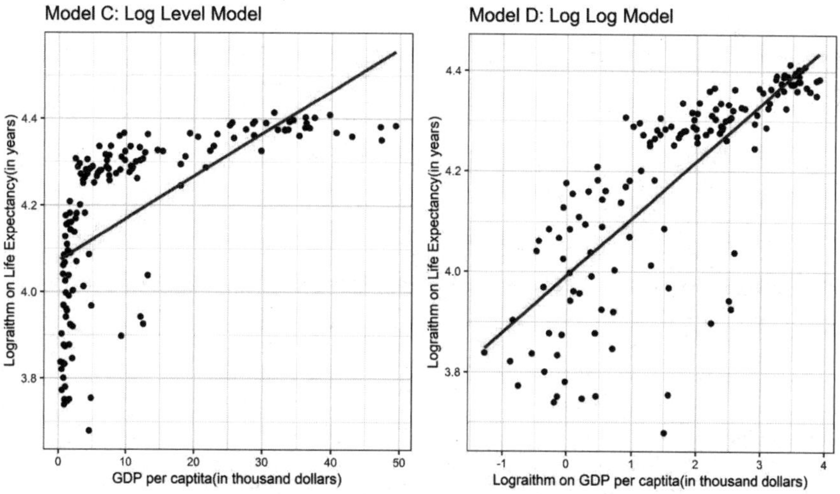

图6.3 线性对数模型与双对数模型的对比

6.5 倒数模型

倒数模型(Reciprocal Model)的表达式为

$$Y_i = \beta_1 + \beta_2 \frac{1}{X_i} + u_i$$

在计量经济学中,该模型有一个典型特点,随着自变量X无限增加,因变量Y以$Y = \beta_1$为渐近线。

下面以gujarati包中的数据集Table6_4为例,拟合儿童死亡率(每一千名儿童中每年不足5岁死亡的儿童人数,CM)与人均国民生产总值PGNP之间的关系。R代码及输出结果如下:

```
# 读入数据必将变量转换为数值类型
df_reciprocal <- gujarati::Table6_4 %>%
  mutate(`Children Mortality` = as.numeric(as.character(.$CM)),
         `GNP Per Capita` = as.numeric(as.character(.$PGNP)))
# 拟合倒数模型
model_reciprocal <- lm(`Children Mortality` ~ I(1 / `GNP Per Capita` ),
                       data = df_reciprocal)
stargazer(model_reciprocal, type = "text")
```

```
==================================================
                         Dependent variable:
                     -----------------------------
                         `Children Mortality`
--------------------------------------------------
I(1/`GNP Per Capita`)         27,273.000***
                              (3,760.000)

Constant                        81.790***
                                (10.830)

--------------------------------------------------
Observations                      64
R2                               0.459
Adjusted R2                      0.450
Residual Std. Error        56.330 (df = 62)
F Statistic             52.610*** (df = 1; 62)
==================================================
Note:                  *p<0.1; **p<0.05; ***p<0.01
```

模型结果表明,假定所有其他因素保持不变,随着人均GNP的提高,儿童死亡率会快速下降(父母可以承受更多的医疗费用),但是这种关系并不是一条直线,而是一条以$y = 82$为渐近线的双曲线。也就是说,随着人均GNP无限增加,儿童死亡率每千人中死亡数大约保持在82个左右。

用ggplot2将回归方程绘制在散点图上,R代码如下,输出结果如图6.4所示。

```
df_reciprocal %>%
  ggplot(aes(x = `GNP Per Capita`,
             y = `Children Mortality`)) +
  geom_point() +
  geom_smooth(method = "lm", formula = y ~ I(1/x), se = F) +
  geom_hline(yintercept = 82, lty = 2, lwd = 0.5, color = "red") +
  scale_y_continuous(breaks = seq(0, 350, 50)) +
  scale_x_continuous(labels = scales::label_dollar()) +
  theme_bw()
```

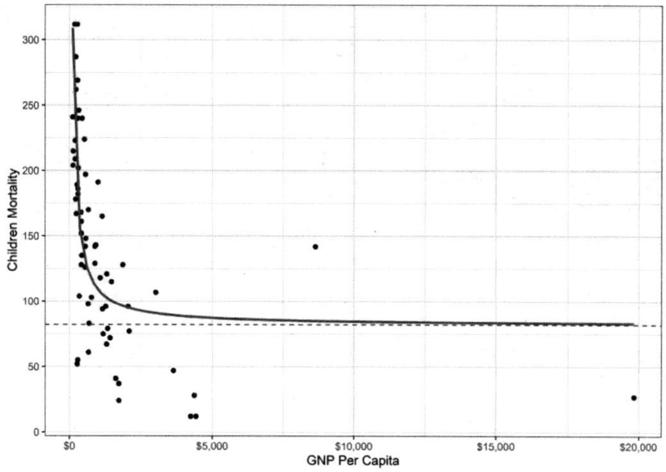

图6.4 儿童死亡率与人均GDP之间的倒数模型

第7章 多元线性回归模型

7.1 模型概述

在一元线性回归模型中,只有一个解释变量。当模型中有两个或两个以上的解释变量时,我们称之为多元线性回归模型。

7.1.1 模型表达形式

当模型中包含$k-1$个解释变量时,多元线性回归模型的表达式为

$$Y_i = \beta_1 + \beta_2 X_{2i} + \beta_3 X_{3i} + \cdots + \beta_k X_{ki} + u_i$$

如果解释变量个数为2时,总体回归方程在三维坐标系中是一个回归平面;如果解释变量个数超过2时,总体回归方程在多维坐标系中则是一个超平面。

7.1.2 回归模型的矩阵形式

线性回归模型可以通过矩阵的形式进行简化表达,形式如下:

$$\mathbf{Y}_{n\times 1} = \mathbf{X}_{n\times k}\boldsymbol{\beta}_{k\times 1} + \mathbf{u}_{n\times 1}$$

其中,

$$\mathbf{Y} = \begin{bmatrix} y_1 \\ y_2 \\ \vdots \\ y_n \end{bmatrix},\quad \mathbf{X} = \begin{bmatrix} 1 & x_{21} & \cdots & x_{k1} \\ 1 & x_{22} & \cdots & x_{k2} \\ \vdots & \vdots & \ddots & \vdots \\ 1 & x_{2n} & \cdots & x_{kn} \end{bmatrix},\quad \boldsymbol{\beta} = \begin{bmatrix} \beta_1 \\ \beta_2 \\ \vdots \\ \beta_k \end{bmatrix},\quad \mathbf{u} = \begin{bmatrix} u_1 \\ u_2 \\ \vdots \\ u_n \end{bmatrix}$$

通常把X称为设计矩阵(Design Matrix),它的第一列是模型中常数项的系数(恒为1)。Y是因变量列向量,β是回归系数列向量,u是随机干扰项列向量。

7.1.3 多元回归模型的基本假定

多元回归模型的基本假定与一元回归基本相同,多了一条关于多个自变量之间不存在完全的线性关系的假定(简称无多重共线性假定)。

7.2 多元回归的参数估计与假设检验

7.2.1 参数估计

矩阵形式的正规方程组如下:

$$\mathbf{X}^{\mathrm{T}}\mathbf{X}\boldsymbol{\beta}=\mathbf{X}^{\mathrm{T}}\mathbf{Y}$$

当设计矩阵是一个列满秩矩阵时(自变量之间无线性依赖关系),左右两边同时左乘矩阵$(\mathbf{X}^{\mathrm{T}}\mathbf{X})^{-1}$即可求出参数估计结果

$$\mathbf{b}=(\mathbf{X}^{\mathrm{T}}\mathbf{X})^{-1}\mathbf{X}^{\mathrm{T}}\mathbf{Y}$$

其方差协方差矩阵为

$$\mathrm{vcov}(\mathbf{b})=\sigma^2(\mathbf{X}^{\mathrm{T}}\mathbf{X})^{-1}$$

其中,σ^2的估计值为$\hat{\sigma}^2=MSE=SSE/(n-k)$。

因此,估计的回归方程为

$$\hat{\mathbf{Y}}=\mathbf{X}\mathbf{b}=\mathbf{X}(\mathbf{X}^{\mathrm{T}}\mathbf{X})^{-1}\mathbf{X}^{\mathrm{T}}\mathbf{Y}=\mathbf{H}\mathbf{Y}$$

其中,$\mathbf{H}=\mathbf{X}(\mathbf{X}^{\mathrm{T}}\mathbf{X})^{-1}\mathbf{X}^{\mathrm{T}}$称为帽子矩阵(Hat Matrix),它是一个幂等对称矩阵($\mathbf{HH}=\mathbf{H}$,$\mathbf{HHH}=\mathbf{H},\cdots$)。

模型的残差向量为$\hat{\mathbf{u}}=\mathbf{Y}-\hat{\mathbf{Y}}=(\mathbf{I}-\mathbf{H})\mathbf{Y}$,可以证明,矩阵$\mathbf{I}-\mathbf{H}$也是一个幂等对称矩阵,即$(\mathbf{I}-\mathbf{H})(\mathbf{I}-\mathbf{H})=\mathbf{I}-\mathbf{H}$。

7.2.2 假设检验

多元回归模型中的假设检验分为两类,一类是整个模型是否显著的F检验,另一类是单个回归系数是否显著的t检验。

1. 模型整体显著性F检验

和一元回归相同,对因变量的总变异进行分解,通过比较回归平方和与残差平方和的差异来构造F统计量进而检验所有斜率系数同时为0的原假设。

$$H_0:\beta_2=\beta_3=\cdots=\beta_k=0$$

$$H_1:\text{至少一个}\beta_j\neq 0\ (j=2,3,\cdots,k)$$

$$SST=\mathbf{Y}^{\mathrm{T}}\mathbf{Y}-n\bar{y}^2$$

$$\begin{aligned}SSE=\hat{\mathbf{u}}^{\mathrm{T}}\mathbf{u}&=[(\mathbf{I}-\mathbf{H})\mathbf{Y}]^{\mathrm{T}}[(\mathbf{I}-\mathbf{H})\mathbf{Y}]\\&=\mathbf{Y}^{\mathrm{T}}(\mathbf{I}-\mathbf{H})^{\mathrm{T}}(\mathbf{I}-\mathbf{H})\mathbf{Y}\\&=\mathbf{Y}^{\mathrm{T}}(\mathbf{I}-\mathbf{H})(\mathbf{I}-\mathbf{H})\mathbf{Y}\\&=\mathbf{Y}^{\mathrm{T}}(\mathbf{I}-\mathbf{H})\mathbf{Y}\\&=\mathbf{Y}^{\mathrm{T}}\mathbf{Y}-\mathbf{Y}^{\mathrm{T}}\mathbf{H}\mathbf{Y}\end{aligned}$$

$$SSR=SST-SSE$$

$$MSR=SSR/(k-1)$$

$$MSE=SSE/(n-k)$$

$$F=\frac{MSR}{MSE}\sim F(k-1,n-k)$$

给定显著性水平α,就可以用右临界值或p值对其显著性进行检验。

2. 回归系数t检验

在一元回归中只有一个自变量,因此对模型的F检验与对斜率系数的t检验是完全等价的。然而,在多元回归中,F检验是一个联合假设检验,而对回归系数的t检验则需要逐一进行(包含截距项)。

$$\begin{cases}H_0:\beta_j=0\\H_1:\beta_j\neq 0\end{cases}$$

其中,$j=1,2,\cdots,k$,检验统计量为

$$t=\frac{b_j}{se(b_j)}\sim t(n-k)$$

其中,$se(b_j)$是系数估计量b_j的标准误,它等于方差协方差矩阵主对角元素的算数平方根。

7.2.3 模型的评价

在多元线性回归中,一个常用的评价模型优劣的准则是判决系数R^2和经自由度调整的判决系数R_a^2。其计算公式分别如下:

$$R^2=\frac{SSR}{SST}=1-\frac{SSE}{SST}$$

$$R_a^2=1-\frac{SSE/(n-k)}{SST/(n-1)}=1-(1-R^2)\cdot\frac{n-1}{n-k}$$

自由度调整的目的是对盲目增加自变量的“惩罚”。因变量相同时,调整的判决系数越高,模型的拟合效果越好。

7.3 模型的诊断

在多元线性回归中,线性、正态性、同方差性等假定的检验与一元回归模型的原理完全相同,这里仅给出用方差膨胀因子诊断多重共线性的介绍。

如果我们的主回归模型为

$$Y_i=\beta_1+\beta_2X_{2i}+\beta_3X_{3i}+\cdots+\beta_{j-1}X_{j-1,i}+\beta_jX_{ji}+\beta_{j+1}X_{j+1,i}+\cdots+\beta_kX_{ki}+u_i$$

为了探究自变量之间的线性关系,我们以模型中的每一个自变量$X_j(j=2,3,\cdots,k)$为被解释变量,其余的自变量为解释变量,构建辅助回归模型。即

$$X_{ji}=\alpha_1+\alpha_2X_{2i}+\alpha_3X_{3i}+\cdots+\alpha_{j-1}X_{j-1,i}+\alpha_{j+1}X_{j+1,i}+\cdots+\beta_kX_{ki}+v_i$$

我们记该模型的判决系数为R_j^2,则方差膨胀因子的计算公式为

$$VIF_j=\frac{1}{1-R_j^2}$$

其中,也称其分母为容忍度,即

$$Tolerance=1-R_j^2$$

一般来讲,当$VIF\geqslant 10$时,认为多重共线性比较严重。关于多重共线性的诊断与补救,将在第十章中予以专门介绍。

7.4 多元回归模型的R实现

7.4.1 扩展包加载

本章用到的R扩展包有:

```
library(dplyr)
library(ggplot2)
library(tidyr)
```

```
library(readr)
library(broom)
library(purrr)
library(car)
library(scatterplot3d)
library(GGally)
library(e1071)
library(stargazer)
```

7.4.2 数据集及其描述

1. 数据集

本案例用美国49年的肉鸡消费数据(chicken_demand.csv)探究肉鸡的消费函数。数据集中变量的含义及单位如下:

Year —— 年份;

Q_Broilers —— 鸡肉消费量(磅);

Q_Beef —— 牛肉消费量(磅);

Q_Pork —— 猪肉消费量(磅);

Disp_Income —— 可支配收入(2012年美元);

Price_Beef —— 牛肉价格(2012年美分);

Price_Pork —— 猪肉价格(2012年美分);

Price_Broilers —— 鸡肉价格(2012年美分)。

前10年的数据如下:

A tibble: 49 × 8

Year <dbl>	Q_Beef <dbl>	Q_Pork <dbl>	Q_Broilers <dbl>	Disp_Income <dbl>	Price_Beef <dbl>	Price_Pork <dbl>	Price_Broilers <dbl>
1965	74.7	51.5	32.4	15081	82	65	39
1970	84.4	55.4	36.5	17768	100	77	41
1975	88.2	42.9	36.0	19908	152	135	63
1976	94.1	45.1	39.4	20346	146	134	60
1977	91.5	46.7	40.1	20780	146	125	60
1978	87.1	46.5	42.5	21497	179	144	67
1979	77.9	53.2	45.4	21672	222	153	68
1980	76.4	56.8	45.2	21584	234	148	71
1981	77.2	54.2	46.2	21891	235	161	73
1982	76.9	48.6	46.5	22156	238	186	71

2. 描述统计

将数据读入R并用broom包中的tidy()函数对数据的主要统计指标进行描述。R代码及输出结果如下:

```
df_chicken <- read_csv("./dataset/chicken_demand.csv")
df_describe <- df_chicken %>%
  select(4:8) %>%
  tidy()
df_describe[, c(1:5, 8, 9)]
```

A tibble: 5 × 7

column <chr>	n <dbl>	mean <dbl>	sd <dbl>	median <dbl>	min <dbl>	max <dbl>
Q_Broilers	49	67.80204	18.73464	71.1	32.4	96.6
Disp_Income	49	31426.85714	8484.83076	30304.0	15081.0	48510.0
Price_Beef	49	348.06122	158.51635	288.0	82.0	725.0
Price_Pork	49	248.32653	91.55904	242.0	65.0	450.0
Price_Broilers	49	134.87755	51.16299	154.0	39.0	209.0

3. 数据可视化

用GGally包中的ggpairs()函数绘制散点图矩阵并将简单相关系数体现在图中,R代码如下,输出结果如图7.1所示。

```
df_chicken %>%
  select(4:8) %>%
  ggpairs() +
  theme_bw()
```

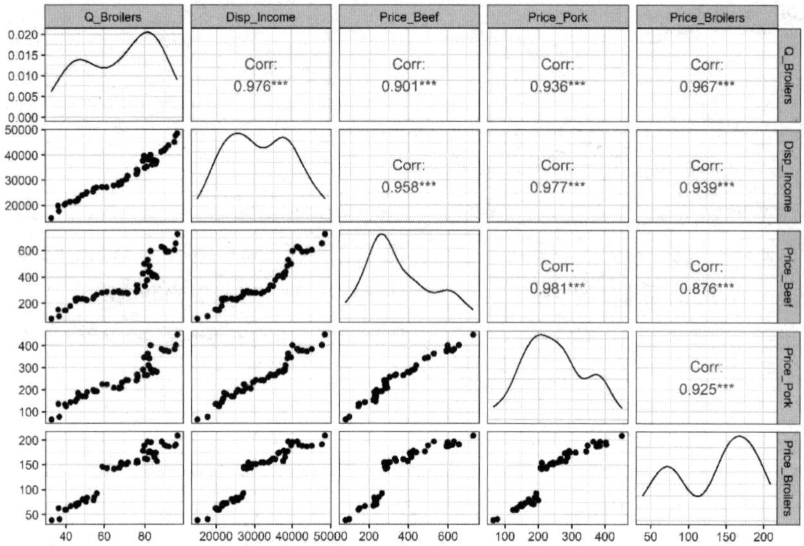

图7.1　肉鸡需求量及其影响因素的散点图矩阵

由图7.1可以看出,鸡肉消费量与可支配收入、鸡肉价格以及替代品猪肉和牛肉的价格均呈现出高度线性相关,同时也可以看出可支配收入、鸡肉价格、猪肉价格和牛肉价格之间也存在明显的线性相关(提示我们可能存在多重共线性!)

7.4.3　模型拟合

1. 只考虑两个变量的情况

根据经济学中的需求理论,在其他变量保持不变时,商品的需求量与商品价格呈负相关,与可支配收入呈正相关。

在R中多元回归方程的拟合函数与一元回归相同,只需要在模型表达式后面用"+"号顺次连接多个自变量即可。

```
lm(Q_Broilers ~ Disp_Income + Price_Broilers, data = df_chicken)
car::S(model_QP)
## Coefficients:
## Call: lm(formula = Q_Broilers ~ Disp_Income + Price_Broilers, data = df_chicken)
##
## Coefficients:
##                 Estimate Std. Error t value Pr(>|t|)
## (Intercept)    6.7121592  2.0004379   3.355   0.0016 **
## Disp_Income    0.0012790  0.0001505   8.500 5.48e-11 ***
```

```
## Price_Broilers 0.1549285  0.0249530   6.209 1.41e-07 ***
## ---
## Signif. codes:  0 '***' 0.001 '**' 0.01 '*' 0.05 '.' 0.1 ' ' 1
##
## Residual standard deviation: 3.051 on 46 degrees of freedom
## Multiple R-squared: 0.9746
## F-statistic: 881.8 on 2 and 46 DF,  p-value: < 2.2e-16
##    AIC      BIC
## 253.28   260.85
```

下面我们用矩阵运算的方式对OLS结果进行验证,R代码及输出结果如下:

```
Y <- df_chicken$Q_Broilers    # 因变量列向量
X_df <- tibble(1, df_chicken$Disp_Income, df_chicken$Price_Broilers)
X <- as.matrix(X_df)    # 设计矩阵
beta_hat <- solve(t(X) %*% X) %*% t(X) %*% Y    # OLS参数估计
HatMatrix <- X %*% solve(t(X) %*% X) %*% t(X)    # 帽子矩阵
uhat <- Y - HatMatrix %*% Y    # 残差列向量
SSE <- sum(uhat^2)    # 残差平方和
MSE <- SSE / (49 - 3)    # 残差方差
vcov_beta_hat <- solve(t(X) %*% X) * MSE    # 系数估计量的方差协方差矩阵
se <- sqrt(diag(vcov_beta_hat))    # 系数估计量的标准差
# 输出回归结果表
tibble(Variable = c("intercept", "Disposable Income", "Price of Broilers"),
       Coefficients = beta_hat,
       `Standard error` = se,
       tvalue = beta_hat / se,
       pvalue = 2 * (1 - pt(tvalue, 46)))
```

A tibble: 3 × 5

Variable <chr>	Coefficients <dbl>	Standard error <dbl>	tvalue <dbl>	pvalue <dbl>
intercept	6.712159162	2.0004378526	3.355345	1.596310e-03
Disposable Income	0.001278954	0.0001504651	8.500003	5.477641e-11
Price of Broilers	0.154928511	0.0249530203	6.208808	1.407434e-07

2. 原始数据拟合消费函数

很显然,影响鸡肉消费量的因素除了消费者可支配收入和鸡肉价格外,替代品(如牛肉和猪肉等)的价格也是重要的影响因素。因此,我们在上述两个自变量模型中加入牛肉价格和猪肉价格,R代码及拟合结果如下:

```
model_QP_PP <- lm(Q_Broilers ~ Disp_Income + Price_Broilers
                      + Price_Beef + Price_Pork,
                  data = df_chicken)
tidy(model_QP_PP)
```

A tibble: 5 × 5

term <chr>	estimate <dbl>	std.error <dbl>	statistic <dbl>	p.value <dbl>
(Intercept)	-1.605944265	2.5317318226	-0.6343264	5.291523e-01
Disp_Income	0.002237172	0.0002225066	10.0544095	5.649996e-13
Price_Broilers	0.157155892	0.0230199824	6.8269337	2.051092e-08
Price_Beef	-0.010515873	0.0132738864	-0.7922226	4.324816e-01
Price_Pork	-0.074240747	0.0300687848	-2.4690305	1.750160e-02

3. 对数转换后的模型拟合

对数据进行对数转换一方面可以缩小数据的口径,同时又可以度量弹性效应。R代码及输出结果如下:

```
df_chicken_Log <- df_chicken %>%
  mutate(LnQ_Broilers = log(Q_Broilers),
         LnPrice_Broilers = log(Price_Broilers),
         LnPrice_Beef = log(Price_Beef),
         LnPrice_Pork = log(Price_Pork),
         LnDisp_Income = log(Disp_Income)) %>%
  select(starts_with("Ln"))
model_LnQ_LnP <- lm(LnQ_Broilers ~ LnDisp_Income + LnPrice_Broilers
                              + LnPrice_Beef + LnPrice_Pork,
                  data = df_chicken_Log)
tidy(model_LnQ_LnP)
```

A tibble: 5 × 5

term <chr>	estimate <dbl>	std.error <dbl>	statistic <dbl>	p.value <dbl>
(Intercept)	-5.0570737	0.71686334	-7.0544460	9.513699e-09
LnDisp_Income	0.8582329	0.10131390	8.4710280	8.585804e-11
LnPrice_Broilers	0.3230942	0.04190864	7.7094891	1.057981e-09
LnPrice_Beef	0.0251722	0.07040754	0.3575213	7.224108e-01
LnPrice_Pork	-0.2432807	0.09420677	-2.5824122	1.321550e-02

4. 模型对比及解释

将上面三个模型的输出结果进行对比,R代码及输出结果如下:

```
stargazer(model_QP, model_QP_PP, model_LnQ_LnP, type = "text")
```

	Dependent variable		
	Q_Broilers		LnQ_Broilers
	(1)	(2)	(3)
Disp_Income	0.001***	0.002***	
	-0.0002	-0.0002	
Price_Broilers	0.155***	0.157***	
	-0.025	-0.023	
Price_Beef		-0.011	
		-0.013	
Price_Pork		-0.074**	
		-0.03	
LnDisp_Income			0.858***
			-0.101
LnPrice_Broilers			0.323***
			-0.042

```
LnPrice_Beef                                                     0.025
                                                                 -0.07
LnPrice_Pork                                                    -0.243
                                                                -0.094
Constant                    6.712***              -1.606        -5.057***
                              -2                  -2.532        -0.717
Observations                  49                    49             49
R2                          0.975                 0.984          0.984
Adjusted R2                 0.973                 0.983          0.982
Residual Std. Error    3.051 (df = 46)      2.461 (df = 44)     0.040 (df = 44)
F Statistic        881.789*** (df = 2; 46) 684.252*** (df = 4; 44) 668.234*** (df = 4; 44)
Note:                          *p<0.1; **p<0.05; ***p<0.01
```

由输出结果可知,三个模型中可支配收入对鸡肉消费量的影响均为正而且是高度显著的;而无论采取什么变换或者增减变量,鸡肉价格对鸡肉消费量的影响虽然都是高度显著的,但其符号与经典的需求理论不符,究其原因,是因为在美国居民对鸡肉具有不可替代的偏好,意味着鸡肉人均消费量对价格的变化并不敏感;在对数模型中,同样是替代品,一个显著而另一个不显著,而且一个变量系数为正而另一个变量系数为负,这很可能是变量之间的多重共线性引起的。

5. 模型可视化

(1)带回归平面的三维散点图

用scatterplot3d包中的scatterplot3d()函数,可以将观测值和回归方程绘制在三维散点图上。R代码如下,输出结果如图7.2所示。

```
s3d <- scatterplot3d(x = df_chicken_Log$LnDisp_Income,
                     y = df_chicken_Log$LnPrice_Broilers,
                     z = df_chicken_Log$LnQ_Broilers,
                     xlab = "Disposable Income",
                     ylab = "Price of Chicken",
                     zlab = "Consumption of Chicken",
                     grid = TRUE)
model_demand <- lm(log(Q_Broilers) ~ log(Disp_Income) + log(Price_Broilers),
                   data = df_chicken)
s3d$plane3d(model_demand, lty.box = "solid", col = "blue")
```

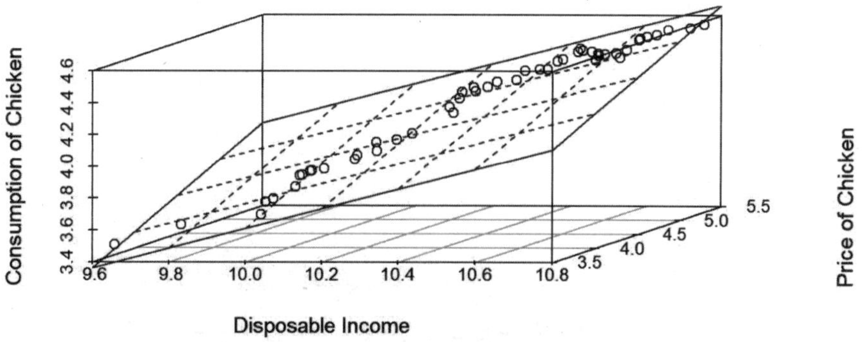

图7.2 鸡肉消费量与鸡肉价格和可支配收入的三维散点图

(2)回归效应图

用effect包中的allEffects()函数可以绘制出每一个解释变量对因变量的"偏"效应。R代码如下,输出结果如图7.3所示。

```
effect_model_Log <- effects::allEffects(model_LnQ_LnP)
plot(effect_model_Log)
```

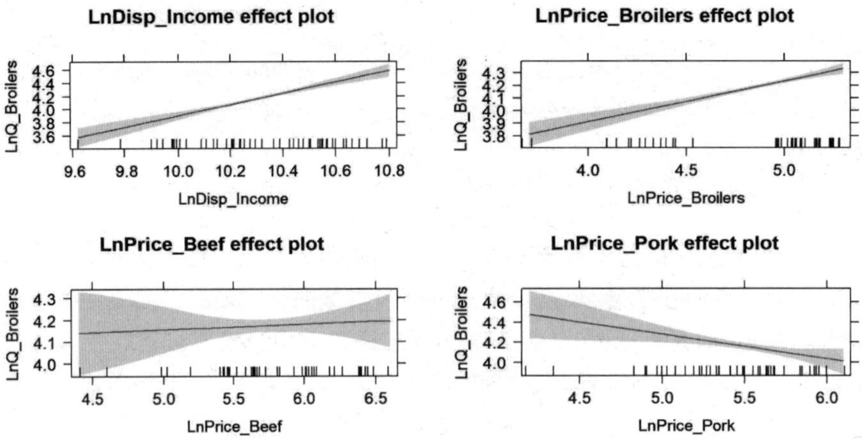

图7.3　鸡肉需求模型的"偏"效应图

(3)回归系数置信区间可视化

用sjPlot包中的plot_model()函数可以将回归系数的置信区间绘制出来。R代码如下,输出结果如图7.4所示。

```
sjPlot::plot_model(model_LnQ_LnP) +
  ggplot2::labs(y = "Estimates of Coefficients",
                x = "Independent Variables",
                title = "Dependent Variable: Logarithm of Broilers Consumption") +
  ggplot2::geom_hline(yintercept = 0, lty = 2, color = "red") +
  ggplot2::theme_bw()
```

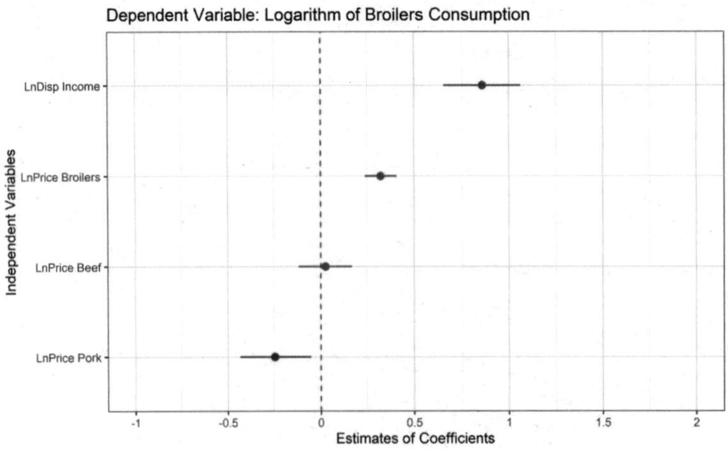

图7.4　鸡肉需求模型回归系数及其置信区间图

第8章 多元回归模型的拓展与延伸

8.1 含定性解释变量的回归模型

在回归分析中,因变量除了受到数值型解释变量的影响外,也会受到定性变量(名义型分类变量或顺序型分类变量)的影响。当模型中的某个或某些解释变量是定性变量时,我们称之为虚拟变量回归或哑变量回归。

8.1.1 含一个虚拟变量的回归

1. 虚拟变量编码

欲将定性变量引入回归模型,首先需要对其进行编码,即用特定的数字表示某种类别。一般来讲,如果一个分类变量的取值有两类,如性别(男和女)、种族(少数民族和非少数民族)、公司类别(国有和非国有)等,通常定义一个二分虚拟变量,用数字0表示基础类,1表示另一类;如果一个分类变量的取值有三类,如区域(东部、中部和西部)、经济发展程度(高度发达国家、中等发达国家和发展中国家)、政策满意程度(满意、一般、不满意),就需要定义两个虚拟变量。编码方法如下(以区域为例):

$$D_1=\begin{cases}1, & \text{中部}\\0, & \text{其他}\end{cases},\qquad D_2=\begin{cases}1, & \text{东部}\\0, & \text{其他}\end{cases}$$

以此类推,当某个分类变量有m类取值时,则一般需要定义$m-1$个二分虚拟变量,所有虚拟变量同时取0的那个组称为基组。如果对每一类各定义一个虚拟变量,则需要将模型中的截距项去掉,否则容易掉入"虚拟变量陷阱",即出现完全共线性。

2. 虚拟变量回归系数的含义

以一元回归为例,假设模型中唯一的解释变量是一个分类变量(如性别),模型表达式如下:

$$Y_i=\beta_1+\beta_2 D_i+u_i$$

其中,当$D_i=0$时表示对应的性别为女性,相应地当$D_i=1$时表示男性。对模型两边求条件期望,可以得出女性的条件均值为

$$E(Y|D=0)=\beta_1$$

而男性的条件均值则为

$$E(Y|D=1)=\beta_1+\beta_2$$

可以看出,在虚拟变量回归中,截距项β_1表示基组因变量的平均水平,而斜率系数β_2表示两个组均值之间的差异。

该模型本质上是一个单因素两水平的方差分析。如果某个分类变量有三类取值,则需要在模型中引入两个虚拟变量,此时模型相当于是一个单因素三水平的方差分析,以此类推。

3. 虚拟变量的加法模式和乘法模式

当模型的解释变量中包含一个虚拟变量(D)和一个数值型变量(X)时,虚拟变量既可以以加法的形式进入模型,也可以以乘法的形式进入模型,或二者兼而有之。

(1)加法形式

加法形式的模型表达式为

$$Y_i = \beta_1 + \beta_2 D_i + \beta_3 X_i + u_i$$

该模型中,无论 $D_i = 0$ 还是 $D_i = 1$,自变量 X 的斜率系数 β_3 并不会改变。

(2)乘法形式

乘法形式的模型表达式为

$$Y_i = \beta_1 + \beta_2 X_i D_i + u_i$$

该模型中,无论 $D_i = 0$ 还是 $D_i = 1$,截距项 β_1 并不会改变。

(3)既有加法又有乘法的形式

当不同类别的截距和斜率均发生变化时,就需要同时引入加法形式和乘法形式。模型表达式为

$$Y_i = \beta_1 + \beta_2 D_i + \beta_3 X_i + \beta_4 D_i X_i + u_i$$

在该模型中,当 $D_i = 0$ 时,因变量的均值方程为

$$E(Y|D=0) = \beta_1 + \beta_3 X_i$$

此时的截距为 β_1,斜率为 β_3。而当 $D_i = 1$ 时,因变量的均值方程为

$$E(Y|D=1) = \beta_1 + \beta_2 + (\beta_3 + \beta_4) X_i$$

此时的截距为 $\beta_1 + \beta_2$,斜率为 $\beta_3 + \beta_4$,二者同时发生了变化。这样的模型又称为协方差分析模型,它能在统计上控制数值型解释变量(被称为协变量)对因变量的影响。

8.1.2 含两个分类变量的回归

当模型中包含两个分类变量时,也可以通过同时引入加法形式和乘法形式研究二者之间是否存在交互效应。比如虚拟变量 E 表示是否受过高等教育(受过为1,否则为0),虚拟变量 D 表示区域,其编码如8.1.1节所示。

该模型的表达式为

$$Y_i = \beta_1 + \beta_2 D_{1i} + \beta_3 D_{2i} + \beta_4 E_i + \beta_5 D_{1i} E_i + \beta_6 D_{2i} E_i + u_i$$

表8.1给出了各种可能组合的因变量的均值,这里的基组为西部且未受过高等教育的对象。

表8.1 两个分类变量时模型因变量的均值

教育水平	区域		
	西部($D_1=0, D_2=0$)	中部($D_1=1, D_2=0$)	东部($D_1=0, D_2=1$)
未受过高等教育($E=0$)	β_1	$\beta_1+\beta_2$	$\beta_1+\beta_3$
受过高等教育($E=1$)	$\beta_1+\beta_4$	$\beta_1+\beta_2+\beta_4+\beta_5$	$\beta_1+\beta_3+\beta_4+\beta_6$

其中,来自西部地区且未受过高等教育的对象其因变量均值为β_1。检验中西部未受过高等教育的对象之间的差异等价于检验β_2是否等于0,检验西部地区受过高等教育与未受高等教育的对象之间的差异等价于检验β_4是否等于0,以此类推,可以用传统的学生t检验实现。检验中部地区和东部地区未受过高等教育的对象之间的差异等价于检验$\beta_2=\beta_3$,检验中部地区和西部地区受过高等教育的对象之间的差异等价于检验$\beta_2+\beta_5=0$,以此类推,可以用受约束最小二乘法的F检验实现(参见8.3节)。

8.2 多项式回归模型

如果散点图显示因变量与自变量之间的关系不是近似直线,而呈现出某种曲线的特征,则可能需要用到多项式回归。比如,成本理论中的边际成本曲线呈现"U"型,发展经济学中收入分配状况随经济发展过程而变化的库兹涅茨曲线呈现"倒U"型,商品短期总成本曲线呈现出"反S"型等。对于此类经济现象,可以用多项式回归模型进行拟合。

m阶多项式回归模型的表达形式为

$$Y_i=\beta_0+\beta_1X_i+\beta_2X_i^2+\cdots+\beta_mX_i^m+u_i$$

当$m=2$时,即为二次多项式回归模型,其形状为抛物线。

8.3 受约束的最小二乘法

我们将一个不受任何条件约束(即包含所有自变量)的模型称为无约束模型(Unrestricted Model),又称为全模型(Full Model),在一定的线性约束下它将退化为一个相对简单的受约束模型(Restricted Model),也称为减模型(Reduced Model)。可以用受约束最小二乘法检验约束条件是否成立。

8.3.1 联合F检验

当需要检验某些自变量是否对因变量有显著影响时,等价于检验这些变量的系数是否全部为0,此时可以直接对比受约束模型与不受约束模型的残差平方和之间的差异是否显著。

例如,不受约束模型的表达式为

$$Y_i=\beta_1+\beta_2X_{2i}+\beta_3X_{3i}+\cdots+\beta_kX_{ki}+u_i$$

当约束条件为$\beta_2=\beta_3=\beta_4=0$时,模型简化为

$$Y_i=\beta_1+\beta_5X_{5i}+\beta_6X_{6i}+\cdots+\beta_kX_{ki}+u_i$$

对类似的线性约束可以用F统计量进行联合假设检验,公式如下:

$$F=\frac{(SSE_R-SSE_{UR})/m}{SSE_{UR}/(n-k)}$$

其中,SSE_{UR}和SSE_R分别表示不受约束模型和受约束模型的残差平方和,m表示约束条件的个数,n和k分别是样本观测总数和待估参数个数。

8.3.2 其他线性约束条件的检验

当约束条件为某些自变量系数的线性组合时,可以先将线性约束条件带入不受约束模型

对其进行简化,然后通过对比简化前后的残差平方和变化对其进行显著性检验。

我们以经济学中经常用到的柯布—道格拉斯C-D生产函数估计为例进行说明。假设经过对数转换后的模型为

$$\ln Y_i = \ln\beta_1 + \beta_2 \ln K_i + \beta_3 \ln L_i + u_i$$

其中,Y表示产出,K表示资本投入,L表示劳动投入。如果要检验规模经济效应,则相应的约束条件为(以规模经济效应不变为例)

$$\beta_2 + \beta_3 = 1$$

此时,将约束条件$\beta_3 = 1 - \beta_2$带入原始方程中即得到受约束的回归方程

$$\ln Y_i = \ln\beta_1 + \beta_2 \ln K_i + (1 - \beta_2)\ln L_i + u_i$$

对其进行简化整理后可得

$$\ln Y_i - \ln L_i = \ln\beta_1 + \beta_2(\ln K_i - \ln L_i) + u_i$$

对其进行合并简化,得到如下的回归模型

$$\ln(Y/L)_i = \ln\beta_1 + \beta_2 \ln(K/L)_i + u_i$$

然后用8.3.1节中同样的方法构造F检验即可,值得注意的是,此时模型的因变量是单位劳动产出,解释变量是资本劳动要素比。

8.4 案例及R实现

8.4.1 虚拟变量回归

1. 样本数据

本案例运用CSV格式的数据集Employee_Salary,该数据集是关于公司员工的薪水。各变量的名称及含义如下:

id —— 员工编号;

gender —— 性别;

bdate —— 出生日期;

educ —— 受教育水平(年);

jobcat —— 工作岗位;

salary —— 当前薪水(美元);

salbegin —— 起始薪水(美元);

jobtime —— 入职本公司的工作时间(月);

prevexp —— 入职前的工作经验(月);

minority —— 是否少数族裔。

首先读入数据集并查看其数据结构及前10行观测值。R代码及输出结果如下:

```
df_raw_salary <- read_csv("./dataset/Employee_Salary.csv",
                          show_col_types = FALSE)
head(df_raw_salary, 10)
```

A tibble: 474 × 10

id <dbl>	gender <chr>	bdate <chr>	educ <dbl>	jobcat <chr>	salary <dbl>	salbegin <dbl>	jobtime <dbl>	prevexp <dbl>	minority <chr>
3	female	1929/7/26	12	clerical	21450	12000	98	381	No
4	female	1947/4/15	8	clerical	21900	13200	98	190	No
8	female	1966/5/6	12	clerical	21900	9750	98	0	No
9	female	1946/1/23	15	clerical	27900	12750	98	115	No
10	female	1946/2/13	12	clerical	24000	13500	98	244	No
11	female	1950/2/7	16	clerical	30300	16500	98	143	No
20	female	1940/1/23	12	clerical	26250	11550	97	48	No
21	female	1963/2/19	16	clerical	38850	15000	97	17	No
36	female	1963/8/7	8	clerical	31350	11250	96	52	No
46	female	1940/11/18	15	clerical	22350	12750	95	165	No

在R中，分类变量参与建模需要先转化成因子类型，因此我们用factor()函数将性别(gender)、工作岗位(jobcat)、少数族裔(minority)等字符型变量转换成因子型。R代码及相关输出结果如下：

```
df_salary <- df_raw_salary %>%
  mutate(Gender = factor(gender,
                         levels = c("female", "male"),   # 因子水平
                         labels = c("Female", "Male")),   # 因子标签
         Jobclass = factor(jobcat,
                           levels = c("clerical", "custodial", "manager"),
                           labels = c("Clerical", "Custodial", "Manager")),
         Minority = factor(minority),
         CurrentSalary = salary,
         BeginSalary = salbegin,
         JobTime = jobtime,
         PrevExperience = prevexp,
         Education = educ) %>%
  select(11:18)
# 查看因子类型、因子取值及因子编码
class(df_salary$JobClass)
##  [1] "factor"
levels(df_salary$JobClass)
##  [1] "Clerical" "Custodial" "Manager"
contrasts(df_salary$JobClass)
##             Custodial  Manager
##  Clerical           0        0
##  Custodial          1        0
##  Manager            0        1
```

A tibble: 3 × 3

factors <chr>	levels <chr>	code <chr>
Gender	Femal Male	0 1
JobClass	Clerical Custodial Manager	0 0, 1 0, 0 1
Minority	NO Yes	0 1

2. 一个分类变量的回归

(1)模型拟合

和一元线性回归中的方法一样,用lm()函数对模型进行拟合。以当前工资(CurrentSalary)为因变量,以性别(Gender)为自变量构建一元回归模型(我们称之为基础模型)。R代码及输出结果如下:

```
model_dummy_gender <- lm(CurrentSalary ~ Gender, data = df_salary)
car::S(model_dummy_gender)
##  Call: lm(formula = CurrentSalary ~ Gender, data = df_salary)
##  Coefficients:
##              Estimate Std. Error t value Pr(>|t|)
##  (Intercept)    26032       1039   25.06   <2e-16 ***
##  GenderMale     15410       1408   10.95   <2e-16 ***
##  ---
##  Signif. codes:  0 '***' 0.001 '**' 0.01 '*' 0.05 '.' 0.1 ' ' 1
##
##  Residual standard deviation: 15270 on 472 degrees of freedom
##  Multiple R-squared: 0.2024
##  F-statistic: 119.8 on 1 and 472 DF,  p-value: < 2.2e-16
##       AIC        BIC
##  10481.59   10494.07
```

由输出结果可知,截距项估计值为26032美元,其代表女性员工的平均工资;斜率系数为15410美元,表明在其他条件不变的情况下,男性员工的平均工资比女性高15410美元,而且这种差异在0.001的水平上是显著的。但是,模型的$R^2=0.2024$表明仅仅用性别去解释工资的变异是远远不够的,还应该考虑其他因素。

(2)模型可视化

以性别为横轴,以当前工资为纵轴,用ggplot2绘制散点图(进行了一定程度的抖动)。R代码如下,输出结果如图8.1所示。

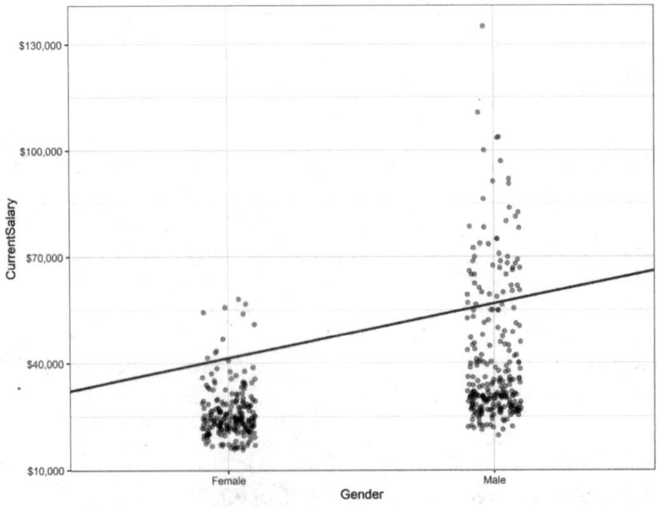

图8.1　性别对工资的影响

```
df_salary %>%
  ggplot(aes(x = Gender, y = CurrentSalary)) +
  geom_jitter(width = 0.1, alpha = 0.3) +
  geom_abline(intercept = model_dummy_gender$coefficients[1],
              slope = model_dummy_gender$coefficients[2],
              size = 1, color = "red") +
  scale_y_continuous(labels = scales::dollar) +
  theme_bw()
```

由图8.1可以看出,从平均意义上讲,男性员工的工资比女性员工的高。当模型中只有一个分类变量时,模型等价于单因素方差分析。

3. 两个分类变量的回归

只需在基础模型中新引入另外一个虚拟变量少数族裔(Minority)即可。R代码及输出结果如下:

```
model_dummy_gender_minority <-
  lm(CurrentSalary ~ Gender + Minority, data = df_salary)
car::S(model_dummy_gender_minority)
## Call: lm(formula = CurrentSalary ~ Gender + Minority, data = df_salary)
##
## Coefficients:
##             Estimate Std. Error t value Pr(>|t|)
## (Intercept)    27655       1055  26.202  < 2e-16 ***
## GenderMale     15961       1373  11.624  < 2e-16 ***
## MinorityYes    -8763       1652  -5.303 1.75e-07 ***
## ---
## Signif. codes:  0 '***' 0.001 '**' 0.01 '*' 0.05 '.' 0.1 ' ' 1
##
## Residual standard deviation: 14850 on 471 degrees of freedom
## Multiple R-squared: 0.2474
## F-statistic:  77.4 on 2 and 471 DF,  p-value: < 2.2e-16
##       AIC       BIC
## 10456.10  10472.74
```

由输出结果可知,少数族裔的系数也是高度显著的,在性别相同的条件下,少数族裔的平均工资比非少数族裔低8763美元,表明在美国存在种族歧视现象。加入少数族裔新变量后,模型的判决系数$R^2=0.2474$,虽有提高,但总体仍然不高。

4. 含一个分类变量和一个数值型变量的模型

(1)散点图

根据先验信息,起始工资对当前工资应该有显著的影响。因此,我们用ggplot2绘制当前工资(CurrentSalary)与起始工资(BeginSalary)的散点图,并用性别(Gender)进行分类。R代码如下,输出结果如图8.2所示。

```
df_salary %>%
  ggplot(aes(x = BeginSalary,
             y = CurrentSalary,
```

```
            color = Gender,
            shape = Gender)) +
  geom_point(alpha = 0.5) +
  scale_y_continuous(labels = scales::dollar,
                     breaks = seq(10000, 150000, 30000)) +
  scale_x_continuous(labels = scales::dollar,
                     breaks = seq(0, 100000, 20000)) +
  labs(x = "Beginning Salary",
       y = "Current Salary") +
  theme_bw() +
  theme(legend.position = "top")
```

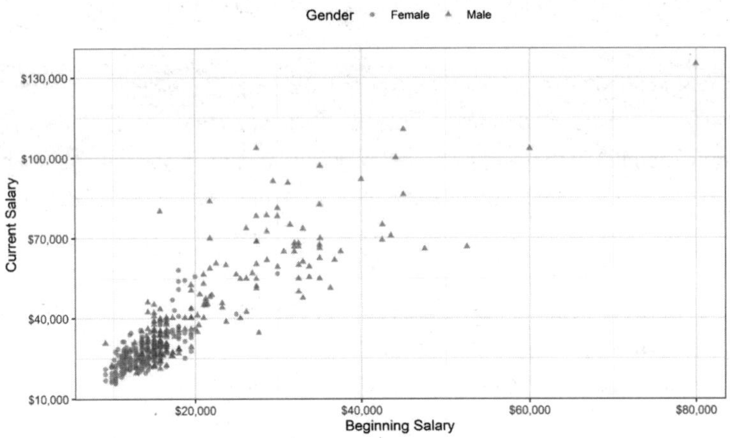

图8.2　不同性别员工当前工资与起始工资的散点图

(2)模型拟合

在基础模型中加入起始工资变量,构建二元回归模型。R代码及输出结果如下:

```
model_salary_gender_begin <-
  lm(CurrentSalary ~ BeginSalary + Gender, data = df_salary)
S(model_salary_gender_begin)
## Call: lm(formula = CurrentSalary ~ BeginSalary + Gender, data = df_salary)
##
## Coefficients:
##              Estimate Std. Error t value Pr(>|t|)
## (Intercept) 1820.065    884.933   2.057   0.0403 *
## BeginSalary    1.849      0.053  34.892   <2e-16 ***
## GenderMale  2076.982    836.734   2.482   0.0134 *
## ---
## Signif. codes:  0 '***' 0.001 '**' 0.01 '*' 0.05 '.' 0.1 ' ' 1
##
## Residual standard deviation: 8071 on 471 degrees of freedom
## Multiple R-squared: 0.7775
## F-statistic:   823 on 2 and 471 DF,  p-value: < 2.2e-16
```

```
##       AIC       BIC
##   9878.42   9895.07
```

由输出结果可知，在引入起始工资变量后，模型的拟合效果提升很多，R^2提高到了近80%，且回归系数在0.05的水平上都是显著的。

此外，从散点图上可以明显看出因变量存在异方差现象，可以尝试将两个工资变量进行对数转换，一方面可以估计起始工资对当前工资的弹性效应，另一方面可以有效消除（或缓解）异方差。读者可以自行尝试练习。

（3）模型可视化

用ggplot2包中的ggplot()函数和facet_grid()函数绘制以性别进行分面的回归直线。R代码如下，输出结果如图8.3所示。

```
df_salary %>%
  ggplot(aes(x = BeginSalary,
             y = CurrentSalary,
             color = Gender)) +
  geom_point(alpha = 0.5) +
  geom_smooth(method = "lm", se = TRUE) +
  facet_grid(~ Gender, scales = "free_x") +
  scale_y_continuous(labels = scales::dollar) +
  scale_x_continuous(labels = scales::dollar) +
  scale_color_manual(values = c("darkgreen", "red")) +
  labs(x = "Beginning Salary",
       y = "Current Salary") +
  theme_bw()
```

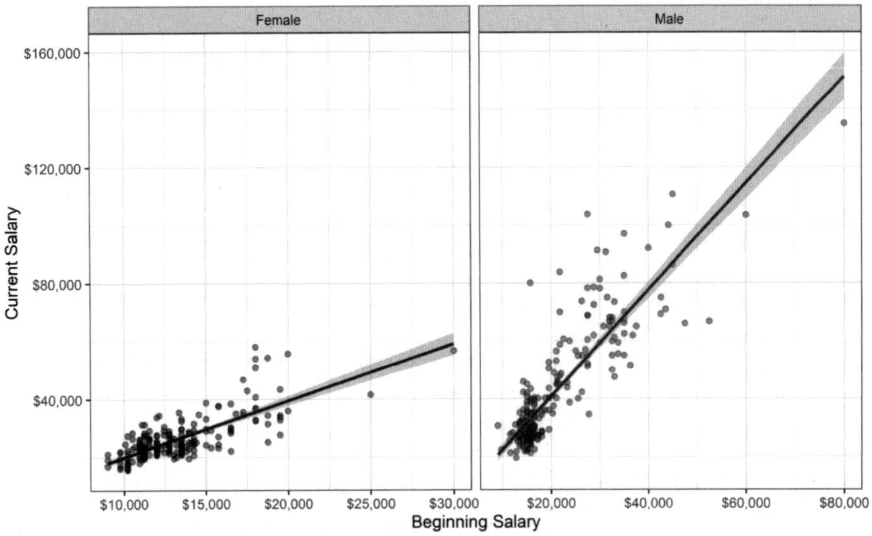

图8.3 不同性别员工的回归直线

由图8.3可以看出，无论男性还是女性，回归直线的斜率均为正，表明随着起始工资的增加，当前工资的平均值随之增加；不同的斜率提示我们模型中也许应该包含交互项。读者可以自行尝试将起始工资和性别的交乘项引入模型。

8.4.2 多项式回归

1. 模拟数据

本例采用随机模拟的数据介绍多项式回归模型在R中的实现以及与线性模型的对比。R代码如下：

```
# 随机模拟容量为300的总体数据
set.seed(1230)
df_poly_sim <- tibble(
  x = runif(300, 1, 10),
  y = 142 + 63.5 * x - 13 * x^2 + 0.95 * x^3 + rnorm(300, 16, 7))
# 从总体中随机抽取容量为35的样本
set.seed(1231)
df_poly <- sample_n(tbl = df_poly_sim, size = 35)
```

用ggplot2绘制散点图,R代码如下,输出结果如图8.4所示。

```
ggplot(df_poly, aes(x = x, y = y)) +
  geom_point() +
  theme_bw()
```

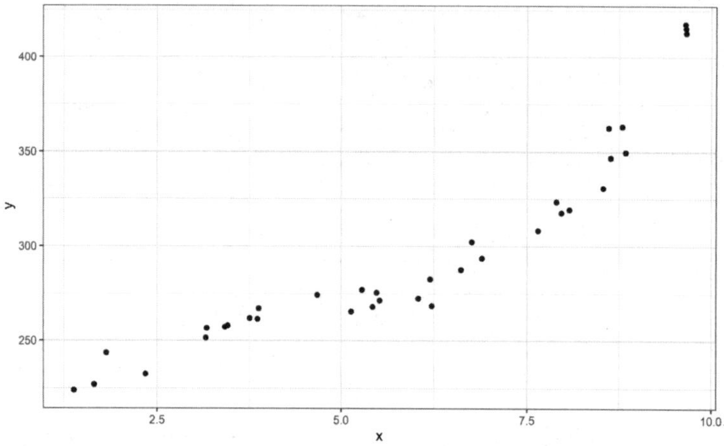

图8.4 因变量y与自变量x的散点图

2. 多项式阶数选择

拟合多项式回归有两种方法,一种是用poly()函数,另一种是直接输入多项式的表达式。下面针对上面的模拟数据分别拟合线性回归模型和阶数为2、3、4、5的多项式回归模型,并用anova()函数对它们进行比较,进而选择最优的阶数。R代码和输出结果如下：

```
model_lm <- lm(y ~ x, data = df_poly)   # 拟合线性模型
model_quad <- lm(y ~ poly(x, 2), data = df_poly)   # 拟合二次函数模型
model_cubic <- lm(y ~ poly(x, 3), data = df_poly)   # 拟合三次函数模型
model_quart <- lm(y ~ poly(x, 4), data = df_poly)   # 拟合四次函数模型
model_fifth <- lm(y ~ poly(x, 5), data = df_poly)   # 拟合五次函数模型
# 最优阶数选择
anova(model_lm, model_quad, model_cubic, model_quart, model_fifth)
```

```
## Analysis of Variance Table
##
## Model 1: y ~ x
## Model 2: y ~ poly(x, 2)
## Model 3: y ~ poly(x, 3)
## Model 4: y ~ poly(x, 4)
## Model 5: y ~ poly(x, 5)
##   Res.Df     RSS  Df   Sum of Sq         F      Pr(>F)
## 1     33 14584.9
## 2     32  5687.6   1      8897.4  182.3676  4.882e-14 ***
## 3     31  1489.7   1      4197.8   86.0416  3.531e-10 ***
## 4     30  1418.3   1        71.5    1.4648      0.2359
## 5     29  1414.9   1         3.4    0.0702      0.7929
## ---
## Signif. codes:  0 '***' 0.001 '**' 0.01 '*' 0.05 '.' 0.1 ' ' 1
```

由输出结果可知,相较于普通的线性回归模型,二次多项式模型拟合更好一些。同时,三次多项式模型又优于二次多项式模型。四次多项式模型和五次多项式模型在0.10的水平上均不显著。因此,我们最终选择三次多项式模型。

下面用两种方式给出该三次多项式回归模型的拟合。R代码及输出结果如下:

```
model_cubic_01 <-
  lm(y ~ poly(x = x,
              degree = 3,
              raw = TRUE),    # 注意默认的raw = FALSE表示正交多项式
     data = df_poly)
```

```
## Call:
## lm(formula = y ~ poly(x = x, degree = 3, raw = TRUE), data = df_poly)
##
## Coefficients:
##                         (Intercept)  poly(x = x, degree = 3, raw = TRUE)1
##                             159.706                                59.544
## poly(x = x, degree = 3, raw = TRUE)2  poly(x = x, degree = 3, raw = TRUE)3
##                             -11.948                                 0.881
```

```
model_cubic_02 <-
  lm(y ~ x + I(x^2) + I(x^3),     # 注意I()函数的使用方法
     data = df_poly)
```

```
## Call:
## lm(formula = y ~ x + I(x^2) + I(x^3), data = df_poly)
##
## Coefficients:
## (Intercept)            x       I(x^2)       I(x^3)
##     159.706       59.544      -11.948        0.881
```

可以看出,两种方法的结果完全一致。

3. 模型可视化

用ggplot2将阶数分别为2、3、4、5的多项式回归结果绘制在散点图上进行拟合优度的对比。R代码如下,输出结果如图8.5所示。

```
df_predicted <-
  tibble(quadratic.fit = predict(model_quad, newdata = df_poly),
         cubic.fit = predict(model_cubic, newdata = df_poly),
         quartic.fit = predict(model_quart, newdata = df_poly),
         quintic.fit = predict(model_fifth, newdata = df_poly),
         x = df_poly$x)
ggplot(df_poly, aes(x = x, y = y)) +
  geom_point(alpha = 0.8) +
  geom_line(data = df_predicted,
            aes(x = x, y = quadratic.fit, lty = "2fit"), color = "blue") +
  geom_line(data = df_predicted,
            aes(x = x, y = cubic.fit, lty = "3fit"), color = "red") +
  geom_line(data = df_predicted,
            aes(x = x, y = quartic.fit, lty = "4fit"), color = "grey30") +
  geom_line(data = df_predicted,
            aes(x = x, y = quintic.fit, lty = "5fit"), color = "grey50") +
  scale_linetype_manual(values = c("2fit" = "dotted", "3fit" = "solid",
                                   "4fit" = "dashed", "5fit" = "twodash"),
                        labels = c("2nd order", "3rd order",
                                   "4th order", "5th order")) +
  labs(x = "X", y = "Y", lty = "Polynomial")
```

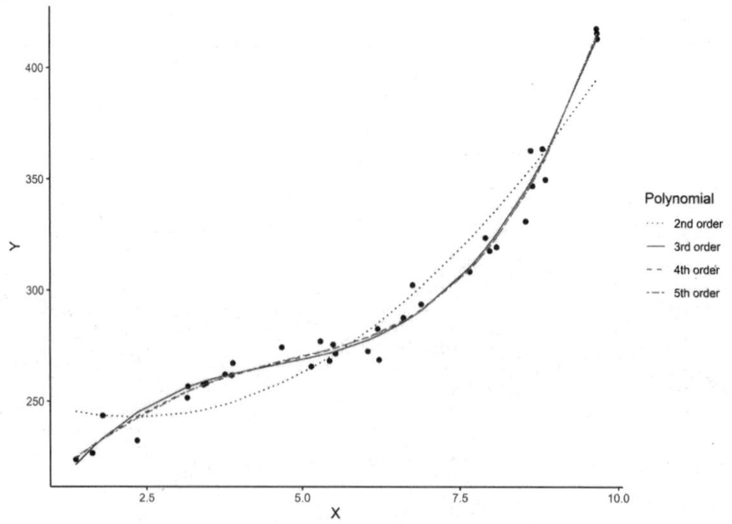

图8.5　不同阶数的多项式回归结果对比

如果仅从图形上看,二次多项式的拟合效果显然没有三阶、四阶和五阶的好,从模型的可解释性来讲,阶数越高越难以解释,更何况四阶和五阶的模型并不显著。因此,最终选择三阶多项式模型,这也与我们模拟的总体回归形式一致。

8.4.3 受约束最小二乘法

1. 多个自变量系数同时为零的联合F检验

可以用受约束的最小二乘法对模型中多个自变量系数是否同时为零进行联合F检验。下面用两种方法介绍在R中的实现方法。

(1)方法一:手动编写代码

根据受约束最小二乘法的原理编写如下R代码实现联合F检验:

```
# 拟合不受约束模型并提取残差平方和与自由度
model_UR <-
  df_salary %>% lm(CurrentSalary ~ BeginSalary + PrevExperience
                                   + Education + JobTime + JobClass + Gender,
                   data = .)
df_UR <-
  model_UR %>% glance() %>%
  select(sse_UR = deviance,
         dof_UR = df.residual)
# 拟合受约束模型并提取残差平方和与自由度
model_R <-
  df_salary %>% lm(CurrentSalary ~ BeginSalary
                                   + JobClass + Gender,
                   data = .)
df_R <-
  model_R %>% glance() %>%
  select(sse_R = deviance,
         dof_R = df.residual)
# 联合F检验
bind_cols(df_UR, df_R) %>%
  mutate(m = dof_R - dof_UR,    # 约束条件个数
         numerator = (sse_R - sse_UR) / m,    # F统计量的分子
         denominator = sse_UR  / dof_UR,    # F统计量的分母
         F_stat = numerator / denominator,    # 计算F统计量
         F_crit = qf(0.95, m, dof_UR),    # 计算临界值
         p_value = pf(F_stat, m, dof_UR, lower.tail = F)) %>%
  select(`F Statistic` = F_stat,
         `F Critical value` = F_crit,
         `p value` = p_value, dof_UR, dof_R, m)
```

A tibble: 1 × 6

F Statistic <dbl>	F Critical value <dbl>	p value <dbl>	dof_UR <int>	dof_R <int>	m <int>
28.75853	2.624041	4.469202e-17	466	469	3

由检验结果可知,F统计量的值28.76远远大于临界值2.62,因此应拒绝3个变量系数同时

为零的原假设,非常小的p值也可以得出同样的结论。

(2)方法二:用car包中的linearHypothesis()函数

```
linearHypothesis(model_UR,
                 hypothesis.matrix = c('PrevExperience', 'Education', 'JobTime'))
```

```
##  Linear hypothesis test
##
##  Hypothesis:
##  PrevExperience = 0
##  Education = 0
##  JobTime = 0
##
##  Model 1: restricted model
##  Model 2: CurrentSalary ~ BeginSalary + PrevExperience + Education + JobTime +
##      JobClass + Gender
##
##    Res.Df        RSS   Df    Sum of Sq       F      Pr(>F)
##  1    469  2.5639e+10
##  2    466  2.1634e+10   3   4005327705  28.759   < 2.2e-16 ***
##  ---
##  Signif. codes:  0 '***' 0.001 '**' 0.01 '*' 0.05 '.' 0.1 ' ' 1
```

2. 线性约束条件的检验

受约束最小二乘法可以检验任何形式的线性约束。只需要将相关约束条件带入到原始模型中,然后构造F统计量进行检验即可。比如,我们打算检验log(BeginSalary)的系数与log(Education)的系数之和是否等于1,可以用下面的两种方法实现。

(1)方法一:手动编写代码

```
# 拟合不受约束的模型并提取残差平方和与自由度
fit_UR <-
  df_salary %>%
  lm(log(CurrentSalary) ~ log(BeginSalary) + log(Education), data = .) %>%
  broom::glance() %>%
  select(sse_ur = deviance, dof_ur = df.residual)
# 拟合受约束的模型并提取残差平方和与自由度
fit_R <-
  df_salary %>%
  lm(I(log(CurrentSalary) - log(Education)) ~ I(log(BeginSalary) - log(Education)),
     data = .) %>%
  broom::glance() %>%
  select(sse_r = deviance, dof_r = df.residual)
# F检验
bind_cols(fit_UR, fit_R) %>%
  mutate(m = dof_r - dof_ur,
         numerator = (sse_r - sse_ur) / m,
         denominator = sse_ur / dof_ur,
```

```
        F_stat = numerator / denominator,
        F_crit = qf(.95, m, dof_ur),
        p_value = pf(F_stat, m, dof_ur, lower.tail = FALSE)) %>%
  select(F_stat, F_crit, p_value, dof_ur, dof_r, m)
```

A tibble: 1 × 6

F_stat <dbl>	F_crit <dbl>	p_value <dbl>	dof_ur <int>	dof_r <int>	m <int>
17.30975	3.861278	3.775036e-05	471	472	1

(2)方法二:用car包中的linearHypothesis()函数

同样可以使用linearHypothesis()函数实现此线性约束。R代码及输出结果如下:

```
df_salary %>%
  lm(log(CurrentSalary) ~ log(BeginSalary) + log(Education), data = .) %>%
  linearHypothesis(c("log(BeginSalary) + log(Education) = 1"))
```

```
## Linear hypothesis test
##
## Hypothesis:
## log(BeginSalary)  + log(Education) = 1
##
## Model 1: restricted model
## Model 2: log(CurrentSalary) ~ log(BeginSalary) + log(Education)
##
##   Res.Df    RSS  Df  Sum of Sq      F      Pr(>F)
## 1   472  15.581
## 2   471  15.029   1    0.55232  17.31   3.775e-05 ***
## ---
## Signif. codes:  0 '***' 0.001 '**' 0.01 '*' 0.05 '.' 0.1 ' ' 1
```

更多的关于linearHypothesis()函数的使用细节请用“?linearHypothesis”查看其帮助文档。

第9章

回归模型的诊断与补救
——异方差

9.1 异方差的表现形式

9.1.1 同方差假定

因变量(或随机误差项)的条件方差恒定是线性回归模型的经典假定之一,称为同方差(Homoscedasticity)假定,即

$$\mathrm{var}(Y|X_i)=\mathrm{var}(u|X_i)=\sigma^2$$

用矩阵的形式表达随机误差项(又称随机干扰项)的方差协方差矩阵为

$$\mathbf{\Sigma}=\begin{bmatrix}\sigma^2 & 0 & 0 & \cdots & 0\\ 0 & \sigma^2 & 0 & \cdots & 0\\ \vdots & \vdots & \vdots & \ddots & \vdots\\ 0 & 0 & 0 & \cdots & \sigma^2\end{bmatrix}=\sigma^2\begin{bmatrix}1 & 0 & 0 & \cdots & 0\\ 0 & 1 & 0 & \cdots & 0\\ \vdots & \vdots & \vdots & \ddots & \vdots\\ 0 & 0 & 0 & \cdots & 1\end{bmatrix}=\sigma^2\mathbf{I}$$

然而,当因变量(或随机误差项)的条件方差随着自变量的变化而不再保持常数时,就出现了所谓的"异方差"(Heteroscedasticity),即

$$\mathrm{var}(Y|X_i)=\mathrm{var}(u|X_i)=\sigma_i^2$$

用矩阵的形式表达随机干扰项的方差协方差矩阵为

$$\mathbf{\Sigma}=\begin{bmatrix}\mathrm{var}(u_1) & \mathrm{cov}(u_1,u_2) & \mathrm{cov}(u_1,u_3) & \cdots & \mathrm{cov}(u_1,u_n)\\ \mathrm{cov}(u_2,u_1) & \mathrm{var}(u_2) & \mathrm{cov}(u_2,u_3) & \cdots & \mathrm{cov}(u_2,u_n)\\ \vdots & \vdots & \vdots & \ddots & \vdots\\ \mathrm{cov}(u_n,u_1) & \mathrm{cov}(u_n,u_2) & \mathrm{cov}(u_n,u_3) & \cdots & \mathrm{var}(u_n)\end{bmatrix}=\sigma^2\mathbf{\Omega}$$

其中,$\mathbf{\Omega}$是一个$n\times n$阶对称正定矩阵,回归模型的误差项可能存在异方差或自相关,也可能二者同时存在。根据$\mathbf{\Omega}$矩阵的特征可以分为如下几种情况:

(1)当$\mathbf{\Omega}=\mathbf{I}$时,模型即为上面的同方差的情形;

(2)当$\mathbf{\Omega}$为对角矩阵且对角线上元素不全相等时,模型存在异方差但无自相关;

(3)当$\mathbf{\Omega}$为非对角矩阵,但对角线上元素全部相等时,模型满足同方差性但存在自相关;

(4)当$\mathbf{\Omega}$为非对角矩阵,且对角线上元素不全相等时,模型同时存在异方差和自相关。

本章重点讨论情形(2),即除了同方差假定外其他经典假定均得到满足。

9.1.2 异方差的图形形式

异方差的表现形式多种多样，常见的有线性异方差和非线性异方差两大类型。当因变量的方差与某个自变量成正比时，通常表现为“锥形”；当因变量的方差与某个自变量的平方成正比时，通常表现为“扇形”。图9.1展示了同方差(no HS)、线性异方差(linear HS)和非线性异方差(nonlinear HS)时因变量取值与自变量之间的散点图形状。

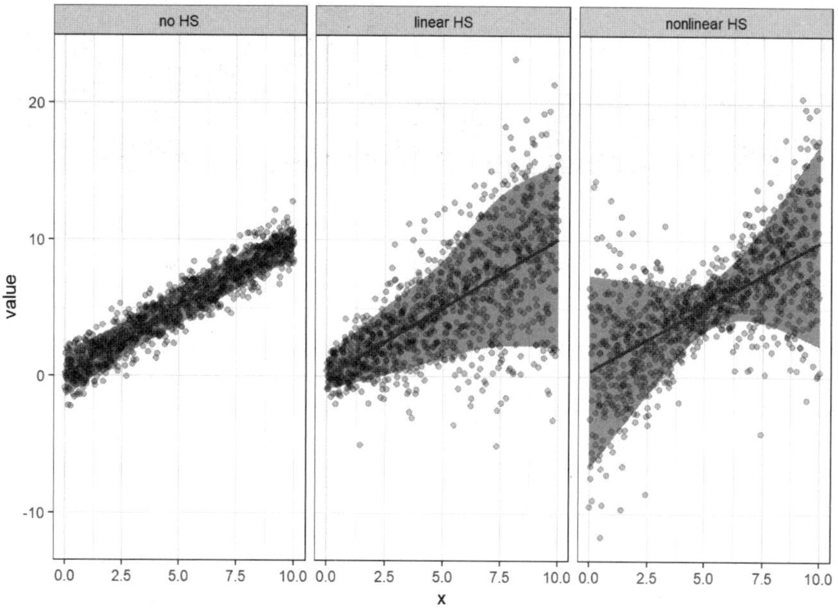

图9.1 回归模型中异方差的表现形式

在实际建模时，通常用回归模型的残差(resid)、残差的绝对值(abs(resid))或残差的平方(resid^2)为纵轴，以因变量 Y、因变量的预测值 $\hat{Y}$ 或某个自变量 X 为横轴，绘制相应的残差散点图以判断异方差是否存在以及其可能的表现形式。图9.2、图9.3和图9.4分别展示了三种残差图(横轴选用x)。

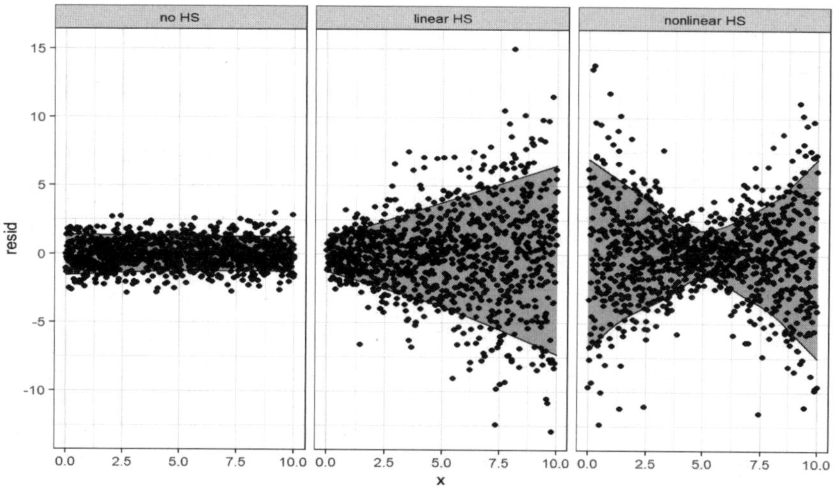

图9.2 残差图(残差原始水平)

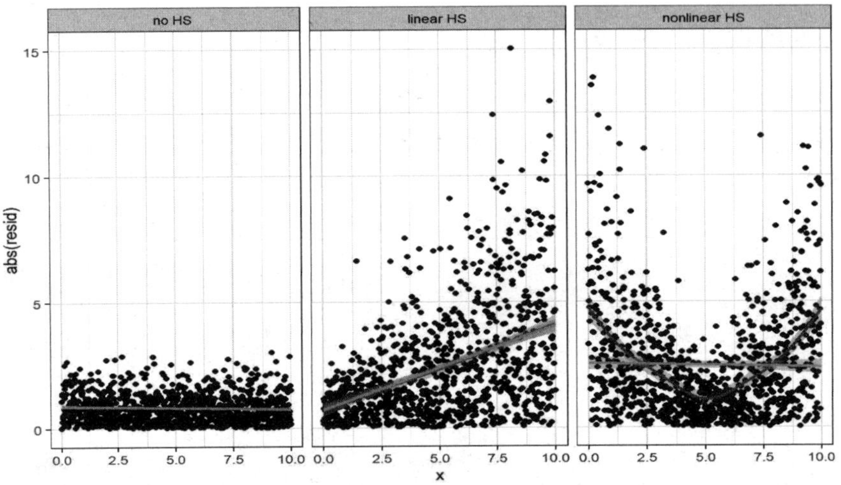

图9.3　残差图(残差的绝对值)

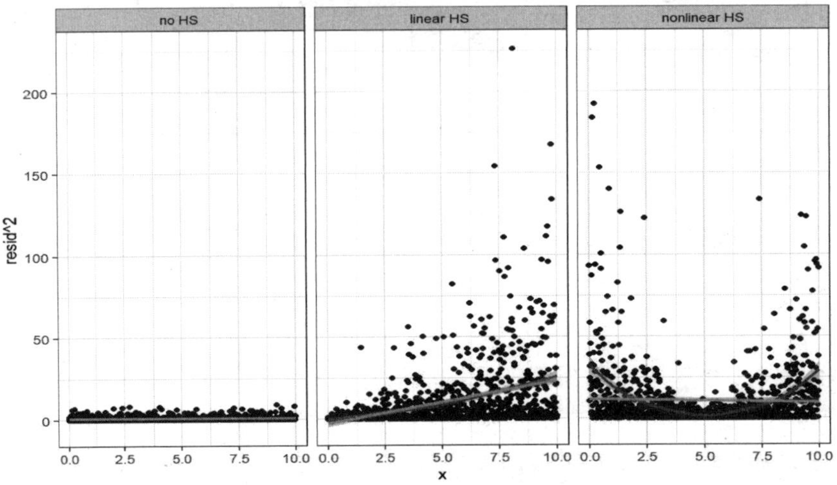

图9.4　残差图(残差的平方)

9.1.3　异方差产生的原因

异方差产生的原因有很多,常见的有如下几种。

(1)“错误中学习”原理。随着学习过程的推进,人们犯错误的频率会越来越低,此情形下误差的方差预期会随着时间的推移呈现减小的趋势。

(2)截面数据本身的特性。在横截面数据中,异方差较为常见,比如随着收入的增加,消费者有更多的可支配收入,因此在消费函数中消费支出的方差可能会随着收入的增加而变大。

(3)异常值的出现。在样本比较小时,异常值往往会导致异方差的后果,包含异常值与排除异常值会对回归结果产生很大的影响。

(4)错误的模型设定。当模型出现设定偏误比如错误的函数形式或者遗漏重要的解释变量时,也会导致因违背其他经典假定而出现异方差现象。

(5)其他原因。比如,数据搜集技术的改进会减小方差,模型中自变量的偏倚也会导致异方差，不正确的模型转换也可能产生异方差，等等。

9.1.4 异方差引起的后果

当模型中存在异方差时，回归系数的OLS估计结果以及基于该结果的回归(点)预测的无偏性和一致性不受影响。异方差引起的主要后果包括：

(1)回归系数的OLS估计量不再是BLUE(最优线性无偏估计量)，估计的有效性得不到满足，预测结果也不是有效的；

(2)异方差存在时回归模型的标准误$\hat{\sigma}$是有偏且不一致的，从而导致回归系数估计量的方差协方差矩阵也是有偏且非一致的，因而传统的t检验和F检验失效。

9.2 异方差存在时方差协方差的计算

9.2.1 同方差时回归系数的方差

如果同方差的假定满足，则回归系数估计量的方差协方差矩阵为

$$\mathbf{vcov}(\mathbf{b})=\hat{\sigma}^2(\mathbf{X}^{\mathrm{T}}\mathbf{X})^{-1}=\hat{\sigma}^2\begin{bmatrix}\mathrm{var}(b_1) & \mathrm{cov}(b_1,b_2) & \cdots & \mathrm{cov}(b_1,b_k)\\ \mathrm{cov}(b_2,b_1) & \mathrm{var}(b_2) & \cdots & \mathrm{cov}(b_2,b_k)\\ \vdots & \vdots & \ddots & \vdots\\ \mathrm{cov}(b_k,b_1) & \mathrm{cov}(b_k,b_2) & \cdots & \mathrm{var}(b_1)\end{bmatrix}$$

其中，主对角线上的元素是回归系数估计量的方差，非主对角线上的元素是相应估计量的协方差。$\hat{\sigma}^2$是干扰项方差σ^2的估计值，计算公式为

$$\hat{\sigma}^2=MSE=\frac{\sum_{i=1}^{n}\hat{u}_i^2}{n-k}$$

9.2.2 异方差时回归系数的方差

如果同方差的假定不能满足即存在(纯粹的)异方差而我们仍然采用普通最小二乘法时，回归系数估计量的方差协方差矩阵为

$$\mathbf{vcov}(\mathbf{b}_{OLS})=(\mathbf{X}^{\mathrm{T}}\mathbf{X})^{-1}\mathbf{X}^{\mathrm{T}}\boldsymbol{\Sigma}\mathbf{X}(\mathbf{X}^{\mathrm{T}}\mathbf{X})^{-1}=\sigma_0^2(\mathbf{X}^{\mathrm{T}}\mathbf{X})^{-1}\mathbf{X}^{\mathrm{T}}\boldsymbol{\Omega}\mathbf{X}(\mathbf{X}^{\mathrm{T}}\mathbf{X})^{-1}$$

显然，它与满足经典假定时的方差协方差矩阵$\sigma_0^2(\mathbf{X}^{\mathrm{T}}\mathbf{X})^{-1}$是不相等的。

9.3 异方差的诊断方法

异方差的诊断法有很多，比较常用的有非正式的残差图法和正式的假设检验的方法，下面分别加以介绍。

9.3.1 残差图

在计量建模实践中，残差$\hat{u}_i$作为随机干扰项u_i的估计，它的“模式”在一定程度上可以直观判断异方差是否存在。如9.1节所示，残差图一般以残差(或标准化残差或学生化残差或绝对值残差或残差平方)为纵轴，以某个自变量(或因变量的估计值)为横轴绘制散点图，如果残差

图呈现均匀的“带状”分布则表明无异方差,如果呈现各种“喇叭口”(或锥形或扇形)形状,则表明可能存在异方差(也有可能是模型设定偏误)。

9.3.2 哥德菲尔特—匡特检验

当模型中包含分类变量将数据分为两组(如group1和group2)时,可以用哥德菲尔特—匡特(Goldfeld-Quandt)检验对不同组的方差是否相等进行F检验。即便没有分类变量,该检验依然可以根据某个(可能引起异方差的)自变量对观测值进行升序排列,然后忽略掉中间的c个观测值,将剩下的$n-c$个观测值分为低方差组和高方差组,在同方差假定成立的前提下,两组样本的方差之比服从F分布。具体方法如下:

首先分别用OLS对低方差组样本和高方差组样本拟合回归方程并得到各自的残差平方和SSE_1和SSE_2,然后构造检验统计量

$$F=\frac{SSE_2/df_2}{SSE_1/df_1}=\frac{SSE_2}{SSE_1}\sim F\left(\frac{n-c}{2}-k,\frac{n-c}{2}-k\right)$$

其中,k是待估参数的个数。给定显著性水平α,就可以用临界值或p值进行决策。如果$p<\alpha$,则表明同方差假定不成立。

9.3.3 布罗舒—培根检验

布罗舒—培根(Breusch-Pagan)检验也被称为库克—韦斯伯格(Cook-Weisberg)检验,是一种基于方差方程和拉格朗日乘数的假设检验。

假设原始模型为

$$Y_i=\beta_1+\beta_2X_{2i}+\cdots+\beta_kX_{ki}+u_i$$

如果模型中存在异方差,那么干扰项的方差一定可以表示成原始自变量或其某种组合的线性函数即所谓的方差方程(我们称之为辅助回归方程):

$$\mathrm{var}(u_i)=\mathrm{var}(Y_i)=\sigma_i^2=E(\hat{u}_i^2)=\alpha_1+\alpha_2Z_{2i}+\alpha_3Z_{3i}+\cdots+\alpha_mZ_{mi}+v_i$$

其中v_i满足经典假定,而Z_i可以是原始自变量,也可以是原始自变量的组合。当且仅当$\alpha_2=\alpha_3=\cdots=\alpha_m=0$时,干扰项的方差为常数$\alpha_1$,因此该检验的原假设和备择假设分别为

$$\begin{cases}H_0:\alpha_2=\alpha_3=\cdots=\alpha_m=0\\H_1:\text{至少一个}\alpha_j\neq0(j=2,\cdots,m)\end{cases}$$

可以证明,在原假设成立的前提下,样本容量n乘以辅助回归方程的判决系数R^2_{aux}服从自由度为$m-1$的卡方分布,即

$$LM=n\cdot R^2_{aux}\sim\chi^2(m-1)$$

其中,m是辅助回归方程中待估参数的个数。给定显著性水平α,就可以根据临界值或p值进行检验决策。如果$p<\alpha$,则表明同方差假定不成立。

9.3.4 怀特检验及其简易途径

1. 怀特检验

怀特(White)检验是布罗舒—培根检验的一种特殊形式,它将后者方差方程中的Z_i设定为原始模型中所有自变量及其平方项和交乘项。

我们以两个自变量为例进行说明。假设原始模型为

$$Y_i = \beta_1 + \beta_2 X_{2i} + \beta_3 X_{3i} + u_i$$

用OLS拟合该方程并得出模型的残差平方$\hat{u}_i^2$,然后拟合辅助回归模型

$$\hat{u}_i^2 = \alpha_1 + \alpha_2 X_{2i} + \alpha_3 X_{3i} + \alpha_4 X_{2i}^2 + \alpha_5 X_{3i}^2 + \alpha_6 X_{2i} X_{3i} + v_i$$

在原假设成立且大样本的情况下,样本容量n乘以辅助回归方程的判决系数R_{aux}^2服从自由度为m的卡方分布,即

$$LM = n \cdot R_{aux}^2 \sim \chi^2(m)$$

其中,m是辅助回归中解释变量的个数(此例中$m=5$)。给定显著性水平α,就可以根据临界值或p值进行检验决策。如果$p < \alpha$,则表明同方差假定不成立。

实践表明,当辅助回归中不包含交乘项时,意味着纯粹的异方差;当辅助回归中包含交乘项时,通常意味着可能同时存在异方差和模型设定偏误。

2. 简易怀特检验

如果原始的回归模型有很多自变量,那么辅助回归模型将因为引入过多的平方项及交乘项而消耗很多的自由度。为弥补此缺陷,怀特用原始回归模型的因变量预测值及其平方替代辅助回归中的解释变量,我们称之为简易怀特检验。

简化后的辅助回归模型如下:

$$\hat{u}_i^2 = \alpha_1 + \alpha_2 \hat{Y}_i + \alpha_3 \hat{Y}_i^2 + v_i$$

其他步骤与怀特检验完全相同。

9.4 异方差的补救措施

9.4.1 变量转换

在横截面数据中,往往因为数据的量级跨度较大而容易产生异方差。因此,自然对数转换可以相对有效地统一数据的口径进而可以缓解乃至消除异方差。当数据中出现有0或负数时,不能直接取对数,此时可以用公式$\log\{X-[\min(X)-1]\}$进行变量转换。

9.4.2 广义最小二乘法

广义最小二乘法(Generalized Least Square,GLS)的基本思想是将原始模型进行适当的转换,如果转换后的模型满足经典假定,则可以用OLS对其进行估计进而产生BLUE估计量。

1. 原始模型的矩阵形式

原始的回归模型用矩阵形式表达为

$$\mathbf{Y} = \mathbf{X}\boldsymbol{\beta} + \mathbf{u}$$

2. 模型转换

首先,用三角矩阵$\boldsymbol{\psi}$对正定矩阵$\boldsymbol{\Omega}$的逆矩阵$\boldsymbol{\Omega}^{-1}$进行如下分解:

$$\boldsymbol{\Omega}^{-1} = \boldsymbol{\psi}\boldsymbol{\psi}^{\mathrm{T}}$$

然后,在原始模型的两端同时左乘$\boldsymbol{\psi}^{\mathrm{T}}$可得

$$\boldsymbol{\psi}^{\mathrm{T}}\mathbf{Y} = \boldsymbol{\psi}^{\mathrm{T}}\mathbf{X}\boldsymbol{\beta} + \boldsymbol{\psi}^{\mathrm{T}}\mathbf{u}$$

此时,干扰项的方差协方差矩阵为

$$\begin{aligned}\mathrm{vcov}(\boldsymbol{\psi}^{\mathrm{T}}\mathbf{u}) &= \boldsymbol{\psi}^{\mathrm{T}}\mathrm{var}(\mathbf{u})\boldsymbol{\psi} \\ &= \sigma^2\boldsymbol{\psi}^{\mathrm{T}}\boldsymbol{\Omega}\boldsymbol{\psi} \\ &= \sigma^2\boldsymbol{\psi}^{\mathrm{T}}(\boldsymbol{\Omega}^{-1})^{-1}\boldsymbol{\psi} \\ &= \sigma^2\boldsymbol{\psi}^{\mathrm{T}}(\boldsymbol{\psi}^{\mathrm{T}}\boldsymbol{\psi})^{-1}\boldsymbol{\psi} \\ &= \sigma^2\mathbf{I}\end{aligned}$$

可见,转换后的模型满足同方差的基本假定。

3. GLS估计量

令 $\mathbf{Y}^* = \boldsymbol{\psi}^{\mathrm{T}}\mathbf{Y}, \mathbf{X}^* = \boldsymbol{\psi}^{\mathrm{T}}\mathbf{X}, \mathbf{u}^* = \boldsymbol{\psi}^{\mathrm{T}}\mathbf{u}$,则转换后(满足经典假定)的模型可以表示为

$$\mathbf{Y}^* = \mathbf{X}^*\boldsymbol{\beta} + \mathbf{u}^*$$

用OLS可以得出该模型的估计结果

$$\mathbf{b}_{\mathrm{GLS}} = (\mathbf{X}^{*\mathrm{T}}\mathbf{X}^*)^{-1}\mathbf{X}^{*\mathrm{T}}\mathbf{Y}^* = (\mathbf{X}^{\mathrm{T}}\boldsymbol{\Omega}^{-1}\mathbf{X})^{-1}\mathbf{X}^{\mathrm{T}}\boldsymbol{\Omega}^{-1}\mathbf{Y}$$

其方差协方差矩阵为

$$\mathrm{vcov}(\mathbf{b}_{\mathrm{GLS}}) = \sigma^2(\mathbf{X}^{*\mathrm{T}}\mathbf{X}^*)^{-1} = \sigma^2(\mathbf{X}^{\mathrm{T}}\boldsymbol{\psi}\boldsymbol{\psi}^{\mathrm{T}}\mathbf{X})^{-1} = \sigma^2(\mathbf{X}^{\mathrm{T}}\boldsymbol{\Omega}^{-1}\mathbf{X})^{-1}$$

其中,σ^2的(无偏且一致的)估计值为

$$\begin{aligned}\hat{\sigma}^2 = \frac{\mathbf{u}^{*\mathrm{T}}\mathbf{u}^*}{n-k} &= \frac{(\mathbf{Y}^* - \mathbf{X}^*\mathbf{b}_{\mathrm{GLS}})^{\mathrm{T}}(\mathbf{Y}^* - \mathbf{X}^*\mathbf{b}_{\mathrm{GLS}})}{n-k} \\ &= \frac{(\mathbf{Y} - \mathbf{X}\mathbf{b}_{\mathrm{GLS}})^{\mathrm{T}}\boldsymbol{\Omega}^{-1}(\mathbf{Y} - \mathbf{X}\mathbf{b}_{\mathrm{GLS}})}{n-k}\end{aligned}$$

9.4.3 加权最小二乘法

加权最小二乘法(Weighted Least Square,WLS)是广义最小二乘法的特例,适用于模型中的误差项只存在异方差但无自相关的情形,即$\boldsymbol{\Omega}$是一个对角线元素不全相等的对角矩阵,形式如下:

$$\boldsymbol{\Omega} = \begin{bmatrix} \omega_1^2 & 0 & 0 & \cdots & 0 \\ 0 & \omega_2^2 & 0 & \cdots & 0 \\ \vdots & \vdots & \vdots & \ddots & \vdots \\ 0 & 0 & 0 & \cdots & \omega_n^2 \end{bmatrix}, \quad \boldsymbol{\Omega}^{-1} = \begin{bmatrix} 1/\omega_1^2 & 0 & 0 & \cdots & 0 \\ 0 & 1/\omega_2^2 & 0 & \cdots & 0 \\ \vdots & \vdots & \vdots & \ddots & \vdots \\ 0 & 0 & 0 & \cdots & 1/\omega_n^2 \end{bmatrix}$$

如果我们选择如下形式的$\boldsymbol{\psi}$,即

$$\boldsymbol{\psi} = \begin{bmatrix} 1/\omega_1 & 0 & 0 & \cdots & 0 \\ 0 & 1/\omega_2 & 0 & \cdots & 0 \\ \vdots & \vdots & \vdots & \ddots & \vdots \\ 0 & 0 & 0 & \cdots & 1/\omega_n \end{bmatrix}$$

那么转换模型$\boldsymbol{\psi}^{\mathrm{T}}\mathbf{Y} = \boldsymbol{\psi}^{\mathrm{T}}\mathbf{X}\boldsymbol{\beta} + \boldsymbol{\psi}^{\mathrm{T}}\mathbf{u}$变为

$$\frac{Y_i}{\omega_i} = \frac{\beta_1}{\omega_i} + \frac{\beta_2 X_{2i}}{\omega_i} + \cdots + \frac{\beta_k X_{ki}}{\omega_i} + \frac{u_i}{\omega_i}$$

换句话说,就是将原始模型的两端同时乘以$\frac{1}{\omega_i}$(我们称之为权重)后,转换后的模型满足同方差假定,就可以用OLS对其进行参数估计。需要注意的是,这是一个不带截距项的回归模型。

9.4.4 可行的广义最小二乘法

在实际建模时，$\mathbf{\Omega}$ 通常是未知的。即便是最简单的加权最小二乘的情形 $\mathbf{\Omega}=\mathrm{diag}(\omega_1^2,\omega_2^2,\cdots,\omega_n^2)$，也会有 $\beta_1,\beta_2,\cdots,\beta_k$ 以及 $\omega_1^2,\omega_2^2,\cdots,\omega_n^2$ 等 $n+k$ 个待估参数，估计出这么多参数几乎是不可能的。这种情况下，我们一般会假定 ω_i^2 与某个或某些自变量存在特定的相关关系，比如 $\omega_i^2=\alpha_0+\alpha_1 X_{mi}$ 此时只需要多估计两个而不是 n 个参数。像这种用 $\hat{\mathbf{\Omega}}$ 作为 $\mathbf{\Omega}$ 的估计，然后再用GLS的方法称为可行的广义最小二乘法（Feasible Generalized Least Square，FGLS）。因此，用FGLS法进行参数估计的结果为

$$\mathbf{b}_{\mathrm{FGLS}}=(\mathbf{X}^{\mathrm{T}}\hat{\mathbf{\Omega}}^{-1}\mathbf{X})^{-1}\mathbf{X}^{\mathrm{T}}\hat{\mathbf{\Omega}}^{-1}\mathbf{Y}$$

9.4.5 稳健标准误

当干扰项仅仅违背了同方差假定而无自相关时，既然模型回归系数的普通最小二乘估计量依然是无偏和一致的，仅仅是估计方差的编误导致其不再满足有效性，于是埃里克、怀特和哈伯等统计学家提出了一种对OLS估计标准误进行校正的方法，我们称之为稳健标准误（Robust Standard Error）。经过很多学者的不断研究，诞生了一系列稳健标准误的计算方法，也叫作异方差一致标准误（Heteroscedasticity Consisitent Estimator）。在R的sandwich包中，可以用vcovHC()函数中的type参数（取值为“HC3”，“const”，“HC0”，“HC1”，“HC2”，“HC4”等），除了const表示同方差外，其他参数都是通过不同的方法对 $\mathbf{\Omega}$ 进行估计。反复的模拟对比和研究实践表明，戴维森和麦金农提出的HC3计算方法效果相对较好，因此它也是该函数的默认参数值。下面给出各种稳健标准误的计算公式，细节可以参考Hayes(2007)的文献。

1. 怀特的HC0标准误

怀特建议用残差平方 $\hat{u}_i^2$ 作为对角矩阵的对角线元素，即

$$HC0=(\mathbf{X}^{\mathrm{T}}\mathbf{X})^{-1}\mathbf{X}^{\mathrm{T}}\,\mathrm{diag}(\hat{u}_i^2)\mathbf{X}(\mathbf{X}^{\mathrm{T}}\mathbf{X})^{-1}$$

该公式中间的 $\mathbf{X}^{\mathrm{T}}\,\mathrm{diag}(\hat{u}_i^2)\mathbf{X}$ 像一块“牛肉”，左右两侧的 $(\mathbf{X}^{\mathrm{T}}\mathbf{X})^{-1}$ 像两片“面包”，合起来正好组成了一个“三明治”，这也是R扩展包sandwich名称的由来。

2. 自由度调整的HC1标准误

HC1和HC0的唯一区别就是对残差平方进行了自由度调整，其计算公式为

$$HC1=\frac{n}{n-k}(\mathbf{X}^{\mathrm{T}}\mathbf{X})^{-1}\mathbf{X}^{\mathrm{T}}\,\mathrm{diag}(\hat{u}_i^2)\mathbf{X}(\mathbf{X}^{\mathrm{T}}\mathbf{X})^{-1}$$

其中，k 是包含截距项在内的待估参数个数，n 是样本容量。

3. 杠杆值调整的HC2标准误

HC2和HC0的唯一区别就是对残差平方进行了杠杆值调整，其计算公式为

$$HC2=(\mathbf{X}^{\mathrm{T}}\mathbf{X})^{-1}\mathbf{X}^{\mathrm{T}}\,\mathrm{diag}\left(\frac{\hat{u}_i^2}{1-h_{ii}}\right)\mathbf{X}(\mathbf{X}^{\mathrm{T}}\mathbf{X})^{-1}$$

其中，杠杆值 h_{ii} 是帽子矩阵 $\mathbf{H}=\mathbf{X}(\mathbf{X}^{\mathrm{T}}\mathbf{X})^{-1}\mathbf{X}^{\mathrm{T}}$ 的对角线元素。

4. 戴维森—麦金农的HC3标准误

HC3标准误在HC2的基础上，用 $(1-h_{ii})^2$ 替代了 $1-h_{ii}$，即

$$HC3=(\mathbf{X}^{\mathrm{T}}\mathbf{X})^{-1}\mathbf{X}^{\mathrm{T}}\,\mathrm{diag}\left(\frac{\hat{u}_i^2}{(1-h_{ii})^2}\right)\mathbf{X}(\mathbf{X}^{\mathrm{T}}\mathbf{X})^{-1}$$

5. 专门用于处理高杠杆值的HC4标准误

HC4标准误在HC3的基础上,用$(1-h_{ii})^{\delta_i}$替代了$(1-h_{ii})^2$,即

$$HC4=(\mathbf{X}^{\mathrm{T}}\mathbf{X})^{-1}\mathbf{X}^{\mathrm{T}}\,\mathrm{diag}\left(\frac{\hat{u}_i^2}{(1-h_{ii})^{\delta_i}}\right)\mathbf{X}(\mathbf{X}^{\mathrm{T}}\mathbf{X})^{-1}$$

其中,$\delta_i=\min\left\{4,\frac{nh_{ii}}{k}\right\}$表示对第$i$次观测值的“打折”力度,其最大值为4,意味着其最大的加权力度是HC3的两倍。实践证明,HC4更适用于高杠杆值和非正态误差的情形。

9.5 异方差诊断的R实现

9.5.1 数据集及扩展包

本章依然采用第8章中的员工工资数据集,首先将数据读入R,代码如下:

```
Salary <- read_csv("./dataset/Employee_Salary.csv", show_col_types=FALSE)
```

本章用到的R扩展包有:

```
library(dplyr)
library(broom)
library(ggplot2)
library(tidyr)
library(car)
library(readr)
library(sandwich)
library(lmtest)
library(skedastic)
library(cowplot)
library(stargazer)
```

9.5.2 散点图矩阵

根据先验信息,我们选择当前工资(salary)为因变量,起始工资(salbegin)、工作经验(prevexp)、现职工作时间(jobtime)和性别(gender)为自变量。用ggplot2绘制因变量与4个自变量的散点图。R代码如下,输出结果如图9.5所示。

```
p1 <- Salary %>% ggplot(aes(x = salbegin, y = salary)) +
  geom_point(alpha = 0.5) +
  labs(x = "Beginning Salary", y = "Current Salary")
p2 <- Salary %>% ggplot(aes(x = prevexp, y = salary)) +
  geom_point(alpha = 0.5) +
  labs(x = "Previous Experience", y = "Current Salary")
p3 <- Salary %>% ggplot(aes(x = jobtime, y = salary)) +
  geom_point(alpha = 0.5 )+
  labs(x = "Job Time", y = "Current Salary")
p4 <- Salary %>% ggplot(aes(x = gender, y = salary)) +
  geom_point(alpha = 0.2) +
  labs(x = "Gender", y = "Current Salary")
plot_grid(p1, p2, p3, p4, labels = "AUTO", label_size = 8, hjust = -5.5)
```

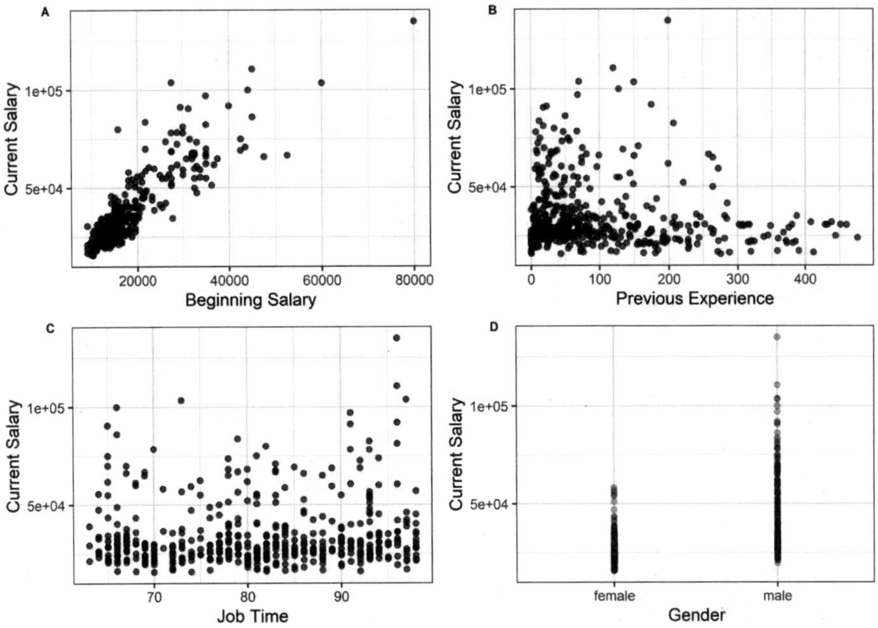

图9.5 因变量与4个自变量的散点图

从图9.5的A幅、B幅和D幅可以看出，随着自变量的变化因变量呈现出明显的“喇叭口”的形状，提示我们可能存在异方差。

9.5.3 模型拟合与残差图

1. 用OLS拟合回归模型

用lm()函数拟合OLS回归模型model_OLS，R代码及输出结果如下：

```
model_OLS <- Salary %>%
  lm(salary ~ salbegin + prevexp + jobtime + gender, data = .) %>%
  car::S()
## Call: lm(formula = salary ~ salbegin + prevexp + jobtime + gender, data = .)
##
## Coefficients:
##               Estimate  Std. Error  t value   Pr(>|t|)
## (Intercept) -9.432e+03  2.937e+03   -3.211   0.001412 **
## salbegin     1.850e+00  4.937e-02   37.475    < 2e-16 ***
## prevexp     -2.436e+01  3.346e+00   -7.281   1.41e-12 ***
## jobtime      1.632e+02  3.442e+01    4.742   2.82e-06 ***
## gendermale   2.694e+03  7.911e+02    3.406   0.000716 ***
## ---
## Signif. codes:  0 ‘***’ 0.001 ‘**’ 0.01 ‘*’ 0.05 ‘.’ 0.1 ‘ ’ 1
##
## Residual standard deviation: 7502 on 469 degrees of freedom
## Multiple R-squared: 0.8086
## F-statistic: 495.4 on 4 and 469 DF,  p-value: < 2.2e-16
```

```
##      AIC      BIC
##  9811.07  9836.03
```

2. 绘制残差图

首先用broom包中的augment()函数生成一个包含因变量拟合值(.fitted)、残差(.resid)以及标准化残差(.std.resid)等新变量的数据框。R代码如下:

```
df_aug_OLS <- model_OLS %>% augment()
```

然后用ggplot2绘制以标准化残差(.std.resid)为纵轴、分别以起始工资(salbegin)和拟合值(.fitted)为横轴的残差图。R代码如下,输出结果如图9.6所示。

```
# 绘制残差-自变量散点图
resid_plot_1 <- df_aug_OLS %>%
  ggplot(aes(x = salbegin, y = .std.resid)) +
  geom_point(alpha = 0.5) +
  labs(x = "Beginning Salary",
       y = "Standardized Residual")
# 绘制残差-因变量拟合值散点图
resid_plot_2 <- df_aug_OLS %>%
  ggplot(aes(x = .fitted, y = .std.resid)) +
  geom_point(alpha = 0.5) +
  labs(x = "Fitted Dependent Variable",
       y = "Standardized Residual")
# 用cowplot包中的plot_grid()函数将两幅残差图拼放在一起
plot_grid(resid_plot_1, resid_plot_2,
  ncol = 2,
  labels = "AUTO",
  label_size = 10,
  hjust = -2.5)
```

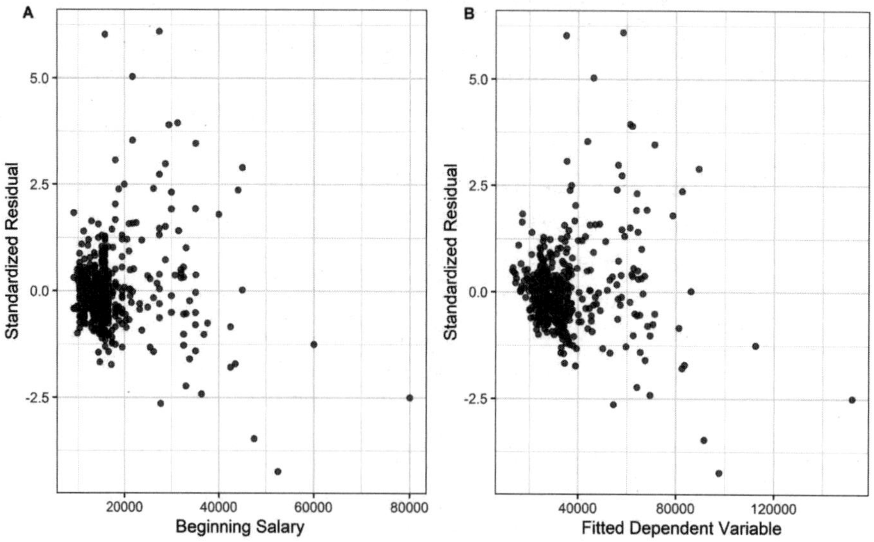

图9.6　OLS模型的标准化残差图

图9.6的A幅和B幅均呈现出明显的“喇叭口”形状，进一步验证了9.5.2节中的判断，即模型很可能存在异方差。

9.5.4 戈德菲尔德—匡特检验

1. 方法一：手动编写代码

根据9.3.2节介绍的原理，手动编写代码实现戈德菲尔德—匡特检验。R代码及输出结果如下：

```
# 设定显著性水平
alpha <- 0.05
# 根据因变量的中位数将数据分成低方差组和高方差组
df_lower <- Salary %>%
  filter(salary < median(salary))
df_higher <- Salary %>%
  filter(salary >= median(salary))
# 分别拟合两组的回归方程
model_lower <- lm(salary ~ salbegin + prevexp + jobtime + gender,
                  data = df_lower)
model_higher <- lm(salary ~ salbegin + prevexp + jobtime + gender,
                   data = df_higher)
# 浏览模型结果并生成数据框
model_lower_df <- glance(model_lower)
model_higher_df <- glance(model_higher)
# 提取两个模型的残差自由度
dof_lower <- model_lower_df$df.residual
dof_higher <- model_higher_df$df.residual
# 提取两个模型的估计方差
sigma_2_lower <- model_lower_df$sigma^2
sigma_2_higher <- model_higher_df$sigma^2
# 计算F检验统计量
F_stat <- sigma_2_higher / sigma_2_lower   # 较大的方差放在分子上
# 计算F分布的临界值
F_critical <- qf(1 - alpha, dof_higher, dof_lower)
# 计算F检验的p值
p_value <- 1 - pf(F_stat, dof_higher, dof_lower)
# 输出结果
tibble(Statistic = c("F statistic", "Critical Value", "P Value", "Alpha"),
       Value = c(F_stat, F_critical, p_value, alpha))
```

A tibble: 4 × 2

Statistic <chr>	Value <dbl>
F statistic	16.511831
Critical Value	1.241628
P Value	0.000000
Alpha	0.050000

2. 方法二:用扩展包lmtest中的gqtest()函数

扩展包lmtest中的gqtest()函数可以快速实现戈德菲尔德—匡特检验。R代码及输出结果如下:

```
lmtest::gqtest(model_OLS,
               order.by = Salary$salbegin,
               fraction = 0.25,
               point = 0.5,
               alternative = "greater")
```

```
##  Goldfeld-Quandt test
##
##  data:  model_OLS
##  GQ = 9.4555, df1 = 173, df2 = 172, p-value < 2.2e-16
##  alternative hypothesis: variance increases from segment 1 to 2
```

3. 方法三:用扩展包skedastic中的goldfeld_quandt()函数

用扩展包skedastic中的goldfeld_quandt()函数也可以快速实现戈德菲尔德—匡特检验,而且其输出结果为整洁的tibble格式。R代码及输出结果如下:

```
skedastic::goldfeld_quandt(model_OLS,
                           deflator = "salbegin",
                           prop_central = 0.25,
                           group1prop = 0.5,
                           alternative = "greater")
```

A tibble: 1 × 5

statistic <dbl>	p.value <dbl>	parameter <int>	method <chr>	alternative <chr>
9.509725	3.357795e-42	173	Goldfeld-Quandt F Test	greater

以上三种方法的计算结果略有差异,这与该检验对中间略去观测值数量的选择有关。不管怎样,三种方法的p值都远远小于0.05,表明该模型中的异方差是存在的。

9.5.5 布罗舒—培根检验

1. 方法一:手动编写代码

根据9.3.3节介绍的原理,手动编写代码实现布罗舒—培根检验。R代码及输出结果如下:

```
# 设定显著性水平
alpha <- 0.05
# 拟合原始模型
```

```
model_OLS <- Salary %>%
  lm(salary ~ salbegin + prevexp + jobtime + gender, data = .)
# 提取原始模型的残差平方
resid_square <- resid(model_OLS)^2
# 拟合辅助回归模型
model_bp <- lm(resid_square ~ salbegin + prevexp + jobtime + gender,
               data = Salary)
# 布罗舒-培根检验
n <- nobs(model_bp)  # 样本容量
df_model_bp <- glance(model_bp)  # 模型拟合综述
m <- df_model_bp$df  # 辅助回归模型中的自变量数
R_square <- df_model_bp$r.squared  # 辅助回归的判决系数
chisq_stat <- n * R_square  # 计算卡方统计量
chisq_critical <- qchisq(1 - alpha, m)  # 计算临界值
p_value <- pchisq(chisq_stat, df = m, lower.tail = F)  # 计算p值
# 输出结果
tibble(Statistic = c("Chi Square Statistic", "Critical Value", "P Value", "Alpha"),
       Value = c(chisq_stat, chisq_critical, p_value, alpha))
```

A tibble: 4 × 2

Statistic <chr>	Value <dbl>
Chi Square Statistic	5.524977e+01
Critical Value	9.487729e+00
P Value	2.880110e-11
Alpha	5.000000e-02

4 rows

2. 方法二:用扩展包lmtest中的bptest()函数

扩展包lmtest中的bptest()函数可以快速实现布罗舒—培根检验。R代码及输出结果如下:

```
lmtest::bptest(model_OLS)
##
##  studentized Breusch-Pagan test
##
##  data:  model_OLS
##  BP = 55, df = 4, p-value = 0.00000000003
```

3. 方法三:用扩展包skedastic中的breusch_pagan ()函数

扩展包skedastic中的breusch_pagan ()函数也可以快速实现布罗舒—培根检验,而且其输出结果为整洁的tibble格式。R代码及输出结果如下:

```
skedastic::breusch_pagan(model_OLS)
```

A tibble: 1 × 5

statistic <dbl>	p.value <dbl>	parameter <dbl>	method <chr>	alternative <chr>
55.25	0.0000000000288	4	Koenker (studentised)	greater

以上三种检验方法的p值均远远小于0.05,表明模型中可能存在异方差。

9.5.6 怀特检验

1. 方法一:手动编写代码

根据9.3.4节介绍的原理,手动编写代码实现怀特异方差检验。简化起见,下面拟合包含2个自变量的原始模型,R代码及输出结果如下:

```
model_OLS_2 <- Salary %>%
  lm(salary ~ salbegin + prevexp, data = .)
# 设定显著性水平
alpha <- 0.05
# 提取残差并计算其平方值
resid_square_2 <- resid(model_OLS_2)^2
# 拟合辅助回归模型
model_white <- lm(resid_square_2 ~ salbegin + prevexp
                                  + I(salbegin^2) + I(prevexp^2)
                                  + salbegin * prevexp,
                  data = Salary)
# White检验
R_square <- glance(model_white)$r.squared
n <- nobs(model_white)
m <- glance(model_white)$df
# 计算检验统计量
LM_stat <- n * R_square   # 计算LM卡方统计量
LM_critical <- qchisq(1 - alpha, m)   # 计算临界值
p_value <- 1 - pchisq(LM_stat, m)   # 计算p值
# 输出结果
tibble(Statistic = c("Chi Square Statistic", "Critical Value", "P Value", "Alpha"),
       Value = c(LM_stat, LM_critical, p_value, alpha))
```

A tibble: 4 × 2

Statistic <chr>	Value <dbl>
Chi Square Statistic	58.25838690416064
Critical Value	11.07049769351635
P Value	0.00000000002782
Alpha	0.05000000000000

2. 方法二:用扩展包lmtest中的bptest()函数

怀特检验本质上是布罗舒—培根检验的特例,因此在lmtest包中,怀特检验同样用bptest()函数实现,只需要显性指定方差方程即可。R代码及输出结果如下:

```
lmtest::bptest(model_OLS_2,
               ~ I(salbegin^2) + I(prevexp^2) + salbegin * prevexp,
               data = Salary)
```

```
##
##  studentized Breusch-Pagan test
##
```

```
## data: model_OLS_2
## BP = 58, df = 5, p-value = 0.00000000003
```

需要说明的是,代码中salbegin * prevexp的写法包含了所有变量的一次项。

3. 方法三:用扩展包skedastic中的white()函数

扩展包skedastic中的white()函数也可以快速实现怀特检验,而且其输出结果为整洁的tibble格式。R代码及输出结果如下:

```
skedastic::white(model_OLS_2, interactions = TRUE)
```

A tibble: 1 × 5

statistic <dbl>	p.value <dbl>	parameter <dbl>	method <chr>	alternative <chr>
58.26	0.00000000002782	5	White's Test	greater

需要说明的是,参数interactions=TRUE设定辅助回归模型中包含交乘项。三种方法检验的p值均远远小于0.05,结果表明模型中可能存在异方差。

9.5.7 简易怀特检验

根据9.3.4节介绍的原理,手动编写代码实现简易的怀特异方差检验。R代码及输出结果如下:

```
augment(model_OLS_2) %>%
  lm(I(.resid^2) ~ .fitted + I(.fitted^2), data = .) -> model_white_simple
n <- nobs(model_OLS_2)
R_square <- glance(model_white_simple)$r.squared
m <- glance(model_white_simple)$df
LM_white_simple <- n * R_square   # 计算检验统计量
LM_white_critical <- qchisq(1 - alpha, m)   # 计算临界值
p_value <- 1 - pchisq(LM_stat, m)   # 计算p值
# 输出结果
tibble(Statistic = c("Chi Square Statistic", "Critical Value", "P Value", "Alpha"),
       Value = c(LM_white_simple, LM_white_critical, p_value, alpha))
```

A tibble: 4 × 2

Statistic <chr>	Value <dbl>
Chi Square Statistic	56.8149434903688046
Critical Value	5.9914645471079799
P Value	0.0000000000002235
Alpha	0.0500000000000000

输出结果表明,用怀特简易方法所做的异方差检验对自由度的消耗很小,但是检验结果与怀特检验非常接近。

9.6 异方差补救的R实现

9.6.1 对数转换

1. 拟合对数转换后的模型

对模型中的变量进行自然对数转换,并用OLS拟合回归模型。R代码及输出结果如下:

```
fit_log_OLS <- Salary %>%
  filter(prevexp > 0 & jobtime > 0) %>%
  mutate(LnSalary = log(salary),
         LnSalbegin = log(salbegin),
         LnJobtime = log(jobtime),
         LnPrevexp = log(prevexp)) %>%
  lm(LnSalary ~ LnSalbegin + LnSalbegin + LnJobtime + LnPrevexp, data = .)
```

A tibble: 4 × 5

term <chr>	estimate <dbl>	std.error <dbl>	statistic <dbl>	p.value <dbl>
(Intercept)	-1.03145	0.355744	-2.899	3.923e-03
LnSalbegin	1.02266	0.022429	45.596	5.210e-170
LnJobtime	0.39298	0.062400	6.298	7.248e-10
LnPrevexp	-0.05638	0.006306	-8.942	1.026e-17

2. 绘制残差图

用broom包的augment()函数生成增广数据框,并用ggplot2绘制标准化残差图。R代码如下,输出结果如图9.7所示。

```
df_fit_log <- augment(fit_log_OLS)   # 生成增广数据框
ggplot(df_fit_log, aes(x = .fitted, y = .std.resid)) +
  geom_point() +
  geom_hline(yintercept = 2, color = "blue", lty = 2) +
  geom_hline(yintercept = -2, color = "blue", lty = 2)
```

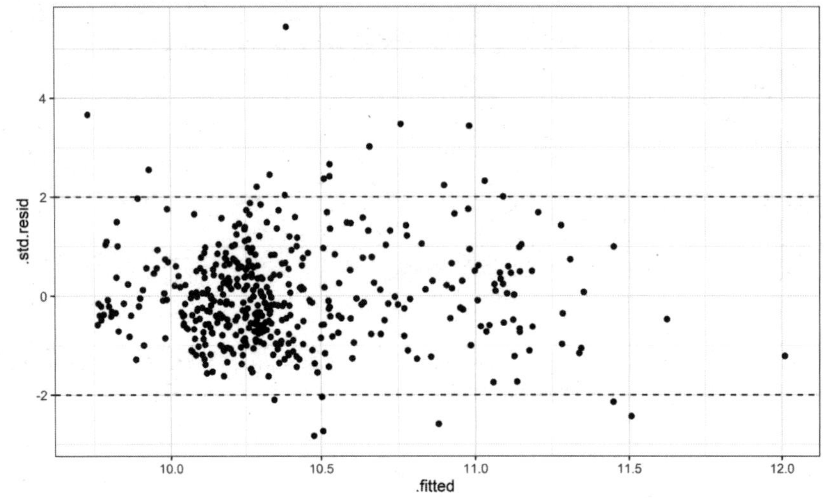

图9.7 对数转换模型的残差图

从图9.7可以看出，除了异常值外，标准化残差在正负2个标准差的“带状”区域内均匀分布。表明经过对数转换后，模型不存在明显的异方差。

3. Breusch-Pagan检验

用lmtest包中的bptest()函数对该模型进行布罗舒－培根检验。R代码及输出结果如下：

```
bptest(fit_log_OLS)
##   studentized Breusch-Pagan test
##
##  data:  fit_log_OLS
##  BP = 6.2, df = 3, p-value = 0.1
```

布罗舒—培根检验的p值为0.1，大于0.05，不拒绝原假设。结果也印证了残差图分析得出的结论，即对数转换后的模型不存在异方差。

9.6.2 普通最小二乘法拟合

其他异方差补救方法都是基于原始的回归模型，因此，我们先用OLS拟合回归模型。R代码及输出结果如下：

```
fit_OLS <- lm(salary ~ salbegin + jobtime + prevexp,
              data = Salary)
tidy(fit_OLS)
```

A tibble: 4 × 5

term <chr>	estimate <dbl>	std.error <dbl>	statistic <dbl>	p.value <dbl>
(Intercept)	-10266.629	2959.83823	-3.469	5.712e-04
salbegin	1.927	0.04437	43.435	1.171e-166
jobtime	173.203	34.67706	4.995	8.320e-07
prevexp	-22.509	3.33860	-6.742	4.589e-11

由于模型中存在异方差，因此虽然回归系数的估计满足无偏性和一致性，但是不再满足有效性。

9.6.3 稳健标准误估计

用sandwich包中的vcovHC()函数对回归系数的方差协方差矩阵进行稳健估计，本例采用9.4节中的White稳健标准误计算公式。R代码及输出结果如下：

```
vcov_White <- vcovHC(fit_OLS, type = "HC0")
fit_HC0 <- coeftest(fit_OLS, vcov = vcov_White)
knitr::kable(tidy(fit_HC0))
```

term	estimate	std.error	statistic	p.value
(Intercept)	-10266.628728	3506.775485	-2.927655	0.0035810
salbegin	1.927324	0.088227	21.845049	0.0000000
jobtime	173.203203	35.769844	4.842157	0.0000017
prevexp	-22.509427	2.865502	-7.855317	0.0000000

可以看出，回归系数的估计值与OLS估计的结果一致，但是估计的标准误因考虑了异方差而发生了明显变化。读者可以自己尝试将vcovHC()函数中的type参数设置为“HC3”并将结果进行对比。

除了sandwich扩展包外，还可以用car包中的hccm()函数或skadestic包中的hccme()函数计算稳健标准误。

9.6.4 广义最小二乘法

1. 方差方程已知时的WLS

如果回归模型中的方差方程有明确的函数形式如 $\mathrm{var}(u_i)=\sigma_i^2=\sigma_0^2X_i$ 或者 $\mathrm{var}(u_i)=\sigma_i^2=\sigma_0^2X_i^2$ 等,则可以用 $\omega_i^2=1/X_i$ 或 $\omega_i^2=1/X_i^2$ 对原始模型进行加权回归,即在模型两端同时除以 $\sqrt{X_i}$ 或 X_i。在本例中,根据图9.6所示的异方差模式,我们可以"猜测"方差方程应该接近于线性,即 $\mathrm{var}(u_i)=\sigma_i^2=\sigma_0^2 salbegin_i$,所以在进行GLS估计时,应该在模型两端同时除以 $\sqrt{salbegin_i}$。在R中,通过在lm()函数中设置weights参数实现,代码及输出结果如下:

```
fit_WLS <- lm(salary ~ salbegin + jobtime + prevexp,
              weights = 1 / salbegin, data = Salary)
tidy(fit_WLS)
```

A tibble: 4 × 5

term <chr>	estimate <dbl>	std.error <dbl>	statistic <dbl>	p.value <dbl>
(Intercept)	-11070.498779	2554.08777809	-4.334424	1.788765e-05
salbegin	2.036419	0.05280869	38.562188	1.101418e-147
jobtime	153.872053	29.12679292	5.282835	1.949572e-07
prevexp	-17.132399	2.71252169	-6.316041	6.226744e-10

为了重新检视GLS模型是否存在异方差,我们可以绘制其残差图。需要说明的是,不能直接用该模型的残差和拟合值,而应该用加权后的对应值。R代码如下,输出结果如图9.8所示。

```
augment(fit_WLS) %>%
  ggplot(aes(x = .fitted / sqrt(salbegin),
             y = .std.resid / sqrt(salbegin))) +
  geom_point()
```

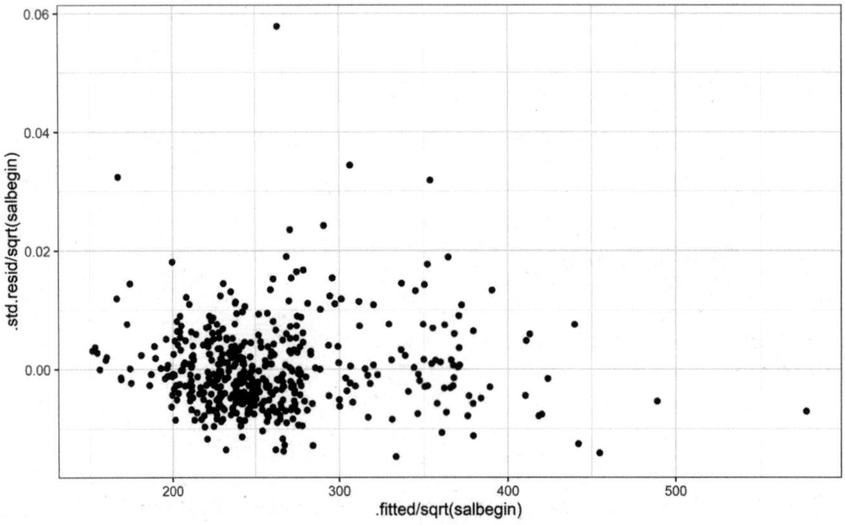

图9.8 加权最小二乘模型的残差图

从图9.8可以看出,经过加权后的模型似乎依然存在异方差。这说明我们对方差方程的"猜测"不够准确,读者可以尝试将lm()中的weights设置为salbegin的平方并进行对比。

2. 方差方程未知时的FGLS

大多数情况下，方差方程是未知的，我们可以根据9.4.4节中的原理应用FGLS方法对异方差进行补救。假设方差方程的形式为$\mathrm{var}(u_i)=\sigma_i^2=\sigma_0^2 X_i^m$，我们可以拟合对数残差平方方程对方差$\sigma_i^2$进行估计。

$$\log(\hat{u}_i^2)=\alpha_1+\alpha_2 Z_{2i}+\cdots+\alpha_p Z_{pi}+v_i$$

其中，$\hat{u}_i^2$是原始OLS模型的残差平方，Z_{pi}是原始自变量X_{pi}的对数形式。R代码及输出结果如下：

```
# 拟合对数残差平方方程
fit_resid_aquare <- augment(fit_OLS) %>%
  filter(jobtime > 0 & prevexp > 0) %>%
  mutate(resid_2_log = log(.resid^2)) %>%
  lm(resid_2_log ~ log(salbegin) + log(jobtime) + log(prevexp), data = .)
# 计算方差估计值
sigma_hat_square <- exp(augment(fit_resid_aquare)$.fitted)
# 拟合FGLS
Salary %>%
  filter(jobtime > 0 & prevexp > 0) %>%
  lm(salary ~ salbegin + jobtime + prevexp,
     weights = 1 / sigma_hat_square,
     data = .) -> fit_FGLS
tidy(fit_FGLS)
```

A tibble: 4 × 5

term <chr>	estimate <dbl>	std.error <dbl>	statistic <dbl>	p.value <dbl>
(Intercept)	-10017.617303	2316.95536858	-4.323613	1.894984e-05
salbegin	2.061501	0.06784691	30.384594	1.071607e-110
jobtime	134.610107	25.34596004	5.310910	1.724820e-07
prevexp	-14.655109	2.28834682	-6.404234	3.839288e-10

9.6.5 四种模型结果对比

用stargazer包中的stargazer()函数将OLS模型、White稳健标准误模型、WLS模型和FGLS模型放在一起进行对比。R代码及输出结果如下：

```
stargazer(fit_OLS, fit_HC0, fit_WLS, fit_FGLS,
  header = FALSE,
  type = "text",
  keep.stat = c("n", "rsq"),
  omit.table.layout = "n",
  star.cutoffs = NA,
  digits = 4,
  intercept.bottom = FALSE,
  column.labels = c("OLS", "HC0", "WLS", "FGLS"),
  dep.var.labels.include = FALSE,
  model.numbers = FALSE,
  dep.var.caption = "因变量:salary",
  model.names = FALSE,
  star.char = NULL)
```

	因变量:salary			
	OLS	HC0	WLS	FGLS
Constant	-10,266.6300 (2,959.8380)	-10,266.6300 (3,506.7760)	-11,070.5000 (2,554.0880)	-10,017.6200 (2,316.9550)
salbegin	1.9273 (0.0444)	1.9273 (0.0882)	2.0364 (0.0528)	2.0615 (0.0678)
jobtime	173.2032 (34.6771)	173.2032 (35.7698)	153.8721 (29.1268)	134.6101 (25.3460)
prevexp	-22.5094 (3.3386)	-22.5094 (2.8655)	-17.1324 (2.7125)	-14.6551 (2.2883)
Observations	474		474	450
R2	0.8039		0.7646	0.6875

9.6.6 补救方法的选择

上面介绍了多种补救异方差的方法,在计量经济建模实践中,究竟应该用什么方法呢?这里给出一些编者的建议,仅供参考。

1. 是否需要补救异方差

通常的OLS估计在大多数情况下会给出令人满意且可靠的结果,因此只有在非常严重的情况下才有必要关注异方差性并对其进行补救。

2. 优先考虑模型变换

如果通过对因变量Y进行对数变换或平方根变换能消除异方差,则用OLS拟合转换后的模型是补救异方差的第一选择。

3. 在稳健标准误和GLS之间进行选择

无论模型是否存在异方差,用异方差一致即HC方法得出的方差估计量是非常稳健的,唯一需要注意的是稳健标准误的渐近适用性。也就是说,即便我们不确定模型中是否存在异方差,在大样本情况下,用稳健标准误对区间估计、t检验以及F检验总是有效的。此外,当模型中同时存在自相关时,就要采用可以同时补救异方差和自相关的稳健估计。

如果我们明确知道误差项的方差协方差矩阵的基本形式,用WLS乃至FGLS会得出更有效的参数估计量,相反,如果我们设定的异方差形式是错误的或者模型存在设定偏误时,用广义最小二乘法估计的标准误与OLS一样,虽然无偏但不是最优的。

所以二者有各自的优势和不足,在实践中可以将二者结合起来应用。首先尝试用WLS补救异方差,然后检验WLS残差的异方差性,如果检验结果为同方差则WLS可以有效改善模型的预测准确度,如果异方差依然存在,则在WLS模型中使用稳健标准误,这样可以有效避免错误的方差协方差形式设定。

9.6.7 异方差补救措施的蒙特卡罗模拟

为了说明异方差对模型标准误估计的影响以及OLS、GLS和FGLS估计的有效性,我们通过蒙特卡罗模拟进行对比。模拟方程如下:

$$Y_i^{(m)}=\beta_0+\beta_1 X_{1i}^{(m)}+\beta_2 X_{2i}^{(m)}+\varepsilon_i^{(m)}$$

其中,$\varepsilon_i^{(m)} \sim N(0, i^2 \cdot \sigma^2), i=1,2,\cdots,N, m=1,2,\cdots,MC$。

R代码及输出结果如下：

```
# 设定模拟次数
set.seed(1234)
# 设定模型的参数值
MC <- 1000
N <- 100
beta_vec <- c(8, 3.5, -1)
# 每个样本的参数估计
beta_fit_ols  <- NULL   # OLS拟合的回归系数
beta_pval_ols <- NULL   # OLS拟合的回归系数的p值
beta_pval_hce <- NULL   # HCE估计的p值
beta_fit_wls  <- NULL   # WLS拟合的回归系数
beta_pval_wls <- NULL   # WLS拟合的回归系数的p值
beta_fit_gls  <- NULL   # GLS拟合的回归系数
beta_pval_gls <- NULL   # GLS拟合的回归系数的p值
# 模拟样本数据
for(i in 1:MC){
  x1 <- seq(from = 0, to = 5, length.out = N)
  x2 <- sample(seq(from = 3, to = 17, length.out = 80),
              size = N, replace = TRUE)
  epsilon  <- rnorm(mean = 0, sd = 1:N, n = N)
  y  <- cbind(1, x1, x2) %*% beta_vec + epsilon
  df_sim <- tibble(y, x1, x2)
  # OLS估计
  fit_ols <- lm(y ~ x1 + x2, data = df_sim)
  # HCE 稳健标准误估计
  fit_hce <- lmtest::coeftest(fit_ols, vcov. = vcovHC(fit_ols, type = "HC0"))
  # WLS估计
  resid_data <- tibble(log_e2 = log(fit_ols$residuals^2), x1, x2)
  h_est <- exp(lm(log_e2 ~ x1 + x2, data = resid_data)$fitted.values)
  fit_wls <- lm(y ~ x1 + x2, data = df_sim, weights = 1 / h_est)
  # GLS估计 (方差协方差矩阵已知)
  fit_gls <- lm(y ~ x1 + x2, data = df_sim, weights = 1 / (1:N)^2)
  # 保存估计的回归系数
  beta_fit_ols  <- rbind(beta_fit_ols, coef(summary(fit_ols))[, 1])
  beta_fit_wls  <- rbind(beta_fit_wls, coef(summary(fit_wls))[, 1])
  beta_fit_gls  <- rbind(beta_fit_gls, coef(summary(fit_gls))[, 1])
  # 保存p值
  beta_pval_ols <- rbind(beta_pval_ols, coef(summary(fit_ols))[, 4])
  beta_pval_hce <- rbind(beta_pval_hce, fit_hce[, 4])
  beta_pval_wls <- rbind(beta_pval_wls, coef(summary(fit_wls))[, 4])
  beta_pval_gls <- rbind(beta_pval_gls, coef(summary(fit_gls))[, 4])
}
```

```
# 计算回归系数显著的样本比例
alpha <- 0.05
a1 <- colSums(beta_pval_ols < alpha) / MC
a2 <- colSums(beta_pval_hce < alpha) / MC
a3 <- colSums(beta_pval_wls < alpha) / MC
a4 <- colSums(beta_pval_gls < alpha) / MC
# 生成 tibble格式的输出结果
df_outcome <- t(data.frame(a1, a2, a3, a4))
tibble(Model = c("OLS: H0 rejection rate",
                 "HCE: H0 rejection rate",
                 "WLS: H0 rejection rate",
                 "GLS: H0 rejection rate"),
       Intercept = df_outcome[,1],
       X1 = df_outcome[,2],
       X2 = df_outcome[,3])
```

A tibble: 4 × 4

Model <chr>	Intercept <dbl>	X1 <dbl>	X2 <dbl>
OLS: H0 rejection rate	0.056	0.176	0.099
HCE: H0 rejection rate	0.102	0.146	0.111
WLS: H0 rejection rate	0.126	0.233	0.271
GLS: H0 rejection rate	0.740	0.361	0.890

结果显示了普通最小二乘估计OLS、White异方差一致估计HCE、加权最小二乘WLS和广义最小二乘GLS四种方法回归系数显著性(拒绝原假设)比例的蒙特卡罗模拟结果。我们以X_2的系数估计为例加以解释,用OLS估计的模拟样本中,β_2显著的比例只有9.9%,足以说明异方差是非常严重的。用White稳健标准误HCE时显著的比例并没有明显的改善,甚至远低于WLS模拟的结果,某种程度上是因为其对方差协方差矩阵的设定不如WLS的设定更优。本例中,模拟效果最好的是GLS,显著的比例接近90%,这一点也不意外,因为我们明确知道(在数据模拟时已设定好)误差项的方差协方差矩阵形式。

下面,我们将OLS、WLS和GLS对截距项β_0、变量X_1的系数β_1以及变量X_2的系数β_2蒙特卡罗模拟估计结果以直方图的形式绘制在一起,可以直观地对比其拟合的效果。R代码如下:

```
# 绘制模拟回归系数的直方图
layout(matrix(c(1, 2, 3, 3), nrow = 2, byrow = TRUE))
for(j in ncol(beta_fit_ols):1){
  p1 <- hist(beta_fit_ols[, j], plot = FALSE, breaks = 25)
  p2 <- hist(beta_fit_wls[, j], plot = FALSE, breaks = 25)
  p3 <- hist(beta_fit_gls[, j], plot = FALSE, breaks = 25)
# 设置图形颜色
  plot(p1, col = "grey40",
       main = colnames(beta_fit_ols)[j],
       ylim = c(0, max(p1$counts, p2$counts, p3$counts)))
  plot(p2, col = "grey70", add = T)
  plot(p3, col = "grey90", add = T)
```

```
  abline(v = beta_vec[j], lwd = 3, lty = 2, col = "red")
  # 添加图例
  legend("topleft", legend = c("True Value", "OLS", "WLS", "GLS"),
         lty = c(3, NA, NA, NA), lwd = c(3, 0, 0, 0), pch = c(NA, 22, 22, 22),
         col = c("red", "black", "black", "black"), pt.cex = 1.5,
         pt.bg = c(NA, "grey40", "grey70", "grey90")
         )
}
```

输出结果如图9.9所示,图中虚线表示三个参数的真值,颜色从深到浅的三个直方图分别表示OLS估计、WLS估计和GLS估计的参数估计量的分布。可以看出,在异方差存在且比较严重的情况下,OLS估计的效果最差,GLS估计的效果最好,与前面的显著性比例结果一致。

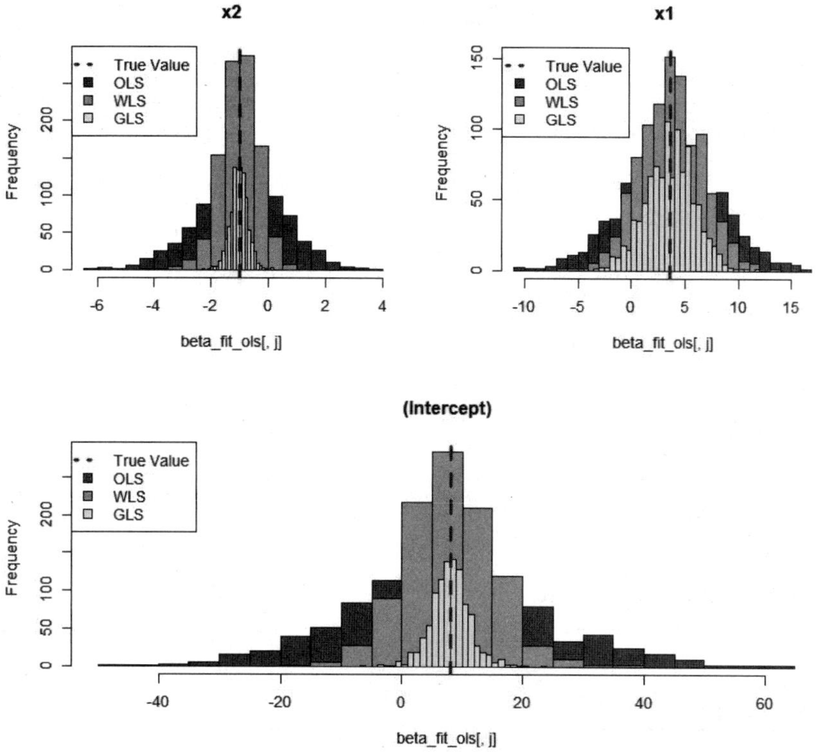

图9.9 异方差存在时OLS、WLS与GLS的估计效果模拟图

第10章 回归模型的诊断与补救——多重共线性

10.1 多重共线性及其后果

10.1.1 多重共线性的含义

多元线性回归模型的经典假定之一是自变量之间不存在完全共线性,换句话说,设计矩阵X应该是一个列满秩矩阵。如果自变量之间存在完全的线性关系,矩阵X^TX退化为行列式为0的奇异矩阵,OLS无法给出参数的唯一解。

在实际建模中,完全共线性并不常见,相反自变量之间高度的线性相关却经常遇到。若存在一组不全为0的数$\lambda_1,\lambda_2,\cdots,\lambda_k$,使得如下关系成立

$$\lambda_1 X_{1i}+\lambda_2 X_{2i}+\cdots+\lambda_k X_{ki}=\nu_i$$

其中,ν_i是满足经典假定的随机误差项。我们则称之为多重共线性(Multicollinearity)。

10.1.2 多重共线性的后果

多重共线性会导致如下后果:

(1)回归系数的显著性发生变化(显著的变不显著,或不显著的变显著);

(2)回归系数的数学符号发生变化(正相关变负相关,或负相关变正相关);

(3)回归模型的F检验高度显著,而回归系数的t检验均不显著或仅有部分显著。

10.2 多重共线性的诊断

1. 经验法则

根据先验信息应该显著的系数不显著,或者应该正相关的变成了负相关,或者模型的显著性很高而系数却不显著或较少显著,首先应该怀疑是否是多重共线性引起的。

2. 相关矩阵

通过绘制自变量的相关系数矩阵,可以直观地考察自变量之间的相关性大小。如果两个自变量之间的简单相关系数的绝对值高于0.9,就提示可能存在多重共线性。

3. 方差膨胀因子

根据7.3节中的定义,计算每个自变量对应的容忍度和方差膨胀因子(二者互为倒数)。一般来说,容忍度小于0.1(即VIF大于10)认为多重共线性比较严重。

4. 特征值与条件指数

根据自变量的样本观测计算其相关系数矩阵的特征值λ_i，条件数(Condition Number，CN)定义为

$$CN_i=\frac{\lambda_{\max}}{\lambda_i},\ i=1,2,\cdots,k$$

条件指数(Conditional Index，CI)是条件数的算术平方根，即

$$CI_i=\sqrt{CN_i}=\sqrt{\frac{\lambda_{\max}}{\lambda_i}}$$

一般认为，当CI小于10时，基本不存在多重共线性；当$10<CI_i\leqslant 30$时，多重共线性值得警惕；而当$CI_i>30$时，多重共线性非常严重。

10.3 多重共线性的补救措施

(1)无需补救。如果计量建模的唯一目的是“预测”，则无需考虑多重共线性的影响。

(2)变量组合变换。通过将某些变量进行组合(如总量水平换算成人均水平、名义水平换算成实际水平、绝对水平换算成相对水平等)消除或缓解多重共线性的影响。

(3)剔除变量。通过逐步回归等方法进行变量筛选，剔除掉共线性特别严重的变量。

(4)多元统计方法。通过多元统计方法中的数据压缩技术，将信息高度重叠的原始变量进行数据降维也是大数据时代常用的方法，如岭回归、LASSO回归、主成分回归等。

10.4 多重共线性诊断的R实现

10.4.1 数据集与扩展包

本章采用基础包stats中经典的朗利数据集(longley)实现多重共线性的诊断。该数据集包含国民生产总值(GNP)、GNP缩减指数(GNP.deflator)、失业人数(Unemployed，以千人计))、军队中人数(Armed.Forces，以千人计)、14岁以上非机构人口数(Population，以千人计)、年份(Year)以及总就业人数(Employed，以千人计)。前6行数据如下：

GNP.deflator <dbl>	GNP <dbl>	Unemployed <dbl>	Armed.Forces <dbl>	Population <dbl>	Year <int>	Employed <dbl>
83.0	234.289	235.6	159.0	107.608	1947	60.323
88.5	259.426	232.5	145.6	108.632	1948	61.122
88.2	258.054	368.2	161.6	109.773	1949	60.171
89.5	284.599	335.1	165.0	110.929	1950	61.187
96.2	328.975	209.9	309.9	112.075	1951	63.221
98.1	346.999	193.2	359.4	113.270	1952	63.639

本章用到的R扩展包有：

```
library(ggplot2)
library(dplyr)
library(car)
library(corrplot)
library(GGally)
library(olsrr)
```

10.4.2 模型拟合

用lm()函数拟合包含所有自变量的全模型,并用car包中的S()函数显示模型综述结果。R代码及输出结果如下:

```
model_longley <- lm(Employed ~ ., data = longley)
S(model_longley)
```

```
## Call: lm(formula = Employed ~ ., data = longley)
##
## Coefficients:
##                 Estimate Std. Error t value Pr(>|t|)
## (Intercept)  -3.482e+03  8.904e+02  -3.911 0.003560 **
## GNP.deflator  1.506e-02  8.492e-02   0.177 0.863141
## GNP          -3.582e-02  3.349e-02  -1.070 0.312681
## Unemployed   -2.020e-02  4.884e-03  -4.136 0.002535 **
## Armed.Forces -1.033e-02  2.143e-03  -4.822 0.000944 ***
## Population   -5.110e-02  2.261e-01  -0.226 0.826212
## Year          1.829e+00  4.555e-01   4.016 0.003037 **
## ---
## Signif. codes:  0 '***' 0.001 '**' 0.01 '*' 0.05 '.' 0.1 ' ' 1
##
## Residual standard deviation: 0.3049 on 9 degrees of freedom
## Multiple R-squared: 0.9955
## F-statistic: 330.3 on 6 and 9 DF,  p-value: 4.984e-10
##   AIC   BIC
## 14.19 20.37
```

从拟合结果可以看出,模型高度显著(R^2为0.9955,F值为330.3),但是GNP、GNP缩减指数以及14岁以上非机构人数的系数均不显著,且部分变量的符号也不符合预期。经验法则提醒我们,模型中可能存在多重共线性的问题。

10.4.3 绘制相关系数矩阵

用两种方法绘制相关系数矩阵图,一种是用corrplot包中的corrplot()函数,另一种是用GGally包中的ggpairs()函数。

1. 方法一:用corrplot包中的corrplot()函数

R代码如下,输出结果如图10.1所示。

```
corrplot(cor(longley), method = "number",
         tl.cex = 0.5, number.cex = 0.5,
         cl.cex = 0.6, number.digits = 3)
```

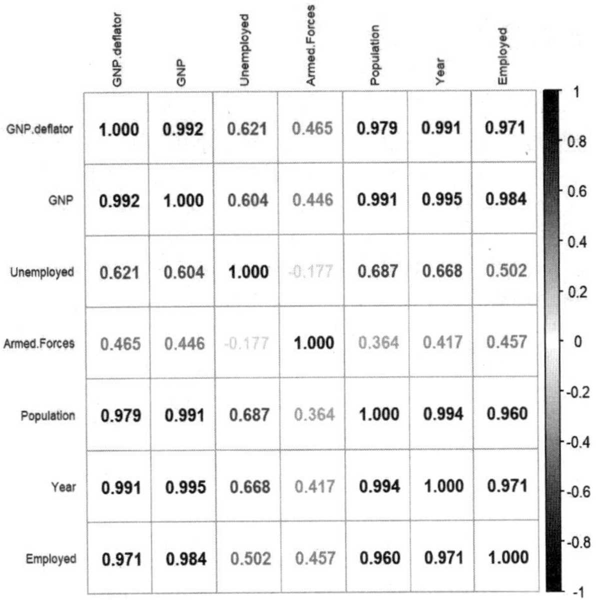

图10.1 朗利数据中变量的相关系数矩阵图

2. 方法二:用GGally包中的ggpairs()函数

R代码如下,输出结果如图10.2所示。由图10.2可以看出,自变量之间很高而且显著的相关系数印证了之前的经验判断。

```
GGally::ggpairs(longley)
```

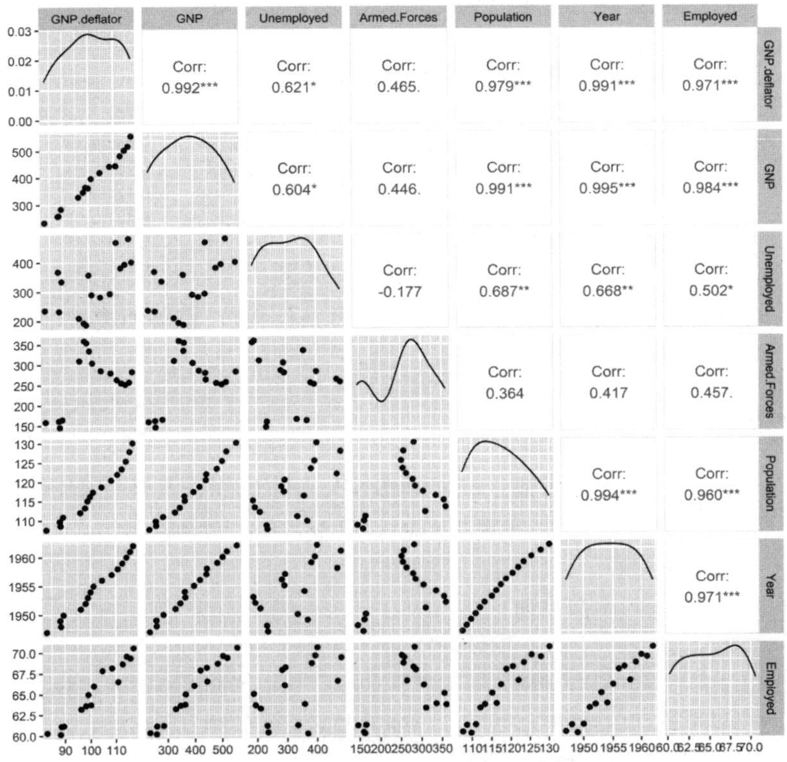

图10.2 朗利数据中变量的散点图及相关系数矩阵

10.4.4 容忍度与方差膨胀因子

读者可以借助于构造辅助回归方程自行编写代码计算容忍度及方差膨胀因子,本节我们直接调用car包中的vif()函数以及olsrr包中的ols_vif_tol()函数给出运行结果。R代码及输出结果如下:

```
car::vif(model_longley)
##  GNP.deflator          GNP  Unemployed Armed.Forces   Population
##     135.53244   1788.51348     33.61889      3.58893    399.15102
##          Year
##     758.98060
olsrr::ols_vif_tol(model_longley)
```

Description: df [6 × 3]

Variables <chr>	Tolerance <dbl>	VIF <dbl>
GNP.deflator	0.0073783075	135.53244
GNP	0.0005591235	1788.51348
Unemployed	0.0297451814	33.61889
Armed.Forces	0.2786345641	3.58893
Population	0.0025053174	399.15102
Year	0.0013175567	758.98060

此外,还可以用olsrr包中的ols_eigen_cindex()函数计算相关系数矩阵的特征值及条件指数。R代码及输出结果如下:

```
olsrr::ols_eigen_cindex(model_longley)
```

Description: df [7 × 9]

Eigenvalue <dbl>	Condition Index <dbl>	intercept <dbl>	GNP.deflator <dbl>	GNP <dbl>	Unemployed <dbl>	Armed.Forces <dbl>
6.861393e+00	1.000000	1.540127e-10	1.636670e-06	6.742618e-07	4.471501e-05	3.536940e-04
8.210250e-02	9.141721	8.166291e-10	7.095535e-09	7.526144e-06	1.428028e-02	9.190850e-02
4.568078e-02	12.255735	3.342247e-08	1.012272e-07	2.571743e-04	8.362576e-04	6.356501e-02
1.068847e-02	25.336607	1.191040e-09	3.448391e-04	1.065044e-03	6.464238e-02	4.267243e-01
1.292281e-04	230.423946	5.260204e-07	4.567660e-01	1.565613e-02	5.594820e-03	1.154024e-01
6.246305e-06	1048.080298	1.491375e-04	5.045560e-01	3.283855e-01	2.253448e-01	6.865017e-07
3.663846e-09	43275.043492	9.998503e-01	3.833141e-02	6.546280e-01	6.892568e-01	3.020454e-01

由以上输出结果可知,无论是方差膨胀因子还是条件指数,都表明模型中存在严重的多重共线性。

10.4.5 补救措施

将名义GNP除以GNP缩减指数生成实际GNP,剔除掉能被其他变量体现的时间变量以及与理论预期不符的失业人数变量,重新拟合回归模型。R代码及输出结果如下:

```
longley_new <- longley %>%
  mutate(RGNP = GNP / GNP.deflator)
model_new <- lm(Employed ~ RGNP + Population + Armed.Forces,
                data = longley_new)
##  Call: lm(formula = Employed ~ RGNP + Population + Armed.Forces,
##            data = longley_new)
##
```

```
## Coefficients:
##                Estimate Std. Error t value Pr(>|t|)
## (Intercept)  65.720366  10.624808   6.186 4.69e-05 ***
## RGNP          9.736496   1.791552   5.435 0.000151 ***
## Population   -0.299537   0.141761  -2.113 0.056234 .
## Armed.Forces -0.006880   0.003222  -2.135 0.054074 .
## ---
## Signif. codes:  0 '***' 0.001 '**' 0.01 '*' 0.05 '.' 0.1 ' ' 1
##
## Residual standard deviation: 0.5354 on 12 degrees of freedom
## Multiple R-squared: 0.9814
## F-statistic: 211.1 on 3 and 12 DF,  p-value: 1.203e-10
##   AIC   BIC
## 30.81 34.68
```

由输出结果可知,在0.06的显著性水平下,经过变量变换、变量剔除后重新拟合的模型无论是整体显著性、单个回归系数的显著性,还是系数的符号均符合理论预期。

当模型中解释变量过多时,则会涉及变量选择的问题,我们将在第13章中专门讨论该问题。

第11章 回归模型的诊断与补救

——自相关

11.1 自相关的表现形式

11.1.1 无自相关的假定

随机误差项之间不存在相关关系是线性回归模型的经典假定之一,称为无自相关(No Autocorrelation)假定,又称为无序列相关(No Serial Correlation)假定,即

$$\mathrm{cov}((u_i,u_j)|X_i)=0,\ i\neq j$$

无自相关(但可能存在异方差)时用矩阵的形式表达随机误差项的方差协方差矩阵为

$$\boldsymbol{\Sigma}=\begin{bmatrix}\sigma_1^2 & 0 & 0 & \cdots & 0\\ 0 & \sigma_2^2 & 0 & \cdots & 0\\ \vdots & \vdots & \vdots & \ddots & \vdots\\ 0 & 0 & 0 & \cdots & \sigma_n^2\end{bmatrix}$$

然而,当该矩阵的非对角线元素不全为0时,就出现了所谓的“自相关”。自相关现象在时间序列数据中较为常见,因此我们用下标t替代截面数据中的下标i。

自相关的表现形式为

$$\mathrm{cov}((u_t,u_{t-s})|X_t)\neq 0,\ s\neq 0$$

其中,u_{t-s}称为t时期随机干扰项u_t的s阶滞后,相应的自相关也称为s阶自相关。

11.1.2 自相关存在时的模型表达

假定我们的原始模型为

$$Y_t=\beta_0+\beta_1X_{1t}+\beta_2X_{2t}+\cdots+\beta_kX_{kt}+u_t$$

其中,正态性、同方差的假定依然成立,即$u_t\sim N(0,\sigma^2)$。当自相关存在时,意味着随机干扰项可能存在如下的$AR(p)$形式

$$u_t=\rho_1u_{t-1}+\rho_2u_{t-2}+\cdots+\rho_pu_{t-p}+v_t,\ p=1,2,\cdots,s$$

这里v_t是一个满足经典假定的白噪声,这里没有截距项的原因是随机干扰项的期望为0。

11.2 自相关产生的原因及后果

11.2.1 自相关产生的原因

自相关产生的原因有很多,常见的有如下四个:

(1)时间序列数据自身的时间“黏性”。在大多数宏观经济数据中,当经济状态发生变化时,经济变量的“响应”需要一定的时间,因此会存在滞后性;

(2)外部冲击影响的长期性;

(3)数据平滑引起的自相关;

(4)不适当的模型变换或模型设定偏误。比如,模型的差分变换、遗漏变量,等等。

11.2.2 自相关的后果

当回归模型中存在自相关时,其后果与第9章中异方差带来的后果比较相似,主要体现在如下三个方面:

(1)回归系数的OLS估计量依然是无偏的和一致的,但不再是有效的;

(2)回归系数OLS估计量的方差是有偏且非一致的;

(3)回归系数的t检验失效以及回归模型的F检验。

11.3 自相关的诊断

自相关的诊断法有很多,比较常用的有非正式的图形法和正式的假设检验的方法,下面分别加以介绍。

11.3.1 图形法

1. 残差与滞后残差的散点图

适用于干扰项一阶自相关的情况,用OLS拟合原始回归模型,生成残差序列$\hat{u}_t$,对其进行一阶滞后得到$\hat{u}_{t-1}$,以$\hat{u}_t$为纵轴、以$\hat{u}_{t-1}$为横轴绘制散点图,根据散点图的形状可以初步判断是否存在(一阶)自相关以及是正的自相关还是负的自相关。

如果残差的时间序列图和散点图如图11.1所示,表明存在正自相关;如果残差的时间序列图和散点图如图11.2所示,表明存在负自相关。

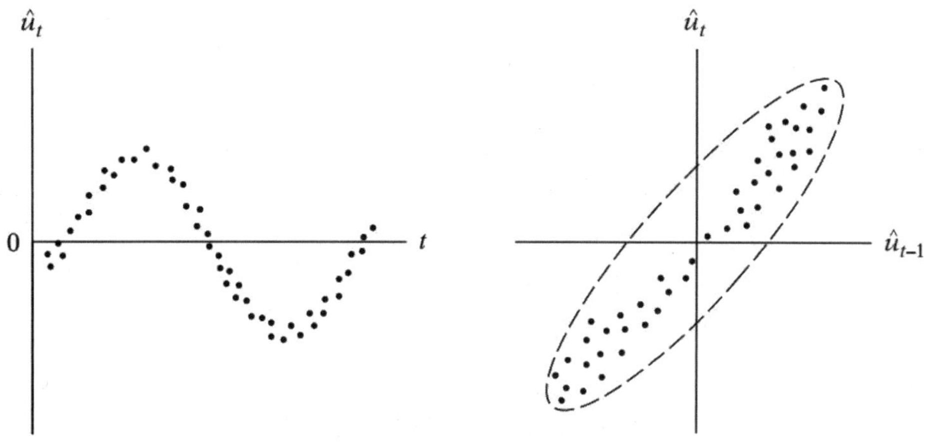

图11.1 正自相关示意图

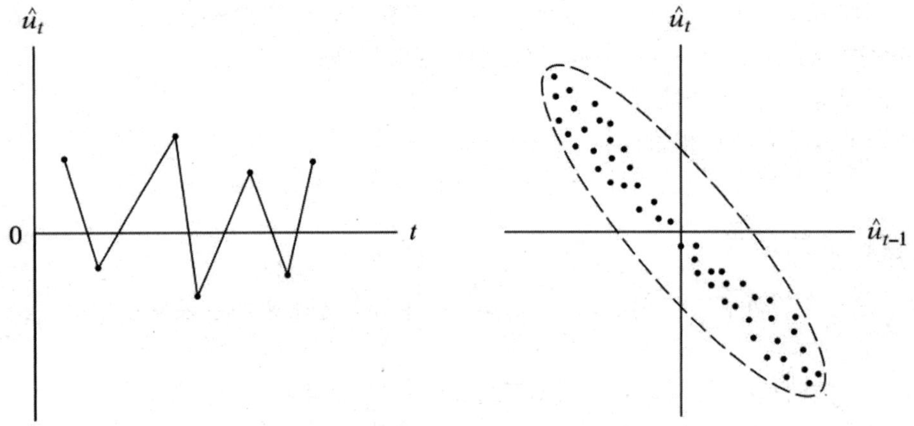

图11.2　负自相关示意图

2. 残差相关图

如果要判断高阶自相关,则可以通过计算自相关系数并绘制残差相关图实现。

残差滞后k阶的自相关系数的计算公式为

$$\hat{\rho}_{(k)}=\frac{\sum_{t=k+1}^{T}\hat{u}_t\hat{u}_{t-k}}{\sum_{t=1}^{T}\hat{u}_t^2}$$

将不同滞后阶数k与对应的自相关系数绘制成残差相关图(Correlogram),如图11.3所示。从图11.3中可以清楚地看出不同滞后阶数的自相关系数的大小及正负,两条虚线之间的区域表示无自相关。该图表明模型中可能存在4阶自相关。

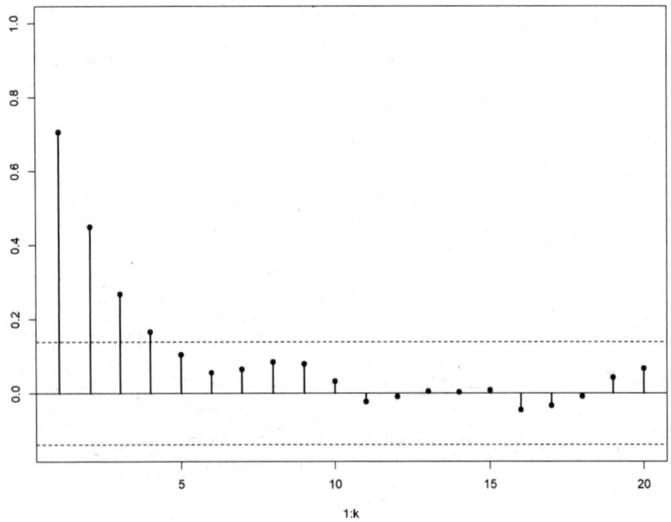

图11.3　残差相关图

11.3.2　D-W检验

D-W检验由统计学家杜宾(Durbin)和沃森(Watson)提出,是一种广泛流行的用于检验一阶

自相关的方法。Durbin-Watson d 统计量的计算公式为

$$d=\frac{\sum_{t=2}^{T}(\hat{u}_t-\hat{u}_{t-1})^2}{\sum_{t=1}^{T}\hat{u}_t^2}$$

该统计量与一阶自相关系数$\hat{\rho}$(取值范围为$[-1,1]$)之间存在如下的近似关系：

$$d\approx 2(1-\hat{\rho})$$

杜宾和沃森研究发现，当d接近于0时，表明干扰项可能存在一阶正自相关；当d接近于4时，表明干扰项可能存在一阶负自相关；当d接近于2时，表明干扰项不存在自相关。D-W检验可以借助于图11.4更清楚地体现。其中，d_L和d_U是杜宾和沃森编制的下临界值与上临界值。

D-W检验虽然常用，但需要满足以下条件：

(1)不能用于过原点回归；

(2)只适用于干扰项一阶自相关的诊断；

(3)不能有数据缺失；

(4)随机干扰项的正态性假定成立；

(5)模型中不能有内生解释变量。

同时，如图11.4所示，D-W检验存在两个无法决定的区域。

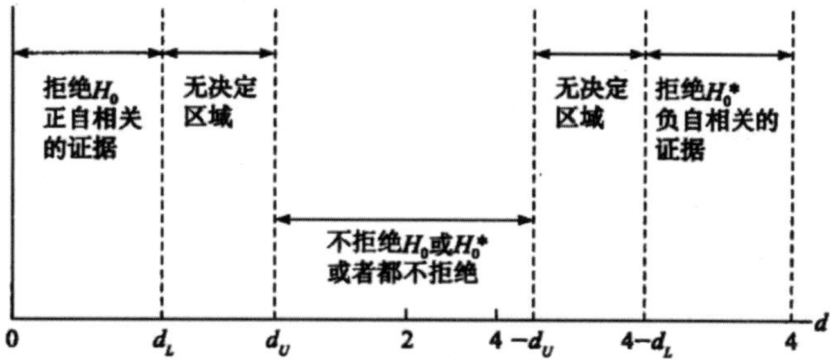

图11.4 D-W检验的几个区域

11.3.3 布罗舒—戈弗雷BG检验

为了弥补D-W检验的缺陷，统计学家布罗舒和戈弗雷提出了一种一般性的检验自相关的方法，称为拉格朗日乘数LM检验，又叫布罗舒—戈弗雷(Breusch-Godfrey)检验。

首先拟合原始回归模型(解释变量中可以包含滞后因变量)

$$Y_t=\beta_0+\beta_1X_{1t}+\beta_2X_{2t}+\cdots+\beta_kX_{kt}+u_t$$

并得到残差序列$\hat{u}_t$，然后以残差序列为因变量，以原始模型中的所有自变量以及残差序列的p阶滞后序列为解释变量，拟合辅助回归模型

$$\hat{u}_t=\alpha_0+\alpha_1X_{1t}+\alpha_2X_{2t}+\cdots+\alpha_kX_{kt}+\rho_1\hat{u}_{t-1}+\rho_2u_{t-2}+\cdots+\rho_pu_{t-p}+v_t$$

检验原始模型中是否存在自相关等价于检验辅助回归模型的滞后残差项的系数是否同时等于0，即原假设和备择假设为

$$\begin{cases}H_0:\rho_1=\rho_2=\cdots=\rho_p=0\\H_1:\text{至少一个}\rho_j\neq 0(j=1,2,\cdots,p)\end{cases}$$

布罗舒和戈弗雷证明，在大样本情况下

$$LM=(T-p)\cdot R_{aux}^2 \sim \chi^2(p)$$

其中,T是样本容量,p是最高滞后阶数,R_{aux}^2是辅助回归模型的判决系数。

11.4 自相关的补救措施

11.4.1 广义差分变换

如果自相关系数ρ是已知的,可以通过模型变换补救自相关。简单起见,我们考虑模型中只有一个解释变量的情况。假定原始模型为

$$Y_t=\beta_0+\beta_1 X_t+u_t$$

且干扰项存在一阶自相关,即

$$u_t=\rho u_{t-1}+v_t$$

其中,v_t为满足经典假定的白噪声,即$v_t \sim WN(0,\sigma_v^2)$。将原始模型滞后一阶得

$$Y_{t-1}=\beta_0+\beta_1 X_{t-1}+u_{t-1}$$

将其两端同时乘以一阶自相关系数ρ得

$$\rho Y_{t-1}=\rho\beta_0+\beta_1\rho X_{t-1}+\rho u_{t-1}$$

用原始方程减去该方程得到广义差分方程

$$Y_t-\rho Y_{t-1}=\beta_0(1-\rho)+\beta_1(X_t-\rho X_{t-1})+u_t-\rho u_{t-1}$$

根据误差项的一阶自相关形式可知该模型满足经典假定,可以用OLS进行估计。当$\rho=1$时,广义差分就变成了一阶差分,因此又称此方法为广义最小二乘法(GLS)。

11.4.2 可行的广义最小二乘法

然而,多数情况下自相关系数是未知的,因此需要根据样本数据对其进行估计,然后用估计的自相关系数$\hat{\rho}$再进行广义最小二乘估计。这样的方法称为可行的广义最小二乘法(FGLS)。估计$\hat{\rho}$的方法很多,本节重点介绍实践中应用最广泛的科克伦—奥科特(Cochrane-Orcutt)迭代法。

假定干扰项满足形如$u_t=\rho u_{t-1}+v_t$(其中v_t满足高斯经典假定,且$|\rho|<1$),可以证明干扰项的方差和协方差分别为

$$\operatorname{var}(u_t)=\sigma^2=\frac{\sigma_v^2}{1-\rho^2}$$

$$\operatorname{cov}(u_t,u_{t-s})=\rho^s\sigma^2=\frac{\sigma_v^2}{1-\rho^2}\cdot\rho^s$$

因此,可以写出干扰项的方差协方差矩阵

$$\boldsymbol{\Sigma}=\frac{\sigma_v^2}{1-\rho^2}\begin{bmatrix}1 & \rho & \rho^2 & \cdots & \rho^{T-1}\\ \rho & 1 & \rho & \cdots & \rho^{T-2}\\ \vdots & \vdots & \vdots & \ddots & \vdots\\ \rho^{T-1} & \rho^{T-2} & \rho^{T-3} & \cdots & 1\end{bmatrix}$$

估计出$\hat{\rho}$并将之应用于GLS就是所谓的FGLS。

科克伦—奥科特迭代的基本思想是通过一轮又一轮的迭代程序,不断地估计$\hat{\rho}$直到其收敛

为止，具体的过程略。除了科克伦—奥科特程序外，还可以用希尔德尔斯—卢扫描程序和普雷斯—温斯顿程序实现对$\hat{\rho}$的估计，感兴趣的读者可以查阅相关文献。

11.4.3 稳健标准误

和异方差一样，自相关并不影响回归系数估计的无偏性和一致性，因此可以用校正估计标准误（即稳健标准误）的方法对其进行补救。用于校正自相关的稳健标准误又称为HAC标准误（Heteroscedasticy Autocorrelation Consistent Standard Error）或纽威—韦斯特标准误（Newey West Standard Error）。该标准误可以同时补救异方差与自相关，因此适用范围更广。其计算公式如下：

$$HAC_{b_{OLS}}=(\mathbf{X}^{\mathrm{T}}\mathbf{X})^{-1}\mathbf{X}^{\mathrm{T}}\hat{\mathbf{\Sigma}}\mathbf{X}(\mathbf{X}^{\mathrm{T}}\mathbf{X})^{-1}$$

与怀特稳健标准误HC类似，HAC也是一个形如“三明治”的估计量，可以用sandwich包中的NeweyWest()函数实现。

11.5 自相关诊断的R实现

11.5.1 数据集与扩展包

本章用到的R扩展包有：

```
library(dplyr)
library(ggplot2)
library(tidyr)
library(readr)
library(readxl)
library(tseries)
library(broom)
library(tsibble)
library(lmtest)
library(AER)
library(fpp3)
library(fable)
library(feast)
library(GGally)
library(car)
library(lubridate)
library(orcutt)
library(stargazer)
```

本章采用美国2002年1月—2022年11月的月度个人消费数据集（US_PCE_DPI_UN.xlsx），该数据集包含个人实际消费支出（PCE）、个人可支配收入（DPI）和失业率（UNRATE）等变量。首先读入数据并将其转化为tsibble格式，然后为了消除可能的异方差对前两个变量进行对数转换。R代码及前6行数据如下：

```
# 读入数据
consumption_raw <- read_excel("./dataset/US_PCE_DPI_UN.xlsx")
```

```
# 转化成tsibble格式
consumption_raw %>%
  mutate(Month = yearmonth(DATE),
         LnPCE = log(PCE),
         LnDPI = log(DPI),
         Unemploy = UNRATE) %>%
  as_tsibble(index = Month) %>%
  select(Month, everything(), -DATE) -> consumption_ts_raw
```

A tsibble: 251 x 7 [1M]

Month <S3: yearmonth>	PCE <dbl>	DPI <dbl>	UNRATE <dbl>	LnPCE <dbl>	LnDPI <dbl>	Unemploy <dbl>
2002 1月	9004.4	9951.9	5.7	9.105469	9.205519	5.7
2002 2月	9040.1	9966.6	5.7	9.109426	9.206995	5.7
2002 3月	9038.2	9973.3	5.7	9.109215	9.207667	5.7
2002 4月	9086.5	10007.2	5.9	9.114545	9.211060	5.9
2002 5月	9051.4	10047.9	5.8	9.110675	9.215119	5.8
2002 6月	9081.8	10078.5	5.8	9.114028	9.218160	5.8

11.5.2 时间序列图与散点图

1. 时间序列图

一般来讲,对时间序列数据建模时,应首先绘制各变量的时间序列图以观察其时间趋势和波动情况。本例用ggplot2绘制个人消费支出(单位:十亿美元)、个人可支配收入(单位:十亿美元)和失业率(单位:%)的时序图。为了将两个序列绘制在同一幅图上,需要用tidyr包中的pivot_longer()函数对数据集稍作处理。R代码如下,输出结果如图11.5和图11.6所示。

```
consumption_ts_raw %>%
  pivot_longer(cols = c(PCE, DPI), names_to = "Series") %>%
  ggplot(aes(x = Month, y = value, color = Series)) +
  geom_line() +
  scale_color_manual(values = c("grey30", "grey60")) +
  labs(x = "时间(月份)",
       y = "原始数据(十亿美元)") +
  theme_bw() +
  theme(legend.position = c(0.1, 0.88),
        legend.box.background = element_rect(color = "black", linewidth = 0.7))
```

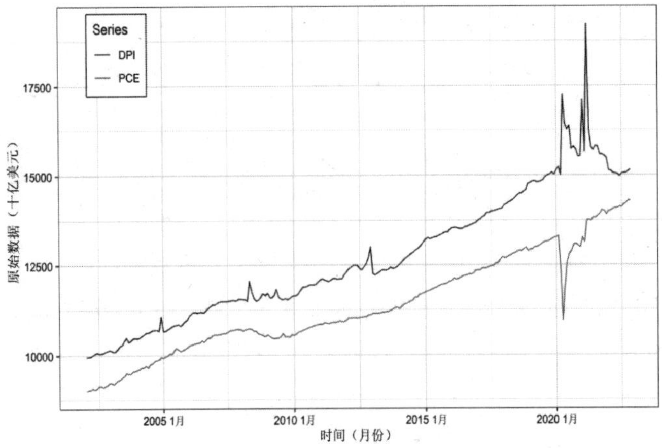

图11.5 DPI与PCE的时间序列图

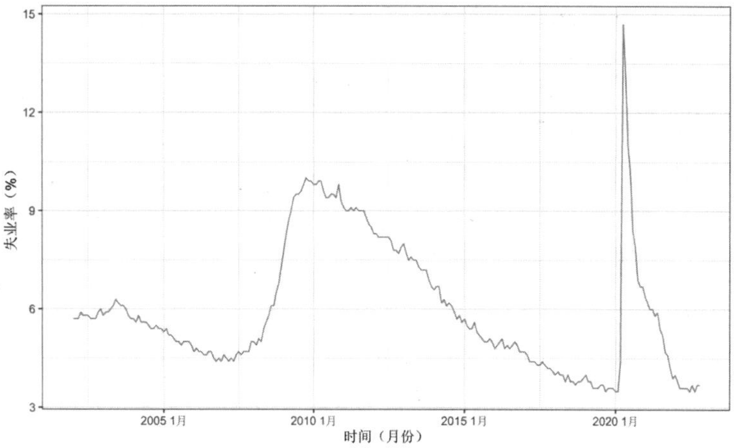

图 11.6　失业率的时间序列图

从时序图 11.5 可以看出，随着时间的变化 PCE 与 DPI 两个数据口径相同的变量呈现出长期“协同”变化的趋势，而且三个时间序列在新冠疫情期间都出现了大幅度的波动。

2. 散点图

根据经济学中的消费函数理论，消费支出与可支配收入及失业率之间存在线性关系。因此，用 GGally 包中的 ggpairs()函数绘制三个变量的散点图矩阵。R 代码如下，输出结果如图 11.7 所示。

```
consumption_ts_raw %>%
  select(LnPCE, LnDPI, UNRATE) %>%
  ggpairs(columns = c(1:3))
```

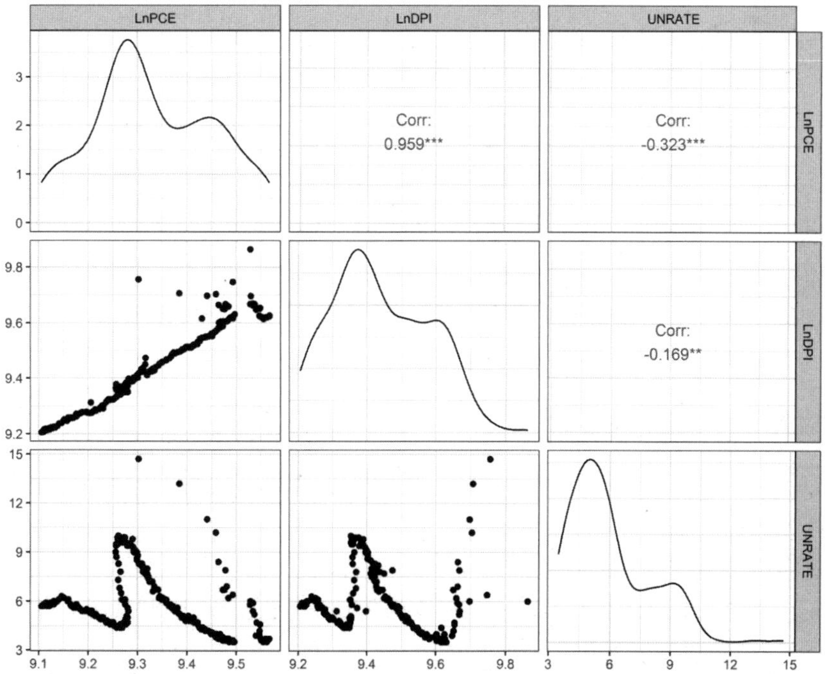

图 11.7　LnPCE、LnDPI 与 UNRATE 之间的散点图矩阵

从图11.7可以看出,消费支出与可支配收入呈现出显著的正相关关系,而与失业率呈现出较显著的负相关关系,图形结果符合理论预期。

11.5.3 回归模型的OLS拟合

我们可以继续使用基础包中的lm()函数来拟合时间序列数据的OLS回归,但是fable包中的TSLM()函数提供了专门适用于时间序列数据的OLS拟合结果,以方便后续的操作。R代码及输出结果如下:

```
model_raw_OLS <- consumption_ts_raw %>%
  model(fit_raw_OLS = TSLM(LnPCE ~ LnDPI + UNRATE)) %>%
  report()
## Series: LnPCE
## Model: TSLM
##
## Residuals:
##       Min        1Q    Median        3Q       Max
## -0.198151 -0.010550  0.000292  0.013565  0.063904
##
## Coefficients:
##               Estimate Std. Error t value Pr(>|t|)
## (Intercept)  1.7782459  0.1229140   14.47   <2e-16 ***
## LnDPI        0.8065855  0.0129118   62.47   <2e-16 ***
## UNRATE      -0.0099560  0.0008991  -11.07   <2e-16 ***
## ---
## Signif. codes:  0 '***' 0.001 '**' 0.01 '*' 0.05 '.' 0.1 ' ' 1
##
## Residual standard error: 0.02779 on 248 degrees of freedom
## Multiple R-squared: 0.9465,   Adjusted R-squared: 0.946
## F-statistic:  2192 on 2 and 248 DF, p-value: < 2.22e-16
```

由输出结果可以知道,可支配收入对消费支出的弹性效应为0.81,即可支配收入每增加1个百分点,消费支出平均增加约0.81个百分点;失业率对消费支出的半弹性效应为−0.009956,即失业率每增加1个单位(这里的单位是%),消费支出平均下降0.9956(约为1)个百分点。回归系数的符号及大小均符合理论预期,而且系数的t检验高度显著。模型的判决系数为0.9465,F统计量为2192且高度显著。

11.5.4 自相关诊断的图形方法

11.5.3节中的时间序列模型是否存在自相关呢?在进行正式的检验之前,先通过非正式的图形法进行直观认识。

1. 残差时序图

用broom包中的augment()函数生成增广数据框,并用ggplot2绘制残差的时间序列图。R代码如下,输出结果如图11.8所示。

```
df_raw_aug <- augment(model_raw_OLS)
```

```
df_raw_aug %>%
  ggplot(aes(x = Month, y = .resid)) +
  geom_line(color = "red", lwd = 0.4) +
  geom_hline(yintercept = 0, lty = 2)
```

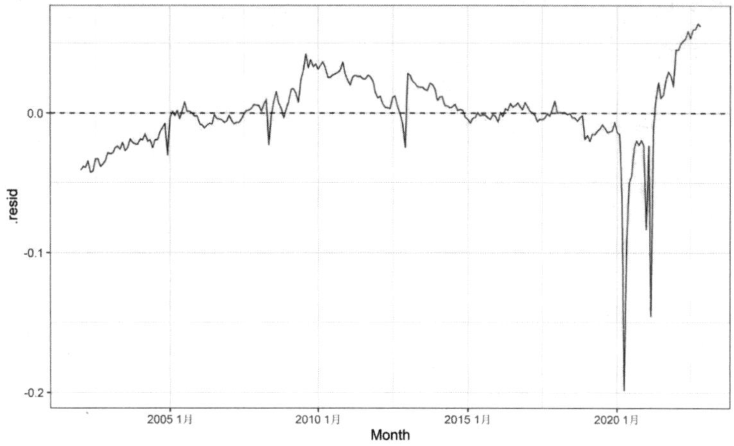

图11.8 OLS回归的残差时序图

从图11.8可以看出,残差的符号一段时间为正,一段时间为负,提示可能存在正自相关。

2. 残差与滞后残差的散点图

以残差.resid为纵轴、滞后残差lag(.resid)为横轴,用ggplot2绘制散点图。R代码如下,输出结果如图11.9所示。

```
df_raw_aug %>%
  ggplot(aes(x = lag(.resid), y = .resid)) +
  geom_point()
```

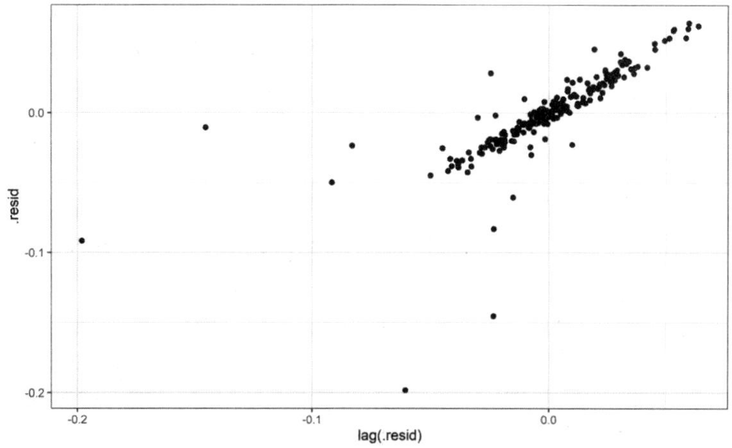

图11.9 OLS回归残差与滞后残差之间的散点图

从图11.9可以看出t期残差序列和$t-1$期的残差序列呈现出较为明显的正相关关系。

3. 残差自相关图

图11.8和图11.9只能提示我们模型可能存在正自相关,究竟是一阶自相关还是高阶自相

关,还需要用到残差自相关图。用基础包中的acf()函数或feast包中的gg_tsresiduals()函数绘制残差自相关图,R代码如下,输出结果如图11.10所示。

```
raw_residual_ppp <- model_raw_OLS %>% gg_tsresiduals()
raw_residual_ppp[[2]] +
  labs(x = "滞后阶数(月)",
       y = "残差自相关函数ACF")
```

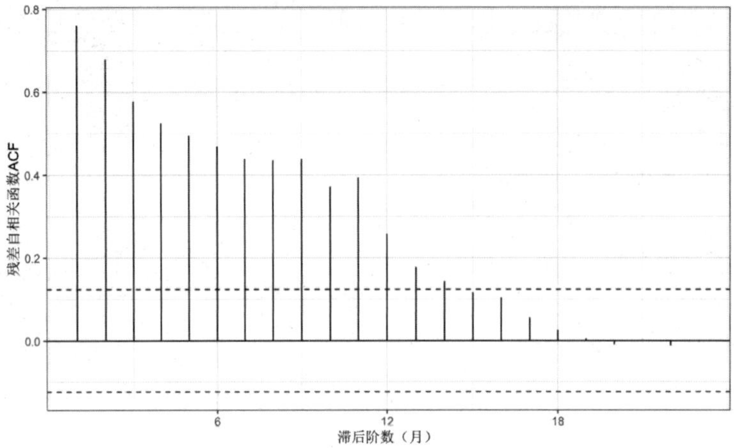

图11.10　OLS回归的残差相关图

图11.10中两条虚线之间表示自相关系数显著为0的区域,可以看出,残差自相关函数呈现"拖尾"模式,直到滞后14阶都是显著的,表明模型可能存在高阶自相关(这并不奇怪,因为我们的数据是月度数据)。

11.5.5 自相关的D-W检验和B-G检验

1. D-W检验

用lmtest包中的dwtest()函数可以实现D-W检验。R代码及输出结果如下:

```
dwtest(lm(LnPCE ~ LnDPI + UNRATE, data = consumption_ts_raw))
##
##  Durbin-Watson test
##
##  data:  lm(LnPCE ~ LnDPI + UNRATE, data = consumption_ts_raw)
##  DW = 0.44955, p-value < 2.2e-16
##  alternative hypothesis: true autocorrelation is greater than 0
```

检验的D-W统计量为0.45,p值非常小,表明模型可能存在一阶正自相关。该函数只能检验一阶自相关,而car包中的durbinWatsonTest()函数则允许进行高阶自相关的检验。R代码及输出结果如下:

```
durbinWatsonTest(lm(LnPCE ~ LnDPI + UNRATE,
                    data = consumption_ts_raw),
                 max.lag = 20)
## lag Autocorrelation D-W Statistic p-value
##   1     0.760827261     0.4495478   0.000
```

```
##     2     0.679147261     0.5839226   0.000
##     3     0.577438304     0.7606373   0.000
##     4     0.525013841     0.8408183   0.000
##     5     0.494814928     0.8768297   0.000
##     6     0.468671242     0.9021320   0.000
##     7     0.438753105     0.9415170   0.000
##     8     0.435450418     0.9286654   0.000
##     9     0.438211024     0.9026930   0.000
##    10     0.371945237     1.0175388   0.000
##    11     0.393743760     0.9571719   0.000
##    12     0.257315949     1.2238946   0.000
##    13     0.177508232     1.3753233   0.000
##    14     0.143177888     1.4351505   0.000
##    15     0.116532103     1.4822316   0.004
##    16     0.104383445     1.5026497   0.014
##    17     0.055793871     1.5956999   0.058
##    18     0.026098156     1.6503222   0.116
##    19     0.005601218     1.6869241   0.196
##    20    -0.009853901     1.7140051   0.306
##   Alternative hypothesis: rho[lag] ! =  0
```

输出结果表明,模型可能存在高阶自相关。

2. B-G检验

用lmtest包中的bgtest()函数对模型进行B-G检验,参数order指定最高滞后阶数(本例选择12)。R代码及输出结果如下:

```
bgtest(lm(LnPCE ~ LnDPI + UNRATE,
          data = consumption_ts_raw),
       order = 12)
```

```
##
##   Breusch-Godfrey test for serial correlation of order up to 12
##
##   data:  lm(LnPCE ~ LnDPI + UNRATE, data = consumption_ts_raw)
##   LM test = 171.03, df = 12, p-value < 2.2e-16
```

11.6 自相关补救的R实现

11.6.1 差分变换后的OLS

用tsibble包中的difference()函数对变量进行差分变换,然后对变换后的数据用OLS拟合回归模型并对模型进行自相关检验。R代码及输出结果如下:

```
# 变量差分变换
consumption_ts_raw %>%
  mutate(d_log_PCE = difference(LnPCE),
```

```
      d_log_DPI = difference(LnDPI),
      d_log_UNRATE = difference(log(UNRATE))) -> df_log_diff
# OLS拟合变换后的模型
model_diff <- df_log_diff %>%
  lm(d_log_PCE ~ d_log_DPI + d_log_UNRATE, data = .)
S(model_diff)
## Call: lm(formula = d_log_PCE ~ d_log_DPI + d_log_UNRATE, data = .)
##
## Coefficients:
##               Estimate Std. Error t value Pr(>|t|)
## (Intercept)  0.0015000  0.0004787   3.133 0.001936 **
## d_log_DPI    0.0884220  0.0228334   3.872 0.000138 ***
## d_log_UNRATE -0.1157120  0.0059823 -19.343  < 2e-16 ***
## ---
## Signif. codes:  0 '***' 0.001 '**' 0.01 '*' 0.05 '.' 0.1 ' ' 1
##
## Residual standard deviation: 0.007538 on 247 degrees of freedom
##   (因为不存在,1个观察量被删除了)
## Multiple R-squared: 0.6093
## F-statistic: 192.6 on 2 and 247 DF,  p-value: < 2.2e-16
##     AIC      BIC
## -1729.44 -1715.35
dwtest(model_diff)   # 输出结果略
durbinWatsonTest(model_diff)   # 输出结果略
bgtest(model_diff)
## Breusch-Godfrey test for serial correlation of order up to 1
##
## data:  model_diff
## LM test = 2.3985, df = 1, p-value = 0.1214
```

检验结果表明,经过差分变换后,模型中不存在自相关。需要说明的是,宏观经济变量取对数后再进行差分变换通常表示变化率,因此变换后的模型依然具有明确的经济意义。比如,模型输出结果中d_log_DPI的系数0.088的含义可以这么解释:可支配收入的增长率每增加1%,消费支出的增长率平均提高0.088%。

我们可以将因变量的观测值和拟合值的时间序列图绘制在一起,观察模型拟合的效果。R代码如下,输出结果如图11.11所示。

```
model_log_diff <- df_log_diff %>%
  drop_na() %>%
  model(diff_fit = TSLM(d_log_PCE ~ d_log_DPI + d_log_UNRATE))
df_aug_log_diff <- augment(model_log_diff)   # 生成增广数据框
# 绘制拟合效果图
df_aug_diff %>%
  ggplot(aes(x = Month)) +
  geom_line(aes(y = d_log_PCE, color = "Observed")) +
```

```
geom_line(aes(y = .fitted, color = "Fitted")) +
labs(y = NULL) +
scale_color_manual(values = c(Observed = "lightgreen", Fitted = "red")) +
guides(linetype = guide_legend(title = NULL)) +
theme_classic() +
theme(legend.position = c(0.1, 0.85))
```

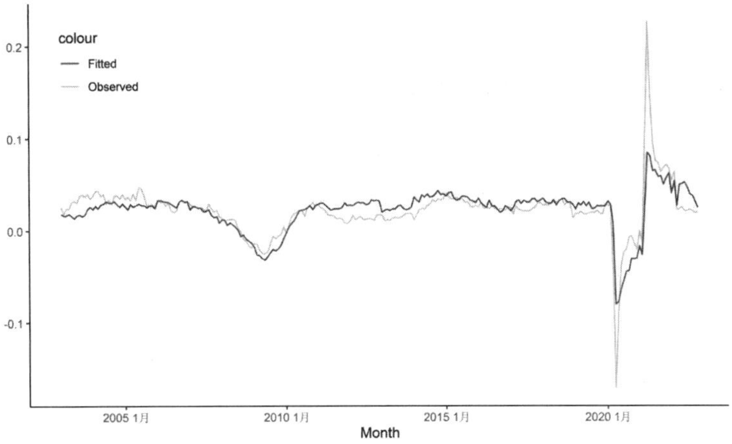

图11.11 差分变换后的模型拟合效果图

从图11.11可以看出,即便是新冠肺炎疫情期间,模型的拟合效果也还是相当不错的。

11.6.2 稳健标准误估计

用lmtest包中的coeftest()函数和sandwich包中的vcovHAC()函数或NeweyWest()函数或kernHAC()函数对OLS的标准误进行校正,R代码及输出结果如下:

```
# OLS模型
model_log_OLS <- lm(LnPCE ~ LnDPI + UNRATE, data = consumption_ts_raw)
summary_00 <- coeftest(model_log_OLS)
# HAC标准误
vcov_HAC <- vcovHAC(model_log, lag = 1)
summary_HAC <- coeftest(model_log, vcov. = vcov_HAC)
# NeweyWest标准误
vcov_NW <- NeweyWest(model_log, lag = 1)
summary_NW <- coeftest(model_log, vcov. = vcov_NW)
# kernHAC标准误
vcov_kHAC <- kernHAC(model_log, lag = 1)
summary_kHAC <- coeftest(model_log, vcov. = vcov_kHAC)
```

```
===============================================
                     因变量:Log(PCE)
          -------------------------------------
             OLS       HAC        NW       kHAC
-----------------------------------------------
Constant   1.7782    1.7782    1.7782    1.7782
          (0.1229)  (0.6212)  (0.4030)  (0.3990)

LnDPI      0.8066    0.8066    0.8066    0.8066
          (0.0129)  (0.0645)  (0.0414)  (0.0409)

UNRATE    -0.0100   -0.0100   -0.0100   -0.0100
          (0.0009)  (0.0042)  (0.0039)  (0.0040)

===============================================
```

11.6.3 可行的GLS:科克伦—奥科特迭代

科克伦—奥科特迭代程序适用于没有明显结构突变而且是一阶自相关的情形,而本例中的数据在2020年处出现了明显的结构突变(由于新冠肺炎疫情),而且本例属于高阶自相关。因此,首先用tsibble包中的filter_index()函数对数据进行筛选,然后用difference()函数对变量进行一阶差分变换,再用orcutt包中的cochrane.orcutt()函数进行科克伦—奥科特迭代。R代码及输出结果如下:

```
df_subset_2020 <- consumption_ts_raw %>%
  filter_index( ~ "2020-01") %>%
  mutate(dPCE = difference(LnPCE),
         dDPI = difference(LnDPI),
         dUnemploy = difference(LnUnemploy))
# OLS拟合
fit_00 <- lm(dPCE ~ dDPI + dUnemploy, data = df_subset_2020)
coef(summary(fit_00))
```

```
##   A tibble:3 × 5
##   term          estimate    std.error    statistic    p.value
##   <chr>         <dbl>       <dbl>        <dbl>        <dbl>
## (Intercept)     0.001652    0.0002102    7.8621       1.859e-13
##   dDPI          0.058829    0.0260887    2.2549       2.515e-02
##   dUnemploy     -0.013535   0.0077093    -1.7557      8.057e-02
```

```
# 科克伦—奥科特迭代
fit_CORC <- orcutt::cochrane.orcutt(fit_00)
coef(summary(fit_CORC))
```

```
##   A tibble:3 × 5
##   term          estimate    std.error    statistic    p.value
##   <chr>         <dbl>       <dbl>        <dbl>        <dbl>
##   (Intercept)   0.001607    0.0001705    9.425        7.733e-18
##   dDPI          0.066591    0.0261925    2.542        1.172e-02
##   dUnemploy     -0.02393    0.0072916    -3.283       1.202e-03
```

```
# 输出迭代过程及结果
cochrane.orcutt(fit_00)
```

```
##   Cochrane-orcutt estimation for first order autocorrelation
##
```

```
## Call:
## lm(formula = dPCE ~ dDPI + dUnemploy, data = df_subset_2020)
##
##  number of interaction: 9
##  rho -0.229415
##
## Durbin-Watson statistic
## (original):    2.37451 , p-value: 9.973e-01
## (transformed): 2.00512 , p-value: 5.073e-01
##
##  coefficients:
## (Intercept)       dDPI   dUnemploy
##    0.001607   0.066591   -0.023937
```

11.6.4 补救方法的选择

上面介绍了多种补救自相关的方法,在计量经济建模实践中,究竟应该用什么方法呢?这里给出一些编者的建议,仅供参考。

1.优先考虑模型变换

可以通过D-W统计量大概估计一下$\hat{\rho}$,如果其绝对值超过0.9,通常直接对模型进行差分变换,然后用OLS进行模型拟合。结合第9章中补救异方差的对数变换,我们知道在时间序列计量经济模型中通常对某些宏观经济变量同时做对数差分变换的原因,它可以同时缓解(或消除)异方差和自相关的影响。

2.在稳健标准误HAC和FGLS之间进行选择

首先需要说明的是,自相关大多出现在时间序列数据中。因此对于截面数据模型,如果诊断出了自相关性,在排除空间相关外应优先考虑模型设定偏误,比如模型是否误设、是否遗漏重要变量、是否使用了不正确的函数形式,等等。

至于稳健标准误和可行广义最小二乘两种方法,HAC计算的稳健标准误在大样本情况下是比较理想的,而且计算机技术的进步为大数据计算提供了速度保障。相对来讲,FGLS提供了更多的关于误差项方差协方差矩阵的估计方法,更具理论有效性。但是值得注意的是,当模型违背外生性假定,如方程右边出现了滞后因变量或解释变量与随机干扰项相关时,FGLS估计的结果既不有效也不一致。同时,FGLS对于一阶自相关的补救效果更好,如果出现了高阶自相关,则更倾向于用稳健标准误HAC。

第12章 回归模型的诊断与补救——异常值

12.1 概念厘清

在回归分析应用中,样本数据会出现一些“异常”的或“极端”的观测个案,这些个案会产生较大的残差,而且可能会对拟合的回归方程产生剧烈的影响。因此,在计量经济建模时,保留此类观测值还是删除相应的个案值得仔细斟酌。许多计量经济学的教科书笼统地称之为“离群点”或“异常点”而不再进行细分。本节对测度异常值的几个不同的概念进行厘清。计量经济学中的异常值(Unusual Observations)通常包括异常点、高杠杆点和强影响点。

1. 异常点

统计学中的异常点一般意义上是泛指某个或某些变量观测值偏离其均值超过一定范围的样本观测点,并不明确区分是针对自变量还是因变量。而在计量经济回归模型中的异常点(Outliers)通常针对因变量而言,简言之,如果某个样本观测点因变量Y的值“游离”于平均趋势之外,则称该点为异常点。

2. 高杠杆点

计量经济回归模型中的高杠杆点(High Leverage Points)通常针对自变量而言,如果某个样本观测点自变量出现了偏离中心点一定范围的“极端值”,则称该点为高杠杆点。

3. 强影响点

计量经济回归模型中的强影响点(Influential Observations)是指对回归分析结果具有过度影响的样本观测点。这些点既可能影响单个观测点的预测值或全部预测值,也有可能影响斜率系数的估计值以及统计显著性检验。异常点和高杠杆点都有可能单不一定是强影响点。

4. 异常值的图形展示

图12.1模拟了异常点、高杠杆点与强影响点的几种情况,方便读者更好理解三者之间的关系。其中,A幅既没有异常点,也没有高杠杆点,自然也就没有强影响点;B幅中的“大点”明显是一个异常点(但并不是高杠杆点),实线和虚线分别代表包含异常点与不包含异常点对应的拟合方程,可以看出该异常点几乎没有影响到回归方程,因此它不是一个强影响点;C幅中的“大点”是一个高杠杆点(但并不是异常点),实线和虚线几乎重叠,表明它也不是强影响点;D幅中的“大点”既是异常点同时又是高杠杆点,明显不同的回归方程表明该点是一个强影响点。

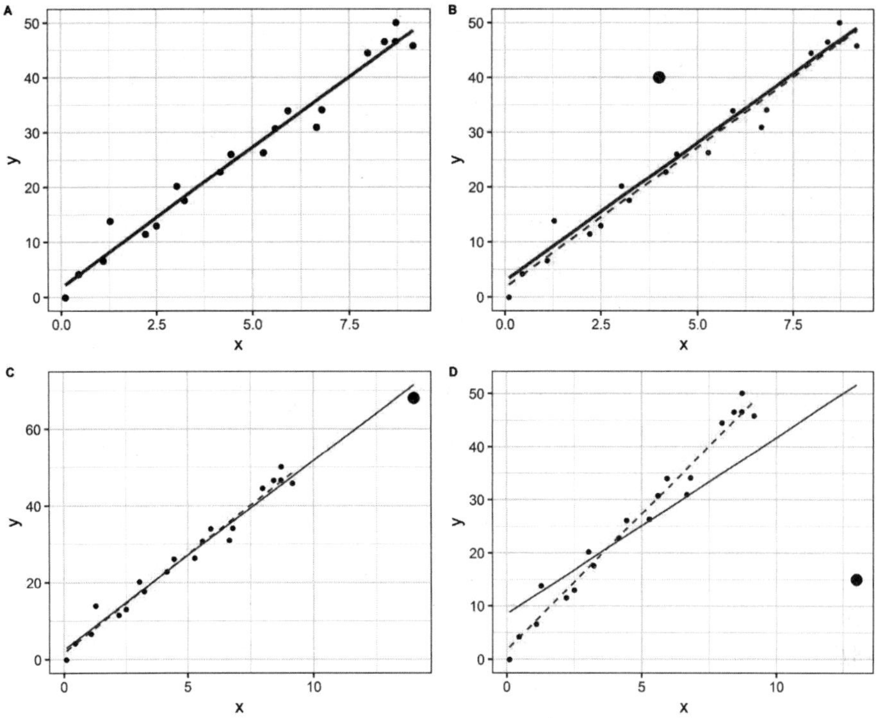

图12.1 异常观测值的图形展示

12.2 异常值产生的原因及后果

12.2.1 异常值产生的原因

产生异常值的可能原因有：

(1)观测值本身就是一个“不同寻常”的样本观测；

(2)数据录入、处理过程中产生的错误；

(3)来自测量误差；

(4)缺乏代表性的样本(比如其他观测样本来自发达地区，某个不发达地区的样本就会成为异常值)。

12.2.2 异常值产生的后果

如果模型中同时存在非线性、非正态性、异方差性和异常点等四种状况时，对计量经济建模的危害程度为异常点＞非线性＞异方差性＞非正态性，可见要对异常点足够重视。当样本中出现(哪怕是一个)异常点时，会产生如下后果：

(1)相较于线性模型，异常点的出现会导致非线性模型似乎更合适；

(2)会导致模型残差的异方差性；

(3)会导致残差分布的有偏性(非正态性)。

12.3 异常值的诊断

12.3.1 箱形图法

无论是用于判断因变量异常的异常点,还是用于判断自变量异常的高杠杆点,都属于统计学中的异常值。因此,可以用箱形图直观判断样本观测中是否存在“离群点”。

12.3.2 识别异常点的方法

这里需要用到线性回归模型的矩阵形式表达(细节参见第7章),OLS估计的回归系数向量为 $\mathbf{b}=(\mathbf{X}^{\mathrm{T}}\mathbf{X})^{-1}\mathbf{X}^{\mathrm{T}}\mathbf{Y}$,对应的因变量的预测值为 $\hat{\mathbf{Y}}=\mathbf{X}\mathbf{b}=\mathbf{X}(\mathbf{X}^{\mathrm{T}}\mathbf{X})^{-1}\mathbf{X}^{\mathrm{T}}\mathbf{Y}=\mathbf{H}\mathbf{Y}$,其中 $\mathbf{H}=\mathbf{X}(\mathbf{X}^{\mathrm{T}}\mathbf{X})^{-1}\mathbf{X}^{\mathrm{T}}$ 是帽子矩阵(Hat Matrix),又称为投影矩阵(Projection Matrix)或影响矩阵(Influence Matrix),它刻画了每一个因变量的观测值是如何影响其预测值的。残差的方差协方差矩阵为

$$\textbf{var-cov}(\hat{\mathbf{u}})=\boldsymbol{\sigma}^2(\mathbf{I}-\mathbf{H})$$

1. 标准化残差

用残差除以其标准差即可得出标准化残差(Standardized Residual),公式如下:

$$Z_{\hat{u}_i}=\frac{\hat{u}_i}{\hat{\sigma}\sqrt{1-h_{ii}}}$$

其中,h_{ii}是帽子矩阵H主对角线上的元素,$\hat{\sigma}$是残差的无条件标准差,其计算公式为

$$\hat{\sigma}=\sqrt{\hat{\sigma}^2}=\sqrt{MSE}=\frac{\sum_{i=1}^{n}\hat{u}_i^2}{n-k}$$

标准化残差可用于识别异常点,一般来讲,标准化残差绝对值大于2的观测值就有可能是异常点。

2. 学生化残差

学生化残差(Studentized Residual)又称为学生化剔除残差(Studentized Deleted Residual),计算公式如下:

$$t_i=\frac{\hat{u}_i}{\hat{\sigma}_{(i)}\sqrt{1-h_{ii}}}$$

其中,h_{ii}是帽子矩阵H的对角线元素,$\hat{\sigma}_{(i)}$中的下标(i)表示在计算第i个观测值的残差时用到的回归方程剔除了该观测值,其计算公式为

$$\hat{\sigma}_{(i)}=\sqrt{\hat{\sigma}_{(i)}^2}=\sqrt{MSE_{(i)}}=\sqrt{\frac{1}{n-k-1}\sum_{\substack{i=1\\ j\neq i}}^{n}\hat{u}_j^2}$$

可以证明,学生化残差服从自由度为$n-k-1$的t分布。一般来讲,学生化残差的绝对值大于3就认为该观测值是一个异常点。

12.3.3 高杠杆点识别

杠杆值(Leverage)就是帽子矩阵的主对角线元素h_{ii},它测度了自变量观测值偏离其中心点

的程度，其取值范围为$0 \leqslant h_{ii} \leqslant 1$。因为$\mathrm{var}(\hat{u}_i)=\sigma^2(1-h_{ii})$，所以$h_{ii}$越接近于0表示该观测值对残差方差影响越小。经验表明，当$h_{ii} > \frac{2k}{n}$时，被称为高杠杆点，可能(但不一定)会是一个强影响点。

12.3.4 强影响点识别

1. 库克距离

库克距离(Cook's Distance)测度每个观测值对回归系数以及因变量预测值的总影响，可以用于识别某个观测值对回归结果是否有较强的影响。其计算公式如下：

$$D_i=\frac{\sum_{i=1}^{n}(\hat{Y}_i-\hat{Y}_{i(i)})^2}{k\hat{\sigma}^2}=\frac{\hat{u}_i^2}{k\hat{\sigma}^2}\cdot\frac{h_{ii}}{(1-h_{ii})^2}$$

一般来讲，当$D_i \geqslant \frac{4}{n}$或$D_i \geqslant 3 \times \frac{\sum_{i=1}^{n} D_i}{n}$时，可以认为该观测点是一个可能的强影响点。

2. 回归系数估计差异(DFBETAS)

DFBETAS测度了第i次观测值如何影响回归系数的估计值，其计算公式如下：

$$DFBETA_i=\frac{b_i-b_{i(i)}}{\hat{\sigma}_{(i)}\sqrt{(\mathbf{X}^{\mathrm{T}}\mathbf{X})_{\mathrm{ii}}^{-1}}}$$

一般来讲，当$|DFBETA_i| > \frac{2}{\sqrt{n}}$时，就值得警惕，在R软件中，通常推荐2作为临界值。

3. 预测值差异(DFFITS)

DFFITS测度了第i次观测值如何影响因变量的预测值，其计算公式如下：

$$DFFITS_i=\frac{\hat{Y}_i-\hat{Y}_{i(i)}}{\hat{\sigma}_i^2\sqrt{h_{ii}}}=t_{i(i)}\sqrt{\frac{h_{ii}}{1-h_{ii}}}$$

一般来讲，当$|DFFITS_i| > 2 \times \sqrt{\frac{k}{n}}$时，就值得警惕。

12.4 异常值的处理策略

前面的异常值诊断只是给出了某个或某些观测点可能是强影响点的提示，更何况不同的方法给出的异常点判断也不完全相同。一般来讲，当模型中可能存在异常值时，建议采用如下的经验策略。

首先检查观测值中的异常是不是明显的数据错误，如果是，可以采用如下处理办法：

(1)如果该数据错误源自数据录入或收据搜集，改正即可；

(2)如果某个观测值不是源自研究总体，则删除此观测值；

(3)如果错误源自无效的测量，则删除此观测值。

其次，如果确定没有数据错误，就需要考虑是否存在模型设定偏误，比如有没有遗漏重要的解释变量、是否需要引入交互项以及模型是否存在非线性因素，等等。

然后，可以将异常值看做缺失值，用缺失值替代(均值替代、局部趋势替代等)的方法进行修正。

最后,以上策略都没办法解决问题时,考虑采用稳健回归方法消除或缓解强影响点对模型的影响。常见的稳健回归方法有最小绝对残差回归(LAR)、迭代再加权稳健回归(IRLS)以及最小中位数平方回归(LMSR)等。稳健回归的原理略微复杂,本书不打算详细介绍,感兴趣的读者可以查阅相关文献。

12.5 异常值诊断的R实现

12.5.1 数据集与扩展包

本章继续采用员工工资数据集:

```
Salary <- read_csv("./dataset/Employee_Salary.csv")
```

用到的R扩展包如下:

```
library(readxl)
library(readr)
library(dplyr)
library(tidyr)
library(broom)
library(ggplot2)
library(cowplot)
library(car)
library(olsrr)
library(MASS)
library(stargazer)
```

12.5.2 箱形图

用ggplot2分别绘制包含异常值和移除异常值的因变量(log(salary))的箱形图,如图所示。R代码如下,输出结果如图12.2所示。

```
# 移除异常值的箱形图
p_no_outliers <- Salary %>%
  ggplot(aes(x = log(salary))) +
  geom_boxplot(outlier.shape = NA) +
  coord_cartesian(xlim = quantile(log(Salary$salary), c(0.1, 0.9)))
# 包含异常值的箱形图
p_with_outliers <- Salary %>%
  ggplot(aes(x = log(salary))) +
  geom_boxplot(outlier.alpha = 0.6,
               outlier.color = "red")
```

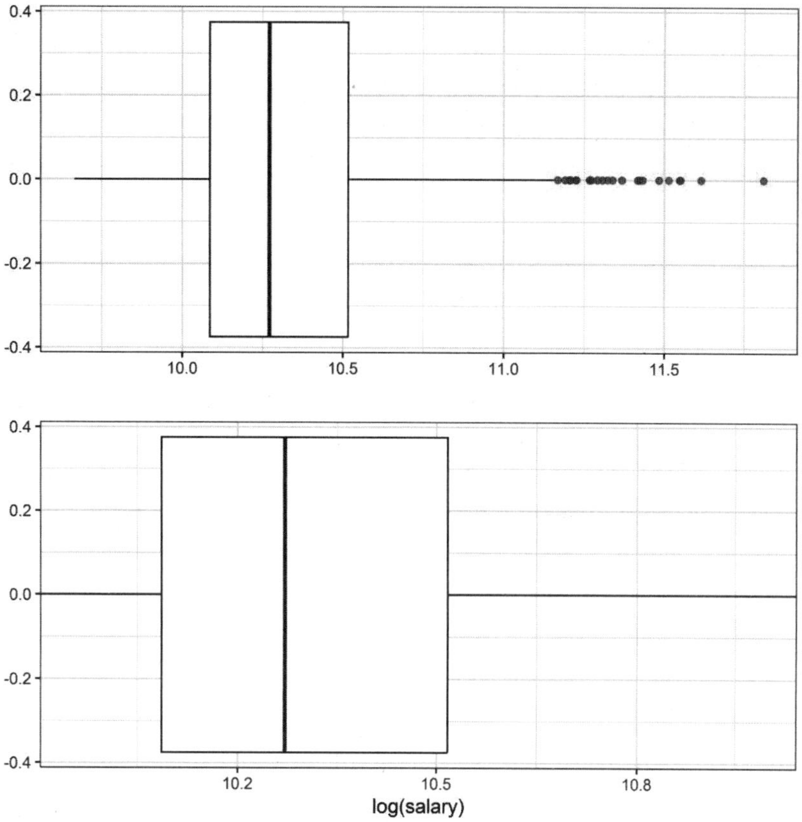

图12.2 移除异常值与包含异常值的箱形图

12.5.3 计算识别异常值的统计量

读者可以根据12.3节的公式尝试手动编写代码计算相关统计量，扩展包broom中的augment()函数可以自动输出这些统计量。R代码及输出结果如下：

```
model_outlier <- lm(log(salary) ~ log(salbegin), data = Salary)
augment(model_outlier)
```

log(salary) <dbl>	log(salbegin) <dbl>	.fitted <dbl>	.hat <dbl>	.sigma <dbl>	.cooksd <dbl>	.std.resid <dbl>
9.973480	9.392662	10.080565	0.003410275	0.1842823	5.805320e-04	-0.5824941416
9.994242	9.487972	10.175698	0.002668705	0.1841584	1.302493e-03	-0.9866704547
9.994242	9.185023	9.873312	0.006094054	0.1842638	1.330130e-03	0.6586907274
10.236382	9.453287	10.141077	0.002902870	0.1842961	3.910182e-04	0.5182846899
10.085809	9.510445	10.198129	0.002538802	0.1842757	4.746358e-04	-0.6107013009
10.318903	9.711116	10.398426	0.002139249	0.1843121	2.003178e-04	-0.4322938711

输出结果中，.fitted是因变量的预测值$\hat{Y}_i$，.hat是帽子矩阵的对角线元素h_{ii}，.sigma是剔除第i次观测后估计的残差标准误$\hat{\sigma}_{(i)}$，.cooksd是库克距离，.std.resid是标准化残差。读者可以用基础包中的dffits()函数和dfbetas()函数计算DFFITS和DFBETAS两个统计量。

12.5.4 绘制异常值诊断图

R扩展包olsrr提供了丰富易用的外部函数，可以对异常值诊断的结果进行可视化。

1. 标准化残差图与学生化残差图

用olsrr包中的ols_plot_resid_stand()函数和ols_plot_resid_stud()函数分别绘制模型的标准化残差图和学生化(删除)残差图。R代码如下,输出结果如图12.3和图12.4所示。

```
ols_plot_resid_stand(model_outlier)
ols_plot_resid_stud(model_outlier)
```

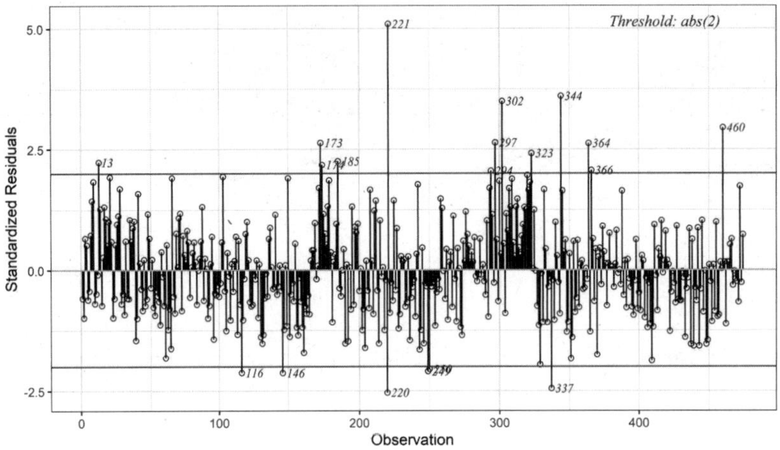

图12.3 标准化残差图

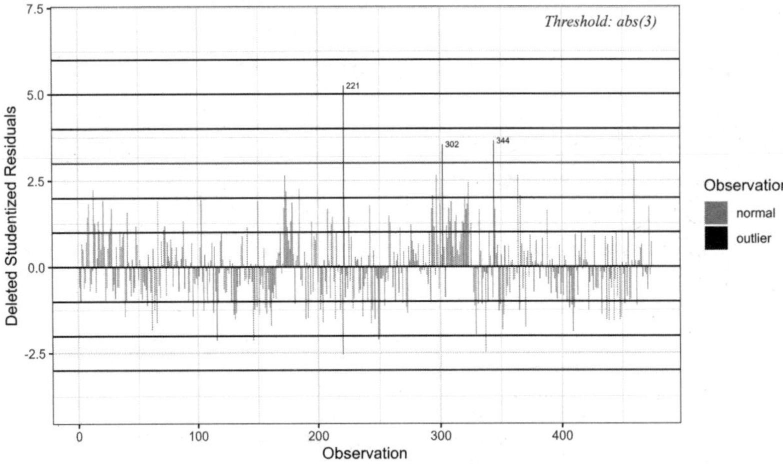

图12.4 学生化删除残差图

图12.3和图12.4分别标注了标准化残差绝对值大于2和学生化残差绝对值大于3的样本观测点,这些点是可能的异常点。图12.4显示,个案号为302和344的两个观测点可能是异常点。

2. 杠杆值图和库克距离图

用olsrr包中的ols_plot_resid_lev()函数和ols_plot_cooksd_bar()函数分别绘制模型的杠杆值图和库克距离图。R代码如下,输出结果如图12.5和图12.6所示。

```
ols_plot_resid_lev(model_outlier)
```

```
ols_plot_cooksd_bar(model_outlier)
```

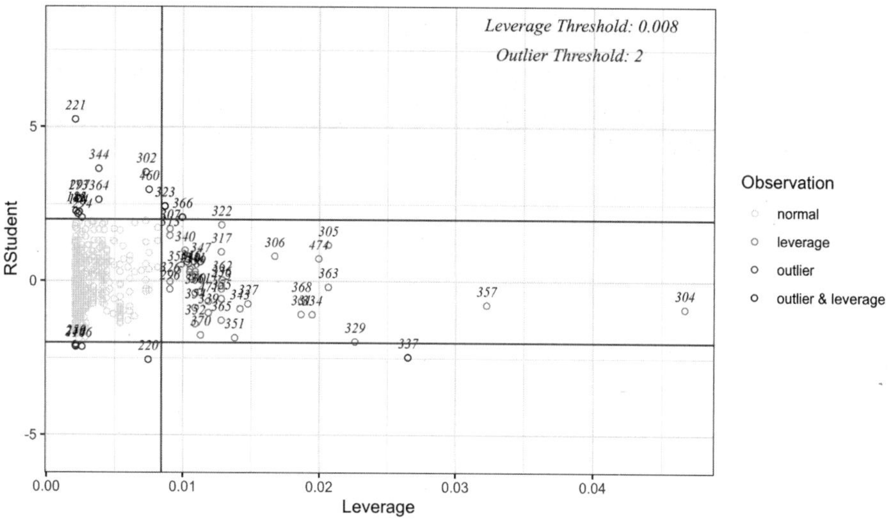

图 12.5　杠杆值图

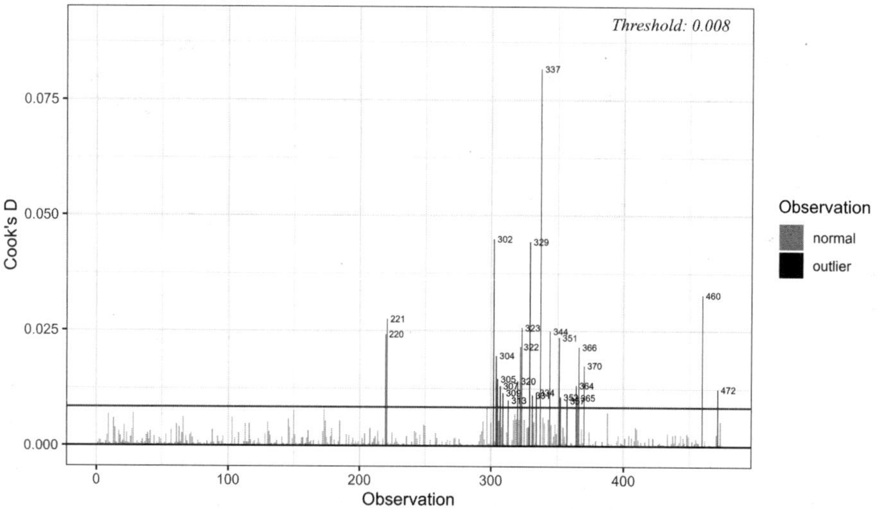

图 12.6　库克距离图

图 12.5 中的三条实线将观测点划分为 6 个区域，其中，左上和左下区域中的观测点是异常点；右上和右下区域的观测点既是异常点，同时也是高杠杆值点；中间左边区域的观测点是正常的点；中间右侧区域的观测点是杠杆值点。图 12.6 将每个观测点对应的库克距离绘制在条状图中，超出临界值的观测点均是潜在的异常点。

3. DFFITS 图和 DFBETAS 图

用 olsrr 包中的 ols_plot_dffits()函数和 ols_plot_dfbetas()函数分别绘制模型的 DFFITS 图和 DFBETAS 图。R 代码如下，输出结果如图 12.7 和图 12.8 所示。

```
ols_plot_dffits(model_outlier)
ols_plot_dfbetas(model_outlier)
```

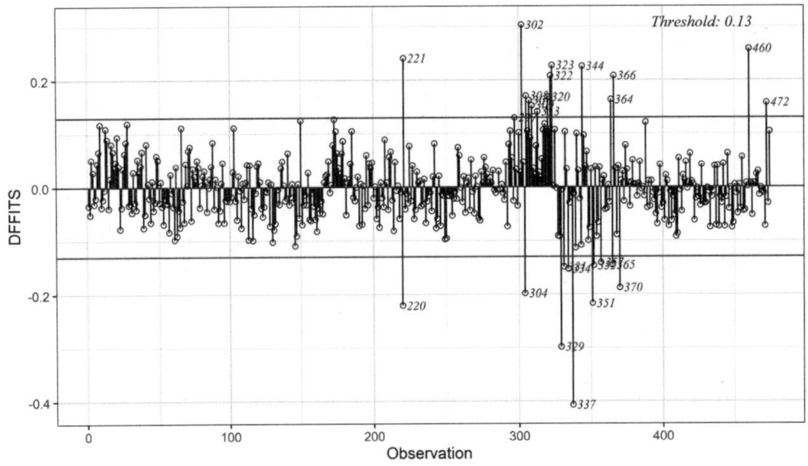

图12.7　DFFITS图

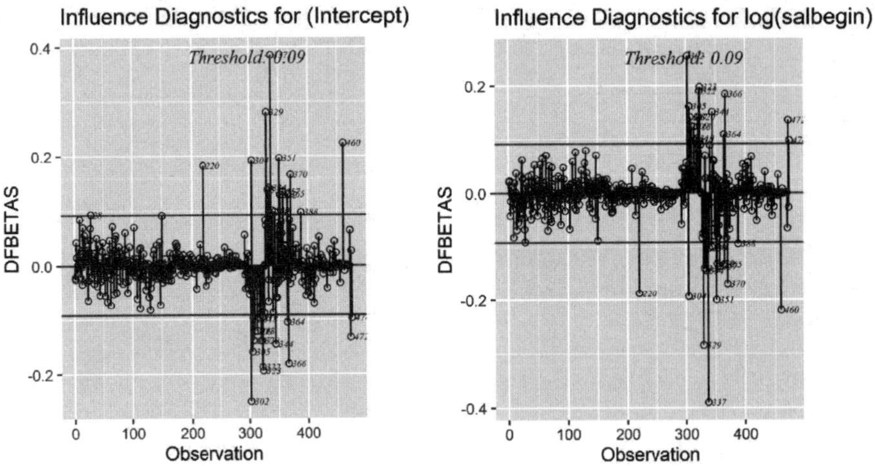

图12.8　DFBETAS图

12.6　异常值补救的R实现

我们用常规的lm()函数分别拟合原始的OLS模型和删除异常值的OLS模型，用MASS包中的rlm()函数拟合基于迭代再加权最小二乘(IRLS)的稳健回归模型分别进行拟合，并将结果放在一起进行对比。R代码及输出结果如下：

```
# 数据对数转换
Salary_log <- Salary %>%
  mutate(LnSalary = log(salary),
         LnSalbegin = log(salbegin))
# 拟合所有数据的OLS模型
model_ols <- lm(LnSalary ~ LnSalbegin + prevexp + gender,
                data = Salary_log)
```

```
# 拟合删除异常值后的OLS模型
Salary_del_outliers <- augment(model_ols) %>%
  mutate(abs_resid = abs(.std.resid)) %>%
  filter(!abs_resid > 2)
model_del <- lm(LnSalary ~ LnSalbegin + prevexp + gender,
                data = Salary_del_outliers)
# 拟合稳健回归
model_rlm_huber <- rlm(LnSalary ~ LnSalbegin + prevexp + gender,
                       psi = psi.huber,   # 默认的Huber权重函数
                       data = Salary_log)
model_rlm_bisquare <- rlm(LnSalary ~ LnSalbegin + prevexp + gender,
                          psi = psi.bisquare,    # 双平方权重函数
                          data = Salary_log)
# 输出模型对比
stargazer(model_ols,
  model_del,
  model_rlm_huber,
  model_rlm_bisquare,
  header = FALSE,
  type = "text",
  digits = 4,
  intercept.bottom = FALSE,
  column.labels = c("OLS1", "OLS2", "IRLS1", "IRLS2"),
  dep.var.labels.include = FALSE,
  model.numbers = FALSE,
  dep.var.caption = "因变量:LnSalary",
  model.names = FALSE,
  star.char = NULL)
```

```
==========================================================================================================
                                                      因变量:LnSalary
                     -------------------------------------------------------------------------------------
                              OLS1                      OLS2                   IRLS1            IRLS2
----------------------------------------------------------------------------------------------------------
Constant                   1.1331***                 1.1153***               1.1152***        1.1109***
                           (0.2539)                  (0.2222)                (0.2442)         (0.2469)

LnSalbegin                 0.9567***                 0.9575***               0.9577***        0.9582***
                           (0.0268)                  (0.0235)                (0.0258)         (0.0260)

prevexp                   -0.0006***                -0.0006***              -0.0006***       -0.0006***
                           (0.0001)                  (0.0001)                (0.0001)         (0.0001)

gendermale                 0.0633***                 0.0572***               0.0586***        0.0547***
                           (0.0192)                  (0.0168)                (0.0185)         (0.0187)

----------------------------------------------------------------------------------------------------------
Observations                 474                       455                     474              474
R2                          0.8148                    0.8571
Adjusted R2                 0.8136                    0.8561
Residual Std. Error    0.1715 (df = 470)         0.1459 (df = 451)      0.1639 (df = 470) 0.1639 (df = 470)
F Statistic        689.2380*** (df = 3; 470) 901.4468*** (df = 3; 451)
==========================================================================================================
Note:                                                                   *p<0.1; **p<0.05; ***p<0.01
```

由输出结果可知，在本例中异常点对模型的回归系数估计以及检验的影响并不是十分明显，可能的原因有两个：一是本例的样本量比较大，二是样本中的异常点还不够“极端”。

第13章 模型设定与变量选择

13.1 模型选择准则

所有的计量经济模型都是以经济理论为基础,同时要满足模型构建的基本假定并尽可能没有遗漏重要变量或包含冗余变量。除此之外,还有一些常用的信息准则可以帮助我们在不同的模型之间进行权衡。

13.1.1 判决系数与调整的判决系数

在前面的章节中,我们已经介绍过这两个用于判断线性回归模型拟合优度的统计量。判决系数的计算公式为

$$R^2 = 1 - \frac{SSE}{SST}$$

其中,SSE是模型的残差平方和,SST是因变量的离差平方和。判决系数总是随着自变量个数的增加而增大,所以一个包含更多自变量(哪怕是一些不相关的变量)的模型会有更高的R^2。因此,经过自由度调整的判决系数R_a^2本质上是对盲目增加自变量数量的一种惩罚,其计算公式如下:

$$R_a^2 = 1 - \frac{SSE/(n-k)}{SST/(n-1)}$$

其中,n是样本容量,k是待估参数个数(包含截距项)。

无论是判决系数还是调整的判决系数,值越大就意味着模型拟合效果越好。

13.1.2 赤池信息准则及其校正

1. 赤池信息准则

赤池信息准则(Akaike Information Criteria, AIC)由日本统计学家赤池弘次(Akaike Hirotsugu)于1974年正式提出,同样是引入惩罚机制,计算公式如下:

$$AIC = -2\ln \hat{L} + 2k$$

其中,ln表示自然对数,k是待估参数的数量,$\hat{L}$是模型极大似然函数估计值。在模型干扰项满足独立性、同方差性以及正态性等条件下,可以用残差平方和计算,公式如下:

$$AIC = n\ln(SSE/n) + 2k$$

在比较多个模型时,优先选择具有最低AIC的模型。

2. 校正的赤池信息准则

当样本容量比较小时,AIC准则容易导致过拟合,因此需要通过增加一个额外惩罚项AIC_C

对其进行校正，计算公式如下：

$$AIC_C = -2\ln\hat{L} + 2k \cdot n/(n-k-1) = AIC + (2k^2+2k)/(n-k-1)$$

当 $n \to \infty$ 时，额外惩罚项收敛于0，此时 $AIC_C \to AIC$。

13.1.3 贝叶斯信息准则

贝叶斯信息准则(Bayesian Information Criterion，BIC)是由德国数学家舒瓦茨(Schwarz)提出的，因此又称为舒瓦茨信息准则(Schwarz Information Criterion，SIC)。该准则引入了比AIC更严厉的惩罚机制，其计算公式如下：

$$BIC = -2\ln\hat{L} + k\ln n$$

在干扰项满足独立性、同方差性及正态性等条件下，也可以用残差平方和计算，公式如下：

$$BIC = n\ln(SSE/n) + k\ln n$$

在比较多个模型时，优先选择具有最低BIC的模型。

13.1.4 汉南—奎因信息准则

汉南—奎因信息准则(Hannan-Quinn Information Criterion，HQC)提供了除AIC和BIC外的另一种选择，其计算公式如下：

$$HQC = -2\ln\hat{L} + k\ln(\ln n)$$

13.1.5 马娄斯 C_p 准则

纯粹基于残差平方和的准则(如调整的判决系数)容易导致过拟合，马娄斯 C_p 准则可以避免引入过多的自变量。假定我们一共有 k 个自变量，而最终选择了 p 个自变量($p \leqslant k$)，马娄斯提出的 C_p 计算公式如下：

$$C_p = \frac{SSE_p}{\hat{\sigma}^2} - n - 2(p+1)$$

其中，SSE_p 是 p 元回归模型的残差平方和，$\hat{\sigma}^2$ 是包含 k 个参数的全模型的方差估计量。马娄斯证明，当样本容量充分大时，$E(C_p) \approx p$，该准则优先选择一个更接近直线 $C_p = p$ 的模型。

13.1.6 PRESS准则

PRESS的全称是Predicted Residual Error Sum of Squares，来源于留一法(Leave-one-out)交叉验证的统计思想，其计算公式如下：

$$PRESS = \sum_{i=1}^{n} d_i^2 = \sum_{i=1}^{n}(Y_i - \hat{Y}_{(i)})^2$$

其中，$\hat{Y}_{(i)}$ 是删除第 i 次观测后拟合的回归方程对该次观测的因变量预测值，d_i 称为删除残差，其值为 Y_i 与 $\hat{Y}_{(i)}$ 的差。PRESS有一个等价的计算公式

$$PRESS = \sum_{i=1}^{n}\left(\frac{\hat{u}_i}{1-h_{ii}}\right)^2$$

其中，$\hat{u}_i$ 是OLS拟合的残差，h_{ii} 是帽子矩阵 H 的对角线元素。

依据该准则，优先选择PRESS值最低的模型。

13.2 模型设定检验

在线性回归模型的基本假定中,随机干扰项的均值为0即$E(u_i|X_i)=0$对最小二乘估计量一致性的影响是至关重要的。因此,在模型设定时,如果遗漏了重要变量或者包含了冗余变量,或者使用了错误的函数形式,这些都属于模型设定偏误。下面给出几种常见的模型设定检验方法。

13.2.1 模型线性检验

1. 递归链接检验

递归链接检验(Recursive Link Test)又称为Harvey-Collier线性关系检验,其基本思想是:如果真实的模型是非线性的,则递归残差的均值应该显著不等于0。更多细节可以查阅相关文献。

2. 彩虹检验

彩虹检验(Rainbow Test)的基本思想是:即使真实的模型是非线性的而我们却拟合了一个线性回归,该线性回归对于全部的数据拟合误差较大,但对于子集(比如中间的某一段数据)依然会有较好的拟合。因此彩虹检验本质上是一个模型对比的F检验,F统计量的计算如下:

$$F=\frac{\dfrac{SSE_{\text{all}}-SSE_{\text{middle}}}{n-n_{\text{middle}}}}{\dfrac{SSE_{\text{middle}}}{n_{\text{middle}}-k}}$$

其中,all表示全部数据,middle表示按照某个变量排序后的中间部分的数据。该检验的原假设是:全数据模型的拟合优度低于中间数据拟合的模型。

13.2.2 回归设定误差检验

回归设定误差检验(REgression Specification Error Test)又称为拉姆齐RESET检验。假定真实的线性回归模型为

$$Y_i=\beta_0+\beta_1X_{1i}+\beta_2X_{2i}+\cdots+\beta_kX_{ki}+u_i$$

则在模型中引入任何形式的非线性项都应该是不显著的。该方法的基本步骤是:

首先,用OLS拟合的样本回归方程为

$$\hat{Y}_i=b_0+b_1X_{1i}+b_2X_{2i}+\cdots+b_kX_{ki}$$

然后,构造包含原始自变量和因变量预测值的高阶多项式模型如下:

$$Y_i=\beta_0+\beta_1X_{1i}+\beta_2X_{2i}+\cdots+\beta_kX_{ki}+\delta_1\hat{Y}_i^2+\delta_2\hat{Y}_i^3+u_i$$

最后,用F统计量联合检验原假设H_0:$\delta_1=\delta_2=0$即可,这是一个受约束的最小二乘法。

13.2.3 非嵌套模型检验

受约束最小二乘F检验可以用于嵌套模型(Nested Models)互相之间的对比,而对于非嵌套模型(Non-nested Models)却无能为力。下面我们介绍几种常用的用于非嵌套模型选择的检验方法。

1. 在线性模型与对数模型之间进行选择

对于同一份样本数据，无论是构建线性模型还是对数模型都具有明确的经济意义，究竟优先选择哪一个模型呢？

简化起见，我们以二元回归为例进行说明。假定线性模型的表达式为

模型A：$Y_i = \beta_0 + \beta_1 X_{1i} + \beta_2 X_{2i} + u_i$

相应的对数模型（因变量为对数形式，自变量可以是对数形式，也可以是线性形式）为

模型B：$\log(Y_i) = \beta_0 + \beta_1 X_{1i} + \beta_2 X_{2i} + u_i$

假定线性模型A是正确的，则来自该模型的拟合值的自然对数值与来自模型B的拟合值（对数形式）之间的差异应该是不显著的；同理，假定模型B是正确的，则来自该模型的拟合值的（以e为底的）指数值与来自模型A的拟合值（原始水平）之间的差异应该是不显著的。

2. *J*检验

*J*检验的基本思想与13.2.3节第一部分中的思想非常接近，它适用于更一般的非嵌套模型之间的比较。假定对比模型分别为

模型A：$Y_i = \beta_0 + \beta_1 X_{1i} + \beta_2 X_{2i} + u_i$

模型B：$Y_i = \alpha_0 + \alpha_1 Z_{1i} + \alpha_2 Z_{2i} + v_i$

将来自A模型的拟合值 $\hat{Y}_i^A$ 添加在B模型中并检验其系数的显著性，同时将来自B模型的拟合值 $\hat{Y}_i^B$ 添加在A模型中并检验其系数的显著性，进而判断哪一个模型相对更优。这类检验法有时会出现同时接受两个模型或同时拒绝两个模型的情况，就需要读者根据先验信息进行取舍或更进一步的研究。

13.3 模型变量选择

如果有 $k-1$ 个自变量，理论上可以构建 2^k-1 个回归模型，如果对如此多的模型用13.1节中的信息准则进行逐一评价是一项令人“望而却步”的工作。为了简化这项工作，统计学家开发了一系列的基于计算机搜索的统计程序进行变量筛选。本节重点介绍比较常用的“最优”子集筛选法和逐步回归法。

13.3.1 “最优”子集筛选

我们以三个自变量为例说明“最优”子集（Best Subsets）筛选的原理和步骤。根据排列组合原理，所有可能的模型一共有 $2^3-1=7$ 个，分别为3个一元回归模型、3个二元回归模型和1个全模型，如图13.1所示。

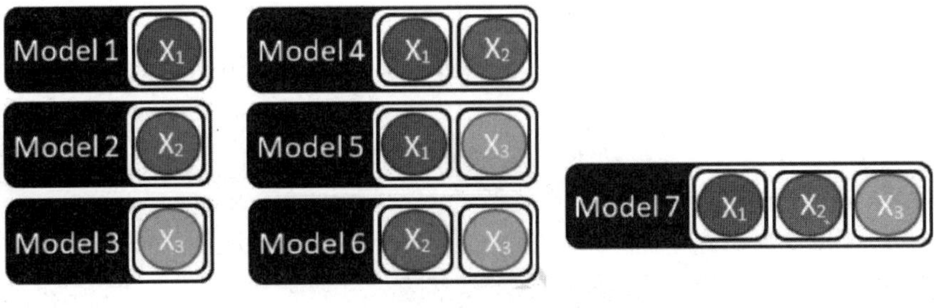

图13.1 三个自变量时所有可能的组合示意图

首先,拟合所有的一元回归模型(共3个)并根据最小残差平方和或最高判决系数的准则选择一个"最优"的模型;然后,拟合所有的二元回归模型(共3个)并根据最小残差平方和或最高判决系数的准则选择一个"最优"的模型;最后,拟合全模型(共1个)作为三元回归的"最优"模型。这三个模型就构成了"最优"子集,再根据AIC准则、BIC准则、马娄斯C_p准则或PRESS准则从中选择一个作为最终的模型。

13.3.2 逐步回归方法

1. 向前选择法

对每一个自变量依次构建一元回归模型(共$k-1$个),从中选择一个自变量系数最显著的(t值最大或p值最小),以此为起点,在一元回归模型的基础上依次加入剩余的变量构建二元回归模型(共$k-2$个)并从中选择一个新加入变量系数最显著的,以此类推,直到新加入的变量均不显著时停止。向前选择法(Forward Selection)的缺点是,前面进入模型的变量不会被重新检验,所以一直保留在模型中。

2. 向后选择法

与向前选择法相反,向后选择法(Backward Selection)是以一个包含所有自变量的全模型作为起点,每次去掉一个最不显著(t值最小或p值最大)的变量,直到模型中所有变量均显著时停止。该方法的缺点是,前面被删除的变量后面不再有机会进入模型。

3. 逐步回归法

逐步回归法(Stepwise Regression)克服了向前选择法和向后选择法的缺点,它的第一步与前向选择法相同,不同的是在后面新加入每个自变量的时候,需要重新检视模型中已有变量的显著性。显著的继续保留在模型中,不显著的就"暂时"被删除,这些被删除的变量后面还有机会被加入模型中进行检验。为了避免某个变量反复进出模型,通常选择不同的显著性水平作为进入(Enter)和删除(Remove)标准。一般来讲,变量进入的显著性水平不大于变量删除的显著性水平。

13.3.3 其他方法

变量选择的方法还有很多,比如K折交叉验证法(K-fold Cross Validation)、留一法交叉验证、Bootstrap交叉验证法以及LASSO方法等。感兴趣的读者可以查阅相关参考文献。

13.4 信息准则计算的R实现

13.4.1 基于随机模拟数据的OLS拟合

为了演示方便,我们随机模拟了一个OLS模型。R代码及输出结果如下:

```
set.seed(1230)    # 设定随机种子数
x <- runif(n = 20, min = 1, max = 10)    # 随机生成均匀分布的自变量x
beta_0 <- 2    # 设定截距项
beta_1 <- 0.8    # 设定斜率系数
u <- rnorm(20)    # 随机生成满足高斯经典假定的干扰项
y <- beta_0 + beta_1 * x + u    # 生成因变量y
```

```
X_mat <- cbind(1, x)    # 生成设计矩阵
Hat_matrix <- X_mat %*% solve(t(X_mat) %*% X_mat) %*% t(X_mat)    # 计算帽子矩阵H
sum(diag(Hat_matrix))    # 帽子矩阵的迹(对角线元素之和)等于模型中参数的个数
##  [1] 2
df_IC <- tibble::tibble(Y = y, X = x)    # 生成数据表
model_IC <- lm(Y ~ X, data = df_IC)    # 拟合OLS模型
typeof(model_IC)    # 查看数据结构类型为列表
##  [1] "list"
#  提取模型估计结果(列表中的元素)
b <- model_IC$coefficients    # 提取模型回归系数,也可以用coef()函数
u_hat <- model_IC$residuals    # 提取模型残差,也可以用resid()函数
y_hat <- model_IC$fitted.values    # 提取因变量拟合值,也可以用fitted()函数
#  输出模型汇总结果
summ <- summary(model_IC)    # 基础包实现
Summ <- car::S(model_IC)    # 扩展包car实现
```

13.4.2 信息准则的计算

1. 计算残差平方和SSE

直接用求和函数sum()计算残差平方和SSE。

```
SSE <- sum(u_hat^2)
##  [1] 28.50384
```

2. 计算判决系数R^2

(1)方法一:手动计算

首先计算因变量的离差平方和SST,然后用判决系数的定义计算R^2。

```
SST <- sum((y - mean(y))^2)
R_sq <- 1 - SSE/SST
R_sq
##  [1] 0.7384672
```

(2)方法二:从模型汇总结果中提取

```
Summ$r.squared    # 结果略
```

(3)方法三:从broom包中的glance()函数提取

```
glance(model_IC)$r.squared    # 结果略
```

3. 计算调整的判决系数R_a^2

(1)方法一:手动计算

```
n -> nobs(model_IC) - 1)    # 计算样本容量
dof -> model_IC$df.residual    # 计算自由度
1 - (n - 1) * (1 - R_sq) / dof
##  [1] 0.7239376
```

(2)方法二:从模型汇总结果中提取

```
summ$adj.r.squared    # 结果略
```

(3)方法三:用broom包中的glance()函数提取

```
glance(model_IC)$adj.r.squared    # 结果略
```

4. 计算AIC

(1)方法一:用AIC()函数

```
AIC(model_IC)
```

```
## [1] 69.84367
```

(2)方法二:从broom包中的glance()函数提取

```
glance(model_IC)$AIC   # 结果略
```

5. 计算BIC

(1)方法一:用BIC()函数

```
BIC(model_IC)
```

```
## [1] 72.83087
```

(2)方法二:从broom包中的glance()函数提取

```
glance(model_IC)$BIC   # 结果略
```

6. 计算马娄斯 C_p

可以用olsrr包中的ols_mallows_cp()函数计算模型的马娄斯 C_p 值,该值的计算涉及多个模型,因此,我们将在后面的变量选择部分介绍该函数的使用方法。

7. 计算PRESS

首先计算杠杆值,然后计算删除残差,最后计算PRESS,R代码及输出结果如下:

```
hii <- diag(Hat_matrix)  # 计算杠杆值(方法一):帽子矩阵对角线元素
hii <- augment(model_IC)$.hat  # 计算杠杆值(方法二):直接提取
resid_del <- resid(model_IC) / (1 - diag(Hat_matrix))   # 计算删除残差(方法一)
resid_del <- resid(model_IC) / (1 - augment(model_IC)$.hat)   #计算删除残差(方法二)
PRESS <- sum(resid_del^2)
PRESS  # 计算PRESS
```

```
## [1] 34.67987
```

```
SSE <- sum(u_hat^2)
SSE
```

```
## [1] 28.50384
```

由输出结果可知,预测平方和大于残差平方和,因为(留一法)预测总是比拟合困难。

13.5 模型设定检验的R实现

13.5.1 数据集与扩展包

本章采用MASS包中的Boston数据集,该数据集包含了美国马萨诸塞州波士顿地区房屋价值(medv)、城镇人均犯罪率(crim)、每栋住宅房间数(rm)、城镇学生教师比例(ptratio)、房东属于低收入阶层的比例(lstat)等14个变量共506个观测个案。

本章用到的R扩展包有:

```
library(dplyr)
library(ggplot2)
library(lmtest)
library(tibble)
```

```
library(broom)
library(car)
library(olsrr)
library(MASS)
library(tsibble)
library(readxl)
library(ALSM)
library(StepReg)
```

13.5.2 拟合 OLS 模型

首先根据先验信息选择可能会影响房屋价值的变量并进行适当的变量变换，接着用OLS拟合多元线性回归模型并对模型进行残差分析。R代码如下，输出结果如图13.2所示。

```
# 数据变换，房屋价值改为以美元计
df_house <- Boston %>%
  mutate(ID = as.character(row_number()),
         HouseValue = medv * 1000,
         CrimeRate = crim,
         Rooms = rm,
         PTRatio = ptratio,
         LSRate = lstat,
         Age = age) %>%
  select(ID, HouseValue, CrimeRate, Rooms, PTRatio, LSRate)
# OLS拟合
model_linear <- lm(HouseValue ~ CrimeRate + Rooms + PTRatio + LSRate,
                   data = df_house)
S(model_linear)
##  Call: lm(formula = HouseValue ~ CrimeRate + Rooms + PTRatio + LSRate,
##           data = df_house)
##
##  Coefficients:
##              Estimate Std. Error t value Pr(>|t|)
##  (Intercept) 16923.30    3975.64   4.257 2.48e-05 ***
##  CrimeRate     -65.44      30.81  -2.124   0.0342 *
##  Rooms        4618.62     427.16  10.812  < 2e-16 ***
##  PTRatio      -889.69     118.83  -7.487 3.19e-13 ***
##  LSRate       -534.31      45.64 -11.708  < 2e-16 ***
##  ---
##  Signif. codes:  0 ‘***’ 0.001 ‘**’ 0.01 ‘*’ 0.05 ‘.’ 0.1 ‘ ’ 1
##
##  Residual standard deviation: 5211 on 501 degrees of freedom
##  Multiple R-squared: 0.6815
##  F-statistic:   268 on 4 and 501 DF,  p-value: < 2.2e-16
```

```
##        AIC       BIC
##  10104.21 10129.57
# 线性模型的残差图
augment(model_linear) %>%
  ggplot(aes(x = .fitted, y = .resid)) +
  geom_point() +
  geom_smooth(method = "loess", se = F) +
  geom_hline(yintercept = 0, lty = 2, lwd = 1.2, color = "red")
```

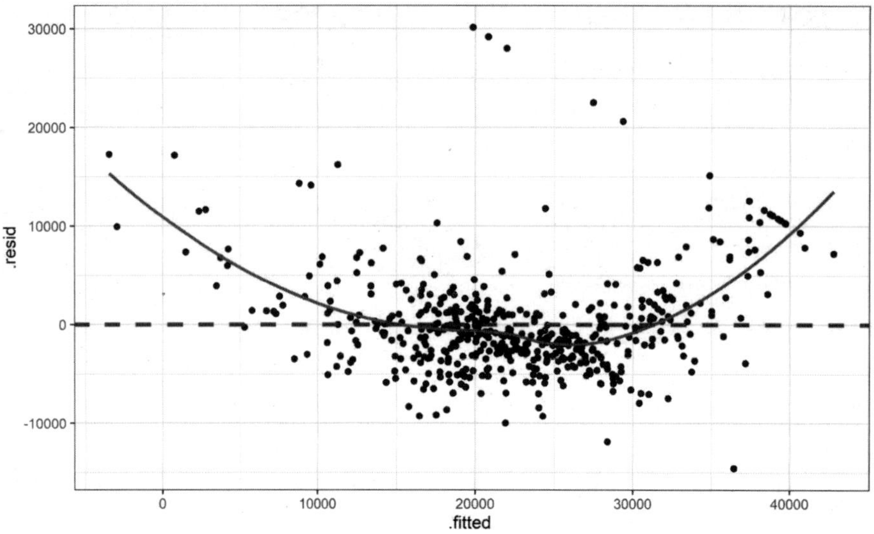

图 13.2　房屋价值线性模型残差图

如果模型设定是正确的,残差应该在以0为中心的带状区域内均匀分布。而图13.2中的残差却呈现出明显的曲线形状,提示可能存在线性模型未能捕捉到的非线性“模式”。

13.5.3　模型线性检验

1. 一般Link检验

以线性模型中的原始因变量(HouseValue)为被解释变量,以预测值(yhat)及其平方(yhat_sq)为解释变量,构建OLS回归。R代码和输出结果如下:

```
model_link <- augment(model_linear) %>%
  mutate(yhat = .fitted,
         yhat_sq = yhat^2) %>%
  lm(HouseValue ~ yhat + yhat_sq, data = .)
S(model_link)
##  Call: lm(formula = HouseValue ~ yhat + yhat_sq, data = .)
##
##  Coefficients:
##                Estimate Std. Error t value Pr(>|t|)
##  (Intercept)  1.184e+04  1.187e+03   9.969   <2e-16 ***
##  yhat        -2.162e-01  1.062e-01  -2.036   0.0422 *
```

```
## yhat_sq      2.754e-05  2.326e-06  11.843   <2e-16 ***
## ---
## Signif. codes:  0 '***' 0.001 '**' 0.01 '*' 0.05 '.' 0.1 ' ' 1
##
## Residual standard deviation: 4599 on 503 degrees of freedom
## Multiple R-squared: 0.7509
## F-statistic: 758.3 on 2 and 503 DF,  p-value: < 2.2e-16
##      AIC     BIC
## 9975.75 9992.66
```

不出预料，yhat的系数是显著的，因为它本身就是因变量的预测值。然而，预测值平方的系数也是显著的，说明我们的线性模型设定有待改进。

2. 基于递归残差的Harvey-Collier检验

用lmtest包中的harvtest()函数对基于LSRate排序的递归残差进行检验。R代码及输出结果如下：

```
harvtest(model_linear, order.by = ~ LSRate, data = df_house)
##  Harvey-Collier test
##
## data:  model_linear
## HC = 6.35, df = 500, p-value = 4.842e-10
```

极小的p值拒绝了"线性模型设定是正确的"的原假设。

3. 彩虹检验

用lmtest包中的raintest()函数对线性模型进行彩虹检验。R代码及输出结果如下：

```
raintest(model_linear, order.by = ~ LSRate, data = df_house)
##  Rainbow test
##
## data:  model_linear
## Rain = 1.8712, df1 = 253, df2 = 248, p-value = 4.591e-07
```

极小的p值拒绝了原假设，表明用全部数据拟合的效果甚至不如中间部分数据拟合的效果理想，意味着线性模型设定可能是不正确的。

13.5.4 回归设定误差检验

用lmtest包中的resettest()函数进行RESET检验。R代码及输出结果如下：

```
resettest(model_linear, power = 2:3, type = "fitted")
##  RESET test
##
## data:  model_linear
## RESET = 119.62, df1 = 2, df2 = 499, p-value < 2.2e-16
```

极小的p值表明线性模型的设定是不正确的，可能需要在模型中引入自变量的高阶多项式。

13.5.5 非嵌套检验

1. 戴维森—麦金农J检验

该检验需要构建两个因变量相同的非嵌套模型，我们针对11.5.1节中消费函数的案例分别构建基于分布滞后理论的模型A和基于自回归理论的模型B，然后用lmtest包中的jtest()函数实现J检验。R代码及输出结果如下：

```
df_Jtest <- read_xlsx("./dataset/US_PCE_DPI_UN.xlsx")   # 读入数据
# 生成滞后变量
df_Jtest %>%
  mutate(Month = yearmonth(DATE)) %>%
  as_tsibble(index = Month) %>%
  mutate(DPI_lag = lag(DPI),
         DPI_lag2 = lag(DPI, 2),
         PCE_lag = lag(PCE)) -> df_Jtest
# 拟合分布滞后模型
model_A <- lm(PCE ~ DPI + DPI_lag + DPI_lag2, data = df_Jtest)
# 拟合自回归模型
model_B <- lm(PCE ~ DPI + PCE_lag, data = df_Jtest)
# 非嵌套模型J检验
jtest(model_A, model_B)
```

```
##  J test
##
##  Model 1: PCE ~ DPI + DPI_lag + DPI_lag2
##  Model 2: PCE ~ DPI + PCE_lag
##                   Estimate Std. Error t value  Pr(>|t|)
##  M1 + fitted(M2)  0.96494   0.023087 41.7961 < 2.2e-16 ***
##  M2 + fitted(M1)  0.15147   0.044724  3.3868 0.0008237 ***
##  ---
##  Signif. codes:
##  0 '***' 0.001 '**' 0.01 '*' 0.05 '.' 0.1 ' ' 1
```

该检验的一个重要缺陷是，可能会出现两个模型同时被“接受”或者同时被“拒绝”的情况。本例的结果就是两种模型同时被“接受”，具体选择哪一个模型可以根据相关信息准则并结合实际情况进行抉择。

2. 戴维森—怀特—麦金农PE检验

该检验专门用于对比线性模型和对数模型之间的差异。我们依然用13.5.1节中的房屋价值案例数据，分别构建5.2节测度边际效应的线性模型和下面测度弹性效应的双对数模型，然后用lmtest包中的petest()函数实现。R代码及输出结果如下：

```
lm(log(HouseValue) ~ log(CrimeRate) + log(Rooms) + log(PTRatio) + log(LSRate),
   data = df_house) -> model_log
petest(model_linear, model_log)
```

```
##  Warning: NaNs producedPE test
##
##  Model 1: HouseValue ~ CrimeRate + Rooms + PTRatio + LSRate
##  Model 2: log(HouseValue) ~ log(CrimeRate) + log(Rooms) + log(PTRatio) +
##                              log(LSRate)
##                             Estimate Std. Error  t value
##  M1 + log(fit(M1))-fit(M2)  -9893.6     944.88 -10.4708
```

```
## M2 + fit(M1)-exp(fit(M2))      0.0       0.00   5.0668
##                            Pr(>|t|)
## M1 + log(fit(M1))-fit(M2) < 2.2e-16 ***
## M2 + fit(M1)-exp(fit(M2)) 5.702e-07 ***
## ---
## Signif. codes:
## 0 '***' 0.001 '**' 0.01 '*' 0.05 '.' 0.1 ' ' 1
```

检验的结果同样出现了两类模型同时被“接受”的情况，因为两类模型的因变量不同，所以信息准则也不能直接使用，具体选择哪一类需要进一步的研究。

13.6 变量选择的R实现

我们仍以波士顿房屋价值数据为例来说明变量选择的R软件实现。以HouseValue为因变量，以CrimeRate、Rooms、PTRatio、LSRate和Age为自变量进行模型构建和变量选择。R代码如下：

```
Boston %>%
  mutate(HouseValue = medv,
         CrimeRate = crim,
         Rooms = rm,
         PTRatio = ptratio,
         LSRate = lstat,
         Age = age)  %>%
  select(HouseValue, CrimeRate, Rooms, PTRatio, LSRate, Age) -> df_subset
model_all <- lm(HouseValue ~ CrimeRate + Rooms + PTRatio + LSRate + Age,
                data = df_subset)
```

13.6.1 所有可能的线性模型

本例中有5个自变量，因此除了零模型外，一共可以拟合31个线性回归模型。用ALSM包中的model.s()函数或olsrr包中的ols_step_all_possible()函数可以输出所有可能的模型及相关信息准则。R代码如下，输出结果如表13.1所示。

```
model_select <- ALSM::model.s(x = df_subset[, -1],
                              y = df_subset[, 1])
as.data.frame(model_select)
```

表13.1 所有可能的模型及相关信息准则

ID	k	X1	X2	X3	X4	X5	SSEp	r2	r2.adj	Cp	AICp	SBCp	PRESSp
1	2	0	0	0	1	0	19472	0.544	0.543	217.970	1851	1859	19678
2	2	0	1	0	0	0	22062	0.484	0.483	313.713	1914	1923	22374
3	2	0	0	1	0	0	31702	0.258	0.256	670.147	2098	2106	32002
4	2	1	0	0	0	0	36276	0.151	0.149	839.247	2166	2174	36873
5	2	0	0	0	0	1	36647	0.142	0.140	852.965	2171	2179	36929
6	3	0	1	0	1	0	15439	0.639	0.637	70.851	1736	1748	15815

续表

ID	k	X1	X2	X3	X4	X5	SSEp	r2	r2.adj	Cp	AICp	SBCp	PRESSp
7	3	0	0	1	1	0	16802	0.607	0.605	121.245	1778	1791	17064
8	3	0	1	1	0	0	18742	0.561	0.560	192.951	1834	1846	19077
9	3	0	0	0	1	1	19168	0.551	0.550	208.720	1845	1858	19530
10	3	1	0	0	1	0	19325	0.548	0.546	214.537	1849	1862	19582
11	3	1	1	0	0	0	19566	0.542	0.540	223.424	1855	1868	19969
12	3	0	1	0	0	1	20065	0.530	0.528	241.877	1868	1881	20451
13	3	0	0	1	0	1	28969	0.322	0.319	571.080	2054	2067	29368
14	3	1	0	1	0	0	28992	0.321	0.319	571.933	2054	2067	29473
15	3	1	0	0	0	1	33466	0.217	0.213	737.359	2127	2140	33990
16	4	0	1	1	1	0	13728	0.679	0.677	9.577	1678	1695	14118
17	4	1	1	0	1	0	15128	0.646	0.644	61.337	1727	1744	15572
18	4	0	1	0	1	1	15419	0.639	0.637	72.105	1737	1754	15941
19	4	0	0	1	1	1	16402	0.616	0.614	108.463	1768	1785	16802
20	4	1	0	1	1	0	16780	0.607	0.605	122.431	1780	1797	17105
21	4	1	1	1	0	0	17328	0.594	0.592	142.692	1796	1813	17710
22	4	0	1	1	0	1	17575	0.589	0.586	151.823	1803	1820	17960
23	4	1	1	0	0	1	18640	0.564	0.561	191.195	1833	1850	19072
24	4	1	0	0	1	1	18968	0.556	0.553	203.338	1842	1859	19378
25	4	1	0	1	0	1	27514	0.356	0.352	519.288	2030	2047	28018
26	5	1	1	1	1	0	13605	0.682	0.679	7.047	1676	1697	14068
27	5	0	1	1	1	1	13662	0.680	0.678	9.128	1678	1699	14190
28	5	1	1	0	1	1	15090	0.647	0.644	61.918	1728	1749	15673
29	5	1	0	1	1	1	16356	0.617	0.614	108.747	1769	1790	16813
30	5	1	1	1	0	1	16730	0.608	0.605	122.571	1780	1801	17147
31	6	1	1	1	1	1	13523	0.683	0.680	6.000	1675	1700	14118

输出结果中,第一列表示模型编号,第二列是对应的参数个数,第三到第七列是自变量是否被选中(1表示选中,0表示未选中),后面七列是不同的信息准则。综合来看,选择编号为26的模型,也就是我们在5.2节拟合的模型model_linear。我们可以用ALSM包中的plotmodel.s()函数将变量筛选过程进行图形展示,代码如下,输出结果略。

```
plotmodel.s(x = df_subset[, -1], y = df_subset[, 1])
```

还可以用olsrr包实现相似的功能。R代码如下,输出结果如图13.3所示。

```
ols_step_all_possible(model_all)   # 输出结果略
plot(olsrr_all)   # 变量选择可视化
```

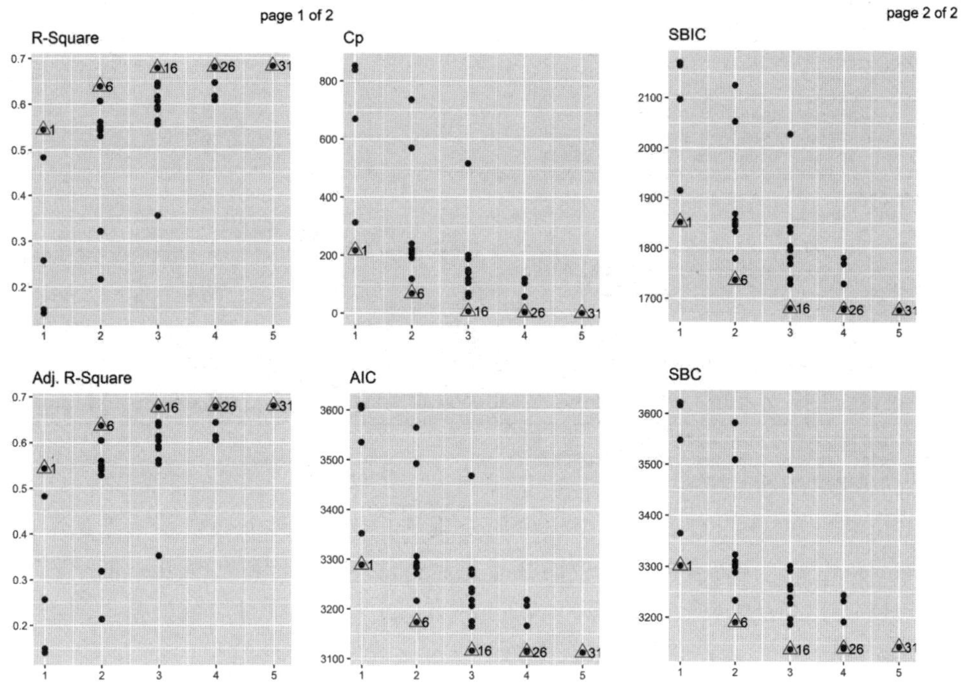

图 13.3　全模型信息准则及模型选择图

13.6.2 "最优"子集筛选的 R 实现

我们用两种方法实现"最优"子集变量筛选。

方法一:用 ALSM 包中的 BestSub 函数,R 代码及输出结果如下:

```
ALSM::BestSub(x = df_subset[, -1],
        y = df_subset[, 1],
        method = c('r2', 'r2adj', 'sse', 'cp', 'press', 'aic', 'sbc'),
        num = 2)
##       p  1  2  3  4  5   SSEp      r2   r2.adj        Cp  AICp  SBCp   PRESSp
##   1   2  0  0  0  1  0  19472  0.5441  0.5432   217.970  1851  1859   19678
##   1   2  0  1  0  0  0  22062  0.4835  0.4825   313.713  1914  1923   22374
##   2   3  0  1  0  1  0  15439  0.6386  0.6371    70.851  1736  1748   15815
##   2   3  0  0  1  1  0  16802  0.6067  0.6051   121.245  1778  1791   17064
##   3   4  0  1  1  1  0  13728  0.6786  0.6767     9.577  1678  1695   14118
##   3   4  1  1  0  1  0  15128  0.6459  0.6437    61.337  1727  1744   15572
##   4   5  1  1  1  1  0  13605  0.6815  0.6789     7.047  1676  1697   14068
##   4   5  0  1  1  1  1  13662  0.6802  0.6776     9.128  1678  1699   14190
##   5   6  1  1  1  1  1  13523  0.6834  0.6803     6.000  1675  1700   14118
```

方法二:用 olsrr 包中的 ols_step_best_subset()函数,R 代码及部分输出结果如下:

```
olsrr_best_subset <- ols_step_best_subset(model_all)   # 截取部分结
```

```
              Best Subsets Regression
------------------------------------------------
Model Index    Predictors
------------------------------------------------
     1         LSRate
     2         Rooms LSRate
     3         Rooms PTRatio LSRate
     4         CrimeRate Rooms PTRatio LSRate
     5         CrimeRate Rooms PTRatio LSRate Age
------------------------------------------------

                                          Subsets Regression Summary
----------------------------------------------------------------------------------------------
                      Adj.        Pred
Model    R-Square   R-Square    R-Square     C(p)          AIC          SBIC          SBC
----------------------------------------------------------------------------------------------
  1       0.5441     0.5432      0.5393    217.9696    3288.9750    1851.6437    3301.6546
  2       0.6386     0.6371      0.6298     70.8513    3173.5423    1736.8691    3190.4485
  3       0.6786     0.6767      0.6695      9.5770    3116.0973    1680.1066    3137.2300
  4       0.6815     0.6789      0.6707      7.0470    3113.5611    1677.6539    3138.9203
  5       0.6834     0.6803      0.6695      6.0000    3112.4869    1676.6648    3142.0726
----------------------------------------------------------------------------------------------
AIC: Akaike Information Criteria
 SBIC: Sawa's Bayesian Information Criteria
 SBC: Schwarz Bayesian Criteria
```

由输出结果可知,一个自变量模型选中的变量是LSRate,两个自变量模型选中的变量是LSRate和Rooms,三个自变量模型选中的变量是LSRate、Rooms和PTRatio,四个自变量模型选中的变量是LSRate、Rooms、PTRatio和CrimeRate,五个自变量对应的就是全回归。这五个模型构成了备选"子集",读者可以根据表中的信息准则确定最终的模型。

用plot()函数对变量选择过程进行可视化,R代码如下,输出结果如图13.4所示。

```
plot(olsrr_best_subset)    # 变量选择可视化
```

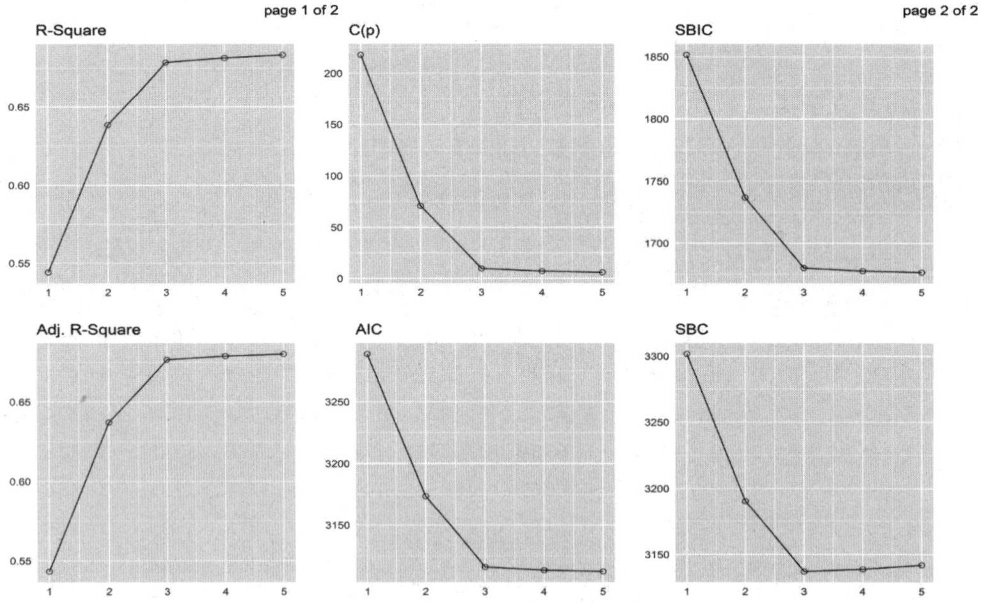

图13.4 "最优"子集筛选信息准则图

13.6.3 逐步回归法

为了更好地体会逐步回归的思想,我们用Boston数据集中的所有变量(变量名称如下)构建全回归模型。

```
## Candidate Terms:
##
## 1 . crim
## 2 . zn
## 3 . indus
## 4 . chas
## 5 . nox
## 6 . rm
## 7 . age
## 8 . dis
## 9 . rad
## 10 . tax
## 11 . ptratio
## 12 . black
## 13 . lstat
model_stepwise <- lm(medv ~ ., data = Boston)
```

1. 向前回归法

用olsrr包中基于p值的ols_step_forward_p()函数或基于AIC的ols_step_forward_aic()函数进行向前法逐步回归,R代码及输出结果如下:

```
ols_step_forward_p(model_stepwise, penter = 0.001)
ols_step_forward_aic(model_stepwise)    # 输出结果略
```

Selection Summary

Step	Variable Entered	R-Square	Adj. R-Square	C(p)	AIC	RMSE
1	lstat	0.5441	0.5432	362.7530	3288.9750	6.2158
2	rm	0.6386	0.6371	185.6474	3173.5423	5.5403
3	ptratio	0.6786	0.6767	111.6489	3116.0973	5.2294
4	dis	0.6903	0.6878	91.4853	3099.3590	5.1386
5	nox	0.7081	0.7052	59.7536	3071.4386	4.9939
6	chas	0.7158	0.7124	47.1754	3059.9390	4.9326
7	black	0.7222	0.7183	37.0589	3050.4384	4.8818

由输出结果可知,在0.001的显著性水平下,用向前逐步回归方法筛选了7个进入模型的变量。如果想了解变量进入模型的细节,可以在函数里增加参数设置details=TRUE即可。

2. 向后回归法

用olsrr包中基于p值的ols_step_backward_p()函数或基于AIC的ols_step_backward_aic()函数进行后退法逐步回归,R代码及输出结果如下:

```
ols_step_backward_p(model_stepwise, prem = 0.001)
ols_step_backward_aic(model_stepwise, prem = 0.001)    # 输出结果略
```

Elimination Summary

Step	Variable Removed	R-Square	Adj. R-Square	C(p)	AIC	RMSE
1	age	0.7406	0.7343	12.0027	3025.6114	4.7405
2	indus	0.7406	0.7348	10.1145	3023.7264	4.7362
3	chas	0.7353	0.7299	18.2049	3031.9965	4.7797

由输出结果可知,在0.001的显著性水平下,用向后逐步回归方法从全模型中剔除了3个变量。如果想了解变量退出模型的细节,可以在函数里增加参数设置details=TRUE即可。

3. 逐步回归法

用olsrr包中基于p值的ols_step_both_p()函数或基于AIC的ols_ step_both _aic()函数进行"有进有出"的逐步回归,R代码及输出结果如下:

```
ols_step_both_p(model_stepwise, pent = 0.001, prem = 0.01)
ols_step_both_aic(model_stepwise)    # 输出结果略
```

```
Final Model Output
------------------

                          Model Summary
--------------------------------------------------------------
R                        0.850       RMSE               4.882
R-Squared                0.722       Coef. Var         21.665
Adj. R-Squared           0.718       MSE               23.832
Pred R-Squared           0.706       MAE                3.358
--------------------------------------------------------------
 RMSE: Root Mean Square Error
 MSE: Mean Square Error
 MAE: Mean Absolute Error

                                ANOVA
-----------------------------------------------------------------------
                Sum of
               Squares         DF    Mean Square        F         Sig.
-----------------------------------------------------------------------
Regression   30848.060          7       4406.866    184.915     0.0000
Residual     11868.236        498         23.832
Total        42716.295        505
-----------------------------------------------------------------------

                                     Parameter Estimates
--------------------------------------------------------------------------------------------
      model       Beta    Std. Error    Std. Beta        t        Sig       lower      upper
--------------------------------------------------------------------------------------------
(Intercept)     30.412         4.905                  6.200     0.000     20.774     40.050
      lstat     -0.537         0.048       -0.417   -11.204     0.000     -0.631     -0.443
         rm      4.294         0.407        0.328    10.561     0.000      3.495      5.093
    ptratio     -0.974         0.112       -0.229    -8.701     0.000     -1.194     -0.754
        dis     -1.123         0.165       -0.257    -6.804     0.000     -1.448     -0.799
        nox    -16.677         3.252       -0.210    -5.129     0.000    -23.066    -10.288
       chas      3.052         0.876        0.084     3.484     0.001      1.331      4.773
      black      0.009         0.003        0.089     3.384     0.001      0.004      0.014
--------------------------------------------------------------------------------------------

                             Stepwise Selection Summary
-----------------------------------------------------------------------------------------
                      Added/                 Adj.
Step    Variable     Removed     R-Square   R-Square      C(p)        AIC         RMSE
-----------------------------------------------------------------------------------------
   1     lstat       addition      0.544      0.543     362.7530    3288.9750    6.2158
   2       rm        addition      0.639      0.637     185.6470    3173.5423    5.5403
   3    ptratio      addition      0.679      0.677     111.6490    3116.0973    5.2294
   4      dis        addition      0.690      0.688      91.4850    3099.3590    5.1386
   5      nox        addition      0.708      0.705      59.7540    3071.4386    4.9939
   6      chas       addition      0.716      0.712      47.1750    3059.9390    4.9326
   7     black       addition      0.722      0.718      37.0590    3050.4384    4.8818
-----------------------------------------------------------------------------------------
```

如果想了解变量进入和退出模型的细节,可以在函数里增加参数设置details=TRUE即可。最终的输出结果一共包含四个部分:第一部分是模型综述(Model Summary),第二部分是方差分析表(ANOVA),第三部分是回归系数的参数估计与假设检验(Parameter Estimates),第四部分是变量筛选信息准则综述(Stepwise Selection Summary)。

第14章 二分因变量回归模型

在前面的OLS回归中,因变量都是服从正态分布的连续型随机变量。在实际建模时会遇到离散因变量的情形,该离散因变量可能服从二项分布,也有可能服从泊松分布。本章重点介绍因变量为二分变量时回归模型构建的原理及R实现。

假定因变量Y是一个二分变量,此时的分布为二项分布的特殊形式——伯努利分布。它的取值只有两个,要么是0(表示随机事件的结果为“失败”),要么是1(表示随机事件的结果为“成功”)。我们可以用下式表示该随机变量的分布

$$Y_i \sim Bern(p_i)$$

该随机事件可以表达为

$$\begin{cases} P(Y_i = 1) = p_i \\ P(Y_i = 0) = 1 - p_i \end{cases}$$

或者更简洁地表达为

$$P(Y_i = y_i) = p_i^{y_i}(1 - p_i)^{1-y_i}, \quad y_i \in \{0,1\}$$

由统计学知识可知,该变量的均值为$E(Y_i) = p_i$,方差为$\text{var}(Y_i) = p_i(1 - p_i)$。可见其均值和方差均随着$i$的变化而变化,换句话说,异方差必然存在,因此传统的OLS不再适用。

14.1 线性概率模型

如果我们依然采用OLS方法拟合如下模型

$$Y_i = E(Y) + u_i$$

假定影响因变量均值的因素有若干个自变量,则该模型可以表达为

$$Y_i = E(Y) + u_i = p_i + u_i = \beta_1 + \beta_2 X_{2i} + \cdots + \beta_k X_{ki} + u_i$$

相应地可以把均值方程表达为

$$p_i = \beta_1 + \beta_2 X_{2i} + \cdots + \beta_k X_{ki}$$

我们称该模型为线性概率模型(Linear Probability Model,LPM),这跟多元线性回归模型是一样的,只是因变量由Y_i变成了p_i,可以借助于OLS进行估计。线性概率模型的核心问题是:第一,该OLS模型的因变量是有界的,而自变量线性组合则是无界的,有可能会超出[0,1]的取值范围;第二,误差项会出现系统性的异方差;第三,线性假定不成立。但是,线性概率模型的突出优势是结果易于解释,而且常常作为探索性研究的起点。

14.2 Logit回归模型

14.2.1 模型设定

为了保证概率的非负性,可以用指数函数 $\exp(\mathbf{X\beta})$ 替代线性概率模型中的线性函数 $\mathbf{X\beta}$。同时,为了保证概率的取值范围在[0,1]之间,可以进行如下变换

$$p_i = \frac{\exp(\mathbf{X\beta})}{1+\exp(\mathbf{X\beta})}$$

对应的事件“失败”的概率可以表示为

$$1-p_i = \frac{1}{1+\exp(\mathbf{X\beta})}$$

用“成功”的概率除以“失败”的概率得到优势(或胜算)

$$Odds = \frac{p_i}{1-p_i} = \exp(\mathbf{X\beta})$$

两边取对数可得对数优势

$$\log(Odds) = \log\left(\frac{p_i}{1-p_i}\right) = \mathbf{X\beta}$$

14.2.2 Logit模型的参数估计

由线性概率模型可知,OLS的方法其实是不适用的。因此,通常用极大似然法估计离散因变量模型,具体的方法有最大化对数似然函数值、牛顿—拉夫森数值优化以及迭代再加权最小二乘等。感兴趣的读者可以查阅相关文献。

14.2.3 回归系数的含义

在一般线性模型中,自变量的系数依然可以用边际效应解释其经济含义。但是在Logit回归中则没有那么直接。简单起见,我们以一元回归为例介绍Logit模型中回归系数的含义。14.2.1节中的对数优势表达式可以简化为

$$\log(Odds) = \log\left(\frac{p_i}{1-p_i}\right) = \beta_1 + \beta_2 X_i$$

当自变量增加1个单位,由 X_i 变为 X_i+1 时,对数优势变为

$$\log(Odds^*) = \beta_1 + \beta_2(X_i+1) = \beta_1 + \beta_2 X_i + \beta_2$$

两式相减,可得

$$\log(Odds^*) - \log(Odds) = \log\left(\frac{Odds^*}{Odds}\right) = \beta_2$$

进而可以求得优势比

$$Odds\text{-}Ratio = \frac{Odds^*}{Odds} = e^{\beta_2}$$

它的基本含义是:自变量变化1各单位,某随机事件“成功”的优势是“失败”的 e^{β_2} 倍,或者解

释为“成功”的优势比“失败”的优势大 $e^{\beta_2}-1$ 倍。

14.2.4 模型预测与分类

1. 模型预测

根据预测变量的不同可以分为两类，一类是预测对数优势，即

$$\log(Odds)=\log\left(\frac{\hat{p}_i}{1-\hat{p}_i}\right)=b_1+b_2X_i$$

另一类是预测原始概率，即

$$\hat{p}_i=\frac{e^{b_1+b_2X_i}}{1+e^{b_1+b_2X_i}}$$

2. 预测分类

通常把预测概率 $\hat{p}_i>0.5$ 的个案归为“成功”类($Y_i=1$)，把预测概率 $\hat{p}_i<0.5$ 的个案归为“失败”类($Y_i=0$)。将因变量观测值的频数和预测值的频数组合在一起形成的列联表称为混淆矩阵(Confusion Matrix)，我们将在14.5节予以详细介绍。

14.3 Probit回归模型

Probit 回归模型和 Logit 回归模型非常相似，只是连接函数的形式从逻辑斯蒂分布(Logistic Distribution)变为标准正态分布(Standard Normal Distribution)。所以，Probit回归模型的原理、步骤以及实施方法均可以参考Logit回归模型。

14.4 模型假设检验与拟合优度

对于形如Logit或Probit的离散因变量模型，不能再用OLS的 t 检验及 F 检验，而是用Wald检验和似然比(Likelihood Ratio)检验。

1. 单个回归系数显著性的Wald检验

检验的原假设和备则假设分别为

$$\begin{cases}H_0:\beta_j=b_0\\H_1:\beta_j\neq b_0\end{cases}$$

对应的Wald检验统计量在大样本情况下服从标准正态分布，即

$$Wald=\frac{b_j-b_0}{Se(b_j)}\sim N(0,1)$$

2. 回归模型整体显著性的似然比检验

检验的原假设和备则假设分别为

$$\begin{cases}H_0:\beta_2=\beta_3=\cdots=\beta_k=0\\H_1:\text{至少一个回归系数不为0}\end{cases}$$

对应的统计量为

$$LR=2(L_U-L_R)$$

其中，L_U 是不受约束模型的最大似然值，L_R 是受约束模型的最大似然值。在大样本情况

下,似然比统计量近似服从卡方分布。

3. 模型的拟合优度

与OLS输出的判决系数R^2或R_a^2不同,离散因变量模型因为用的是极大似然估计(MLE)估计而不会在回归结果中例行给出判决系数。相反,可以计算基于对数似然函数值的“伪”判决系数(Pseudo R^2),常用的有Cohen R^2、Cox & Snell R^2、Nagelkerke R^2和Mc-Fadden R^2等。还可以通过霍斯默—勒梅休(Hosmer-Lemeshow)检验评价分类模型的拟合优度。详细内容读者可以查阅相关文献。

14.5 混淆矩阵

14.5.1 列联表

将因变量实际观测值的频数以及根据模型预测的分类频数放在一张二维表格中,就形成了列联表格式的混淆矩阵,如表14.1所示。

表14.1 混淆矩阵示意图

观测值(Observed)	预测值(Predicted)	
	1(PP)	0(PN)
1(P)	TP	FN
0(N)	FP	TN

表14.1中字母的含义如下:P是Positive,表示正值或阳性;N是Negative,表示负值或阴性;PP是Predicted Positive,表示预测阳性;PN是Predicted Negative,表示预测阴性;TP是True Positive,表示真阳性,即观测值为阳性预测值也为阳性,是正确的预测;FP是False Positive,表示假阳性,即观测值为阴性但预测值却为阳性,是错误的预测;FN是False Negative,表示假阴性,即观测值为阳性但预测值却为阴性,同样是错误的预测;TN是True Negative,表示真阴性,即观测值为阴性预测值也为阴性,也是正确的预测。

由表14.1可知,建模数据中的样本总数为P + N(其值也等于PP+PN,又等于TP + FP + FN + TN);样本观测中阳性的频数为TP + FN,阴性的频数为FP + TN;模型做出阳性预测的频数为TP + FP,做出阴性预测的频数为TN + FN;模型做出正确预测的频数为TP + TN,做出错误预测的频数为FP + FN。

混淆矩阵在医学、工程领域的应用尤其广泛,矩阵中的频数及其边缘频率在不同的学科中有很多不同的术语名称,我们在表14.2中详细给出。其中,

①处为流行率(Prevalence),计算公式为Prevalence=P/(P + N);

②处为模型预测正确率(Accuracy,ACC),计算公式为ACC=(TP + TN)/(P + N);

③处为平衡正确率(Balanced Accuracy,BA),计算公式为BA=(TPR + TNR)/2;

④处为马修斯相关系数(Matthews Correlation Coefficient,MCC),计算公式为

$$\mathrm{MCC}=\sqrt{\mathrm{TPR}\times\mathrm{TNR}\times\mathrm{PPV}\times\mathrm{NPV}}-\sqrt{\mathrm{FPR}\times\mathrm{FNR}\times\mathrm{FDR}\times\mathrm{FOR}}$$

表 14.2 混淆矩阵中的重要统计指标

	PP	PN		
P	TP (True Positive)	FN (False Negative)	真阳率(TPR) 召回率(Recall) 灵敏度(SEN) 命中率(Hit Rate) TPR=TP/P=1 − FNR	假阴率(FNR) 漏诊率(Miss Rate) FNR=FN/P=1 − TPR
N	FP (False Positive)	TN (True Negative)	假阳率(FPR) 误诊率(Fall-out) 虚报率(FALSE Alarm) FPR=FP/N=1 − TNR	真阴率(TNR) 特异度(SPC) TNR=TN/N=1 − FPR
①	精确率(Precision) 阳性预测值(PPV) PPV=TP/PP=1− FDR	错误遗漏率(FOR) FOR=FN/PN=1 − NPV	阳性似然比(LR^+) LR^+=TPR/FPR	阴性似然比(LR^-) LR^-=FNR/TNR
②	错误发现率(FDR) FDR=FP/PP=1 − PPV	阴性预测值(NPV) NPV=TN/PN=1 − FOR		诊断优势比(DOR) DOR=LR^+/LR^-
③	F1得分(F1-Score) F1-Score =2TP/(2TP+FP+FN)		④	风险得分(TS) 雅卡尔指数(Jaccard Index) TS=TP/(TP + FN + FP)

14.5.2 重要指标介绍

在表 14.2 中,有几个重要的统计指标用于评价二分因变量模型的分类效果,下面进行简要介绍。

1. 灵敏度

灵敏度 SEN(Sensitivity)又称"召回率",在医学中常用于鉴别病人,表示实际有病被诊断出来的比例,取值为 0~1。

2. 特异度

特异度 SPC(Specificity)用于鉴别正常人,表示实际无病被诊断为正常的比例,取值为 0~1。

3. 假阳性率

假阳性率又称"误诊率",是指无病的人被诊断为有病的比例,误诊会导致受试者心理压力甚至可能浪费医疗资源。

4. 假阴性率

假阴性率又称为"漏诊率",是指病人被诊断为正常人的比例,漏诊会导致病情延误,严重者甚至会危及生命,因此该值越小越好。

5. 正确率

模型预测的正确率是指有病的人其病情被正确诊断出来,无病的人也被诊断为正常,其值越高表明模型的预测效果越好。

6. F1得分

F1得分是用于评价二分类模型的统计指标,它兼顾了召回率和精确率,本质上是二者的调

和平均值,表14.2中的计算公式等价于公式

$$\text{F1-Score}=\frac{2}{\frac{1}{\text{Recall}}+\frac{1}{\text{Precision}}}$$

7. 马修斯相关系数MCC

MCC也是一种评价二分类模型的统计指标,有研究认为它的评估效果非常不错。

14.6 ROC曲线与AUC

ROC曲线的全称是受试者工作特征曲线(Receiver Operating Characteristic Curve,ROC),可用于评价不同分类模型的相对质量。它是以真阳率TPR(灵敏度)为纵轴,以假阳率FPR(1－特异度)为横轴绘制出的如图14.1所示的曲线。

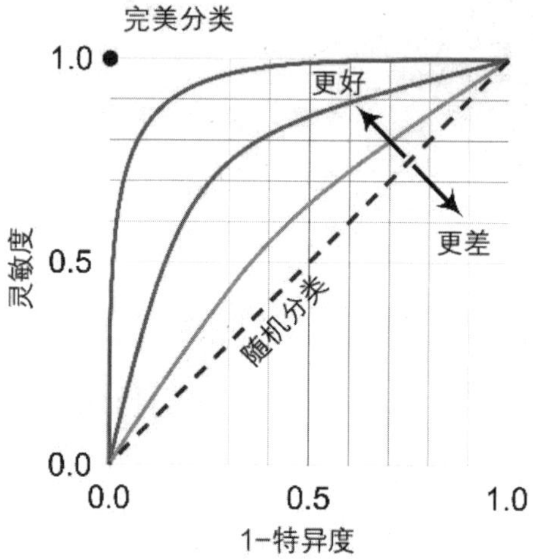

图14.1 ROC曲线示意图

图14.1中虚线表示随机分类,默认为任意样本都有50%的概率被诊断为正例,因此位于45度对角线上。正方形左上角的点(0,1)表示漏诊率为0,因此是最完美的分类效果。中间的三条曲线对应三个不同分类模型的ROC曲线,越靠近(0,1)点的曲线分类效果越好。

绘图过程如下:假定样本观测中有 n^+ 个正例(阳性,取值为1)和 n^- 个负例(阴性,取值为0),根据分类模型的预测概率对样本进行排序并把分类阈值(大于阈值的预测为正,小于阈值的预测为负)设为最大值,此时所有的样本均预测为负例,此时TPR和FPR均为0,对应于坐标原点(0,0)处的点。然后,依次调小分类阈值并根据相应的混淆矩阵计算TPR和FPR,将对应的点标注在坐标系中,最后用平滑曲线连接各点即可得到ROC曲线。

在实际应用中,通常根据曲线与点(0,0)、点(1,0)及点(1,1)围成的区域的面积大小来比较不同分类模型的分类效果。我们称这个面积为AUC,即ROC曲线下的面积(Area Under the Curve,AUC)。

14.7 LPM模型的R实现

14.7.1 数据集与扩展包

本章采用的数据集是Ecdat包中的Hmda.rda，该数据集是由美国住房抵押贷款信息披露法案(HMDA)提供的消费者申请抵押贷款的相关信息，它包含13个变量共2800多个观测个案。本例用到的变量有：

(1)贷款是否被拒(deny)，虚拟变量，0表示贷款申请被接受，1表示被拒；

(2)申请者的债务收入比(dir)，数值型变量，是申请者债务与收入之比；

(3)历史消费信用得分(ccs)，分类变量，是申请者过往逾期还款记录，取值为1～6，取值越小意味着消费者信用越好；

(4)申请者族裔(black)，虚拟变量，0表示申请者不是黑人，1表示是黑人。

本章用到的R扩展包有：

```
library(ggplot2)
library(dplyr)
library(tibble)
library(ggeffects)
library(lmtest)
library(sandwich)
library(readxl)
library(tidymodels)
library(forcats)
library(broom)
library(aod)
library(Ecdat)
library(car)
library(gmodels)
library(rms)
library(DescTools)
library(pROC)
```

14.7.2 数据预处理

首先读入数据并筛选建模需要的变量，然后对变量名称和类型进行优化。R代码如下：

```
df_PLM <- Hdma %>%
  mutate(Deny_num = ifelse(deny == "no", 0, 1),
         Race_num = ifelse(black == "no", 0, 1),
         Race = black,
         CCS = round(ccs, digits = 0),
         Deny = deny,
         DIRatio = dir) %>%
  select(Deny, Deny_num, DIRatio, CCS, Race, Race_num)
```

```
str(df_PLM)
head(df_PLM)
```

建模数据的前6行如表14.3所示。

表14.3 抵押贷款样本数据

N	Deny	Deny_num	DIRatio	CCS	Race	Race_num
1	no	0	0.221	5	no	0
2	no	0	0.265	2	no	0
3	no	0	0.372	1	no	0
4	no	0	0.320	1	no	0
5	no	0	0.360	1	no	0
6	no	0	0.240	1	no	0

14.7.3 散点图

以申请者抵押贷款是否被拒(Deny_num)为纵轴、以债务收入比(DIRatio)为横轴绘制散点图,R代码如下,输出结果如图14.2所示。

```
ggplot(data = df_PLM,
       aes(x = DIRatio, y = Deny_num)) +
  geom_point(size = 3, alpha = 0.6) +
  stat_smooth(method = "lm", se = F) +
  scale_y_continuous(breaks = c(0, 1), limits = c(-0.5, 1.5)) +
  geom_hline(yintercept = 1, color = "red", lty = "dashed", size = 0.8) +
  geom_hline(yintercept = 0, color = "red", lty = "dashed", size = 0.8) +
  labs(x = "债务收入比", y = "贷款申请是否被拒") +
  theme_bw()
```

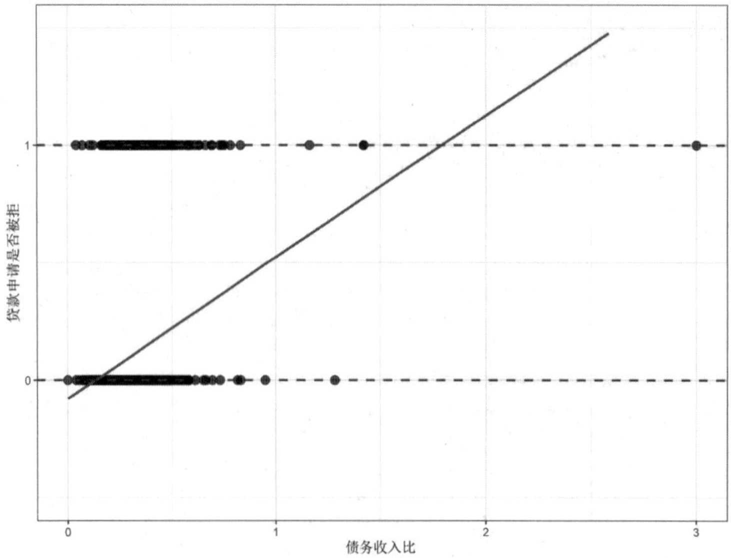

图14.2 线性趋势散点图

14.7.4 OLS拟合及稳健标准误

1. 模型拟合

用OLS拟合线性概率回归模型,R代码及输出结果如下:

```
model_PLM <- lm(Deny_num ~ DIRatio + Race + CCS, data = df_PLM)
car::S(model_PLM)
```

```
##  Call: lm(formula = Deny_num ~ DIRatio + Race + CCS, data = df_PLM)
##
##  Coefficients:
##                Estimate Std. Error t value Pr(>|t|)
##  (Intercept) -0.164014   0.021319  -7.693 2.08e-14 ***
##  DIRatio      0.526937   0.058445   9.016  < 2e-16 ***
##  Raceyes      0.133176   0.018348   7.258 5.28e-13 ***
##  CCS          0.042731   0.003845  11.113  < 2e-16 ***
##  ---
##  Signif. codes:  0 '***' 0.001 '**' 0.01 '*' 0.05 '.' 0.1 ' ' 1
##
##  Residual standard deviation: 0.3045 on 2377 degrees of freedom
##  Multiple R-squared: 0.1217
##  F-statistic: 109.7 on 3 and 2377 DF,  p-value: < 2.2e-16
##      AIC     BIC
##  1100.23 1129.10
```

由输出结果可知,三个自变量对贷款是否被拒均有显著的影响,DIRatio的系数为0.526937,意味着在其他两个自变量保持不变时,债务收入比每增加1个单位,抵押贷款被拒的概率平均提高约53%;同理,其他条件保持不变,黑人申请者贷款被拒的概率比非黑人平均高13.3%;历史消费信用记录越差,贷款被拒的概率越高,平均高约4.3%。

2. 稳健标准误

因为线性概率模型必然违背异方差的假定,因此需要对回归系数的标准误进行校正。用lmtest()包中的coeftest()函数并选择HC1类型的稳健标准误。R代码及输出结果如下:

```
model_PLM_robust <- coeftest(model_PLM, vcov = vcovHC(model_PLM, type = "HC1"))
```

```
##  t test of coefficients:
##
##                Estimate Std. Error t value  Pr(>|t|)
##  (Intercept) -0.1640145  0.0267187 -6.1386 9.728e-10 ***
##  DIRatio      0.5269374  0.0814209  6.4718 1.173e-10 ***
##  Raceyes      0.1331763  0.0241847  5.5066 4.051e-08 ***
##  CCS          0.0427308  0.0049557  8.6225 < 2.2e-16 ***
##  ---
##  Signif. codes:  0 '***' 0.001 '**' 0.01 '*' 0.05 '.' 0.1 ' ' 1
```

3. PLM模型预测结果

用线性概率模型拟合预测概率并用summary()函数对其进行简要描述统计,R代码及输出结果如下:

```
aug_PLM <- augment(model_PLM)
summary(aug_PLM$.fitted)
##       Min.   1st Qu.     Median      Mean    3rd Qu.      Max.
##   -0.1213     0.0473     0.0816    0.1197     0.1793    1.4595
```

可以看出,线性概率模型的预测值既有小于0的负数,又有大于1的数,超出了因变量的取值范围。

以0.5为阈值,将预测结果分成0和1两类,并用table()函数生成列联表。R代码及输出结果如下:

```
aug_PLM <- aug_PLM %>%
  mutate(Prob = ifelse(.fitted < 0.5, 0, 1),
         Prob = factor(Prob))
table(aug_PLM$Deny_num, aug_PLM$Prob)
##         0     1
##    0 2093     3
##    1  278     7
```

由输出结果可知,模型的预测效果很不好,这也符合我们的预期。

14.8 逻辑斯蒂模型的R实现

14.8.1 Logit模型与Probit模型的对比

线性概率模型很显然无法完美捕捉样本数据中的"非线性"特征,因此要借助于"S"形曲线,标准正态分布和逻辑斯蒂分布的累积概率函数均满足此类分布。下面,通过随机模拟对二者的区别进行对比。R代码如下,输出结果如图14.3所示。

```
# 生成随机数据表
df_logit_vs_probit <- tibble(X = seq(-4, 4, by = 0.1),
       Probit = pnorm(seq(-4, 4, by = 0.1)),
       Logit = exp(seq(-4, 4, by = 0.1))/(1+exp(seq(-4, 4, by = 0.1))))
# 绘制probit分布和logit分布的累积概率分布
df_logit_vs_probit %>%
  pivot_longer(cols = X,
               names_to = "Model",
               values_to = "Values") %>%
  ggplot(aes(x = X, y = Values, group = Model, lty = Model)) +
  geom_line(size = 0.8) +
  geom_hline(yintercept = 0, lty = 2, color = "red") +
  geom_hline(yintercept = 1, lty = 2, color = "red") +
  labs(x = "随机变量X",
       y = "累积概率",
       lty = "模型")
```

由图14.3可以看出,二者的形态非常接近,都能很好地反映二分因变量的分布特征。因此在实际建模时采用何种形式更多取决于建模经验和个人偏好。

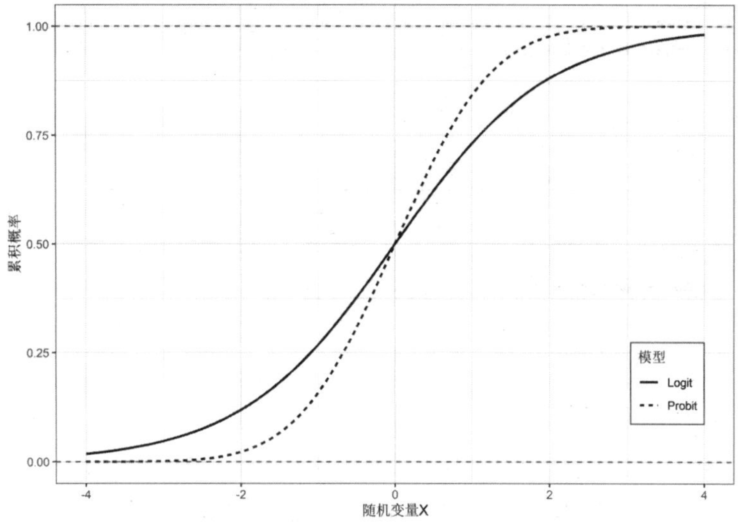

图14.3 Logit模型与Probit模型累积概率函数对比图

14.8.2 基础Logit模型

继续沿用14.7.2节中变换后的数据df_PLM。为了方便对比,我们首先构建仅包含债务收入比(DIRatio)和族裔(Race)两个自变量的Logit模型。

1. 散点图

将14.7.3节中代码第4行中的method参数稍作修改,就可以绘制逻辑斯蒂拟合曲线。R代码如下,输出结果如图14.4所示。

```
ggplot(data = df_PLM,
       aes(x = DIRatio, y = Deny_num)) +
  geom_point(size = 3, alpha = 0.6) +
  stat_smooth(method = "glm",
              method.args = list(family = binomial(link = "logit")),
              se = F) +
  scale_y_continuous(breaks = c(0, 1), limits = c(-0.5, 1.5)) +
  geom_hline(yintercept = 1, color = "red", lty = "dashed", size = 0.8) +
  geom_hline(yintercept = 0, color = "red", lty = "dashed", size = 0.8) +
  labs(x = "债务收入比", y = "贷款申请是否被拒") +
  theme_bw()
```

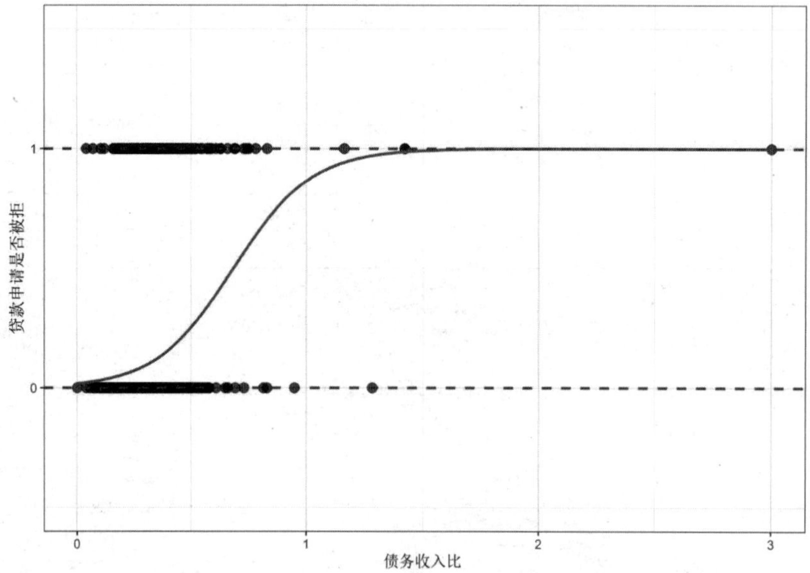

图14.4 基于Logit模型的非线性趋势散点图

由图14.4可以看出,Logit变换后的"S"形曲线在自变量接近于0和大于1.5时就变得非常平坦,债务收入比超过1.5时,贷款申请被拒的概率几乎是100%。相较于线性概率模型,Logit模型似乎更符合样本特征。

2. 模型的极大似然估计

用基础包中的glm()函数并指定连接函数为logit即可进行Logit模型的拟合。R代码及输出结果如下:

```
model_Logit01 <- glm(Deny ~ DIRatio + Race,
                     data = df_PLM,
                     family = binomial(link = "logit"))
car::S(model_Logit01)
```

```
## Call: glm(formula = Deny ~ DIRatio + Race, family = binomial(link = logit),
## data  = df_PLM)
##
## Coefficients:
##              Estimate  Std. Error    z value                 Pr(>|z|)
## (Intercept)    -4.126       0.268     -15.37   < 0.0000000000000002 ***
## DIRatio         5.371       0.728       7.37       0.00000000000017 ***
## Raceyes         1.273       0.146       8.71   < 0.0000000000000002 ***
## ---
## Signif. codes:  0 '***' 0.001 '**' 0.01 '*' 0.05 '.' 0.1 ' ' 1
##
## (Dispersion parameter for binomial family taken to be 1)
##
##     Null deviance: 1744.4  on 2380  degrees of freedom
## Residual deviance: 1591.6  on 2378  degrees of freedom
```

```
##
## logLik     df    AIC     BIC
## -795.8      3 1597.6 1614.9
##
## Number of Fisher Scoring iterations: 5
##
## Exponentiated Coefficients and Confidence Bounds
##                Estimate       2.5%      97.5%
## (Intercept)     0.01614   0.009383    0.02685
## DIRatio       215.15720  53.893435  932.75693
## Raceyes         3.57263   2.676136    4.74928
```

输出结果中上半部分的系数估计是没有明确含义的对数优势(Log Odds),因此需要用指数函数把它们转换成优势(Odds)。幸运的是,car包中的S()函数会自动给出转换后的系数及其置信区间(输出结果中的最后部分)。比如,在其他条件保持不变的情况下,黑人申请者贷款被拒的概率是非黑人申请者的3.57倍,或者说前者被拒的概率比后者高2.57倍。

可以手动验证对数优势到优势的转化,R代码及输出结果如下:

```
exp(coef(model_Logit01))
## (Intercept)     DIRatio      Raceyes
##     0.01614   215.15720      3.57263
```

还可以用rms包中的lrm()函数拟合Logistic回归,读者可以自行尝试其用法。

3. 模型的预测

我们将债务收入比控制在中位数水平,看看黑人申请者与非黑人申请者贷款被拒的概率差异。R代码如下,输出结果如表14.4所示。

```
tibble(DIRatio = median(df_PLM$DIRatio),
       Race = factor(c("no", "yes"))) %>%
  mutate(Prob_pred = predict(object = model_Logit01,
                             newdata = .,
                             type = "response"))
```

表14.4 不同族裔申请者贷款被拒的概率差异

DIRatio	Race	Prob_pred
0.33	no	0.08676
0.33	yes	0.25339

由表14.4可知,同样的债务收入比水平,黑人申请者贷款被拒的概率比非黑人被拒的概率平均高约16.7%。

用同样的方法可以控制族裔为黑人,对比不同债务收入比的贷款申请者被拒的概率差异。R代码如下,输出结果如表14.5所示。

```
tibble(DIRatio = seq(0.1, 0.4, 0.1),
       Race = factor(c("yes"))) %>%
  mutate(Prob_pred = predict(object = model_Logit01,
                             newdata = ., type = "response"))
```

表14.5　不同债务收入比申请者贷款被拒的概率差异

DIRatio	Race	Prob_pred
0.1	yes	0.08981
0.2	yes	0.14444
0.3	yes	0.22413
0.4	yes	0.33079

由表14.5可以看出,同为黑人申请者,债务收入比越高抵押贷款被拒的概率也越高,而且这种变化是非线性的。比如,债务收入比从0.1增加到0.2,黑人申请者贷款被拒的概率平均提高约5.5%,而债务收入比从0.3增加到0.4,黑人申请者贷款被拒的概率则平均提高约10%。

14.8.3　拓展Logit模型

将14.8.2节中基础模型中的名义分类变量族裔(Race)换成顺序分类变量消费信用历史(CCS),就得到了本节的拓展模型。

1. 模型拟合

将变量CCS转换为因子类型,用glm()函数拟合Logit模型。R代码及输出结果如下:

```
model_Logit02 <- glm(Deny ~ DIRatio + factor(CCS),
                     data = df_PLM,
                     family = binomial(link = "logit"))
car::S(model_Logit02)
```

```
##  Call: glm(formula = Deny ~ DIRatio + factor(CCS),
##             family = binomial(link  = "logit"), data = df_PLM)
##
##  Coefficients:
##                Estimate  Std. Error   z value               Pr(>|z|)
##  (Intercept)     -4.635       0.290    -15.98  < 0.0000000000000002 ***
##  DIRatio          5.512       0.743      7.41      0.00000000000012 ***
##  factor(CCS)2     0.729       0.190      3.83               0.00013 ***
##  factor(CCS)3     1.146       0.265      4.32      0.00001534664778 ***
##  factor(CCS)4     1.580       0.304      5.19      0.00000020810447 ***
##  factor(CCS)5     1.471       0.214      6.86      0.00000000000668 ***
##  factor(CCS)6     2.024       0.192     10.55  < 0.0000000000000002 ***
##  ---
##  Signif. codes:  0 '***' 0.001 '**' 0.01 '*' 0.05 '.' 0.1 ' ' 1
##
##  (Dispersion parameter for binomial family taken to be 1)
##
##      Null deviance: 1744.4  on 2380  degrees of freedom
##  Residual deviance: 1526.2  on 2374  degrees of freedom
```

```
##
##    logLik       df      AIC      BIC
##   -763.09        7 1540.18 1580.61
##
##   Number of Fisher Scoring iterations: 5
##   Exponentiated Coefficients and Confidence Bounds
##                      Estimate         2.5%         97.5%
##   (Intercept)     0.00970536  0.00539466     0.0168096
##   DIRatio       247.61539338 60.72623700  1112.0209486
##   factor(CCS)2    2.07228164  1.42078970     2.9991553
##   factor(CCS)3    3.14703397  1.83732094     5.2168817
##   factor(CCS)4    4.85336127  2.60894253     8.6553793
##   factor(CCS)5    4.35444989  2.84284546     6.5983789
##   factor(CCS)6    7.57132159  5.19409835    11.0334275
```

可以看出，除了第4类和第5类外，申请者的历史消费信用得分对贷款被拒的概率有明显不同的影响。

2. 预测概率置信区间的图形展示

保持债务收入比不变（取中位数水平），用predict()函数生成不同类别的历史消费信用得分对贷款被拒概率影响的置信区间并绘制误差条图。R代码如下，输出结果如图14.5所示。

```
#  生成包含预测概率点估计和置信区间的数据框
tibble(DIRatio = median(df_PLM$DIRatio),
       CCS = factor(rep(1:6))) %>%
  mutate(Prob_pred = predict(model_Logit02, newdata = ., type = "response"),
         SE = predict(model_Logit02,
                      newdata = .,
                      type = "response",
                      se = TRUE)$se.fit,
         lower = Prob_pred - (1.96 * SE),
         upper = Prob_pred + (1.96 * SE)) -> df_CCS
#  绘制误差条图
df_CCS %>% ggplot(data = ., aes(x = CCS, y = Prob_pred)) +
  geom_errorbar(aes(ymin = lower, ymax = upper), width = 0.1, col = "red") +
  geom_point(alpha = 0.5, size = 2) +
  labs(x = "消费信用得分",
       y = "贷款被拒的概率预测值") +
  theme_bw()
```

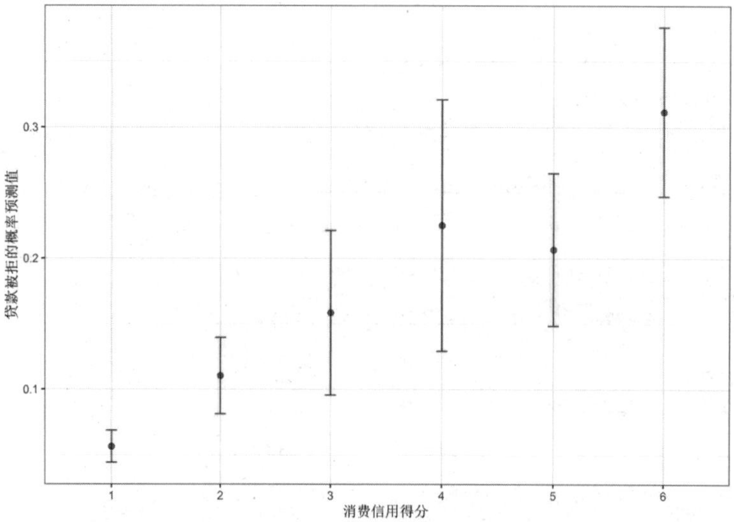

图14.5　消费信用得分对贷款被拒影响的误差条图

3. 全模型预测与条件效应

随机生成CCS(每个类别100个观测)和DIRatio(每个类别100个观测)作为预测数据集,用预测结果绘制不同类别的拟合结果。R代码如下,部分输出结果如表14.6所示。

```
df_newdata2 <- tibble(DIRatio = rep(seq(from = 0, to = 1.5, length.out = 100), 6),
                      CCS = factor(rep(1:6, each = 100))) %>%
  mutate(Prob_pred = predict(object = model_Logit02,
                             newdata = ., type = "response"),
         SE = predict(object = model_Logit02,
                      newdata = .,
                      type = "response",
                      se = TRUE)$se.fit,
         lower = Prob_pred - (1.96 * SE),
         upper = Prob_pred + (1.96 * SE))
#  切片展示每组3个共18个预测结果
df_newdata2 %>%
  group_by(CCS) %>%
  slice(1:3)
```

表14.6　模型预测结果(部分)

DIRatio	CCS	Prob_pred	SE	lower	upper
0.0000000	1	0.00961207	0.00276174	0.00419906	0.0150251
0.0151515	1	0.01044054	0.00289107	0.00477405	0.0161070
0.0303030	1	0.01133959	0.00302282	0.00541487	0.0172643
0.0000000	2	0.01971571	0.00580746	0.00833309	0.0310983
0.0151515	2	0.02139620	0.00608852	0.00946269	0.0333297
0.0303030	2	0.02321653	0.00637686	0.01071788	0.0357152

续表

DIRatio	CCS	Prob_pred	SE	lower	upper
0.0000000	3	0.02963786	0.01046264	0.00913110	0.0501446
0.0151515	3	0.03213635	0.01105282	0.01047283	0.0537999
0.0303030	3	0.03483790	0.01167002	0.01196466	0.0577111
0.0000000	4	0.04498467	0.01611930	0.01339084	0.0765785
0.0151515	4	0.04871196	0.01704466	0.01530442	0.0821195
0.0303030	4	0.05273103	0.01801427	0.01742307	0.0880390
0.0000000	5	0.04054788	0.01256983	0.01591102	0.0651848
0.0151515	5	0.04392446	0.01317830	0.01809500	0.0697539
0.0303030	5	0.04756828	0.01380204	0.02051629	0.0746203
0.0000000	6	0.06845235	0.01940186	0.03042470	0.1064800
0.0151515	6	0.07397348	0.02017846	0.03442371	0.1135233
0.0303030	6	0.07990174	0.02095187	0.03883607	0.1209674

用 ggplot2 中的 geom_ribbon()函数将 6 类不同消费信用得分的贷款申请者被拒的预测概率分别绘制出来，R 代码如下，输出结果如图 14.6 所示。

```
ggplot(data = df_newdata2, aes(x = DIRatio, y = Prob_pred)) +
  geom_ribbon(aes(ymin = lower, ymax = upper, fill = CCS), alpha = 0.2) +
  geom_line(aes(colour = CCS, linetype = CCS), size = 0.6) +
  geom_hline(yintercept = 0, lty = 2, color = "red", lwd = 0.7) +
  geom_hline(yintercept = 1, lty = 2, color = "red", lwd = 0.7) +
  scale_color_brewer(palette = "RdYlGn", direction = -1) +
  scale_fill_brewer(palette = "RdYlGn", direction = -1) +
  scale_linetype_manual(values = c(1, 2, 3, 4, 5, 6)) +
  labs(x = "债务收入比", y = "贷款被拒的概率预测")
```

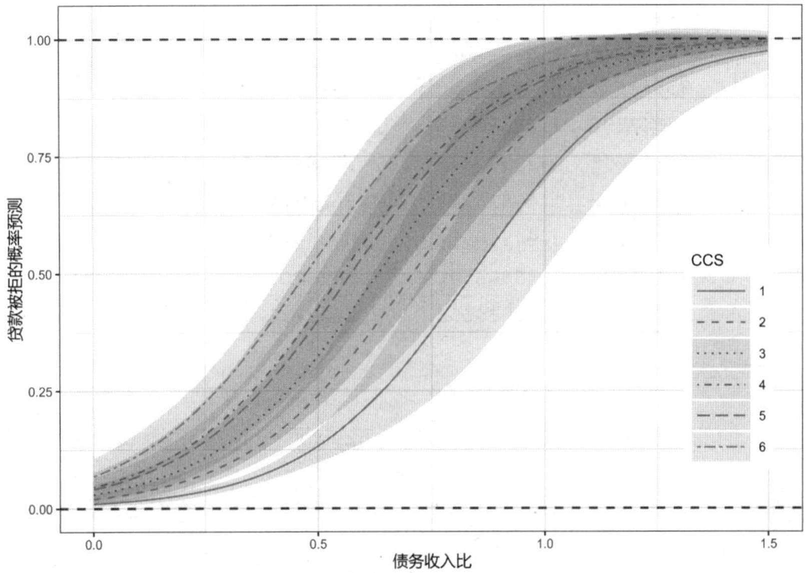

图 14.6　历史消费信用得分的条件效应对比图

4. Wald检验

由14.8.3节第一部分的输出结果可知,历史消费信用得分第4类和第5类的差异很小,那么它们之间的差异究竟是否显著呢? 我们可以借助于aod包中的wald.test()函数进行Wald检验。R代码及输出结果如下:

```
LH_vec <- cbind(0, 0, 0, 0, -1, 1, 0)
aod::wald.test(b = coef(model_Logit02),
               Sigma = vcov(model_Logit02),
               L = LH_vec)
##  Wald test:
##  ----------
##
##  Chi-squared test:
##  X2 = 0.11, df = 1, P(> X2) = 0.75
```

卡方检验的p值为0.75,远大于0.05,表明这两类之间的差异的确不显著。

14.8.4 最终的Logit模型

我们将债务收入比、族裔和消费信用历史得分同时作为解释变量放入模型中。

1. 模型拟合结果

R代码及部分输出结果如下:

```
model_Logit03 <- glm(Deny ~ DIRatio + Race + factor(CCS),
                     family = binomial(link = "logit"),
                     data = df_PLM)
S(model_Logit03)
##  Number of Fisher Scoring iterations: 5
##
##  Exponentiated Coefficients and Confidence Bounds
##                    Estimate         2.5%        97.5%
##  (Intercept)     0.00952378   0.00531156    0.0163992
##  DIRatio       177.96651421  44.78140750  787.9488605
##  Raceyes         2.56367298   1.88370410    3.4704174
##  factor(CCS)2    2.04835438   1.40135822    2.9709333
##  factor(CCS)3    2.78987072   1.61414378    4.6659271
##  factor(CCS)4    3.86766283   2.04510988    7.0094928
##  factor(CCS)5    3.83401028   2.48363647    5.8518061
##  factor(CCS)6    6.08291569   4.12014638    8.9659732
```

2. 模型拟合优度

(1)似然比检验

用lmtest包中的lrtest()函数对模型的总体显著性进行似然比检验。R代码及输出结果如下:

```
lmtest::lrtest(model_Logit03)
##  Likelihood ratio test
##
```

```
## Model 1: Deny ~ DIRatio + Race + factor(CCS)
## Model 2: Deny ~ 1
##   #Df LogLik Df Chisq            Pr(>Chisq)
## 1   8 -746.0
## 2   1 -872.2 -7 252.4   <0.0000000000000002 ***
## ---
## Signif. codes:  0 '***' 0.001 '**' 0.01 '*' 0.05 '.' 0.1 ' ' 1
##
```

非常低的p值表明,最终的模型是高度显著的。

(2)AIC与Pseudo R^2

还可以用AIC()函数和DescTools包中的PseudoR2()函数计算三个Logit模型的AIC值和各种“伪”判决系数。R代码及输出结果如下:

```
tibble(`Model Name` = c("Deny ~ Race", "Deny ~ CCS", "Deny ~ Race + CCS"),
       AIC = c(AIC(model_Logit01), AIC(model_Logit02), AIC(model_Logit03)),
       `McFadden R Square` = c(PseudoR2(model_Logit01),
                               PseudoR2(model_Logit02),
                               PseudoR2(model_Logit03)),
       `Cox & Snell R Square` = c(PseudoR2(model_Logit01, which = "CoxSnell"),
                                  PseudoR2(model_Logit02, which = "CoxSnell"),
                                  PseudoR2(model_Logit03, which = "CoxSnell")))
```

Model Name <chr>	AIC <dbl>	McFadden R Square <dbl>	Cox & Snell R Square <dbl>
Deny ~ Race	1597.57	0.0876236	0.0621797
Deny ~ CCS	1540.18	0.1251078	0.0875842
Deny ~ Race + CCS	1507.99	0.1447115	0.1005952

(3)Hosmer-Lemeshow检验

该检验用DescTools包中的HosmerLemeshowTest()函数实现,R代码及输出结果如下:

```
model_Logit03 %>%
  augment(type.predict = "response") %>%
  mutate(Deny_num = if_else(Deny == "no", 0, 1)) -> HLT_aug
HLT_test <- HosmerLemeshowTest(fit = HLT_aug$.fitted,
                               obs = HLT_aug$Deny_num, ngr = 10)
HLT_test$C
##  Hosmer-Lemeshow C statistic
##
## data:  HLT_aug$.fitted and HLT_aug$Deny_num
## X-squared = 11.84, df = 8, p-value = 0.159
```

p值大于0.1表明在10%的显著性水平上不能拒绝原假设,即认为模型的预测效果良好。

(4)ROC曲线与AUC

用pROC包中的roc()函数和plot()函数绘制ROC曲线,AUC()函数计算AUC值。R代码如下,输出结果如图14.7所示。

```
model_Logit03 %>%
  augment(type.predict = "response") %>%
```

```
  mutate(Deny_num = if_else(Deny == "no", 0, 1)) -> df_final_aug
ROC03 <- roc(df_final_aug$Deny_num, df_final_aug$.fitted)
plot(ROC03, print.auc = TRUE, auc.polygon = TRUE, grid = c(0.1, 0.2),
     grid.col = c("green", "red"), max.auc.polygon = TRUE,
     auc.polygon.col = "skyblue", print.thres = TRUE)
```

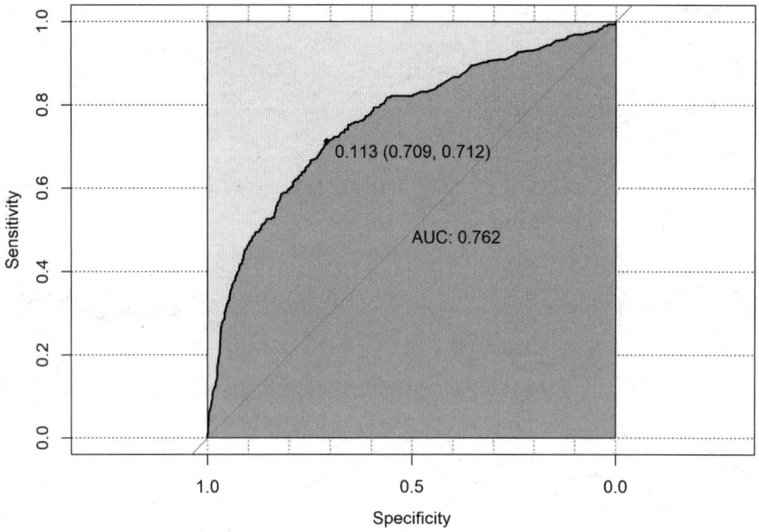

图 14.7　ROC 曲线

```
AUC <- auc(ROC03)   # 计算AUC值
##  Area under the curve: 0.762
ci(AUC)   # 生成AUC值的置信区间
##  95% CI: 0.73-0.794 (DeLong)
# 显示ROC详细结果
coords(ROC03, "best", ret = "all", transpose = T)
##        threshold     specificity    sensitivity         accuracy            tn
##        0.1130893       0.7094466      0.7122807        0.7097858  1487.0000000
##               tp              fn             fp              npv           ppv
##      203.0000000      82.0000000    609.0000000        0.9477374     0.2500000
##              fdr             fpr            tpr              tnr           fnr
##        0.7500000       0.2905534      0.7122807        0.7094466     0.2877193
##    1-specificity   1-sensitivity     1-accuracy            1-npv         1-ppv
##        0.2905534       0.2877193      0.2902142        0.0522626     0.7500000
##        precision          recall         youden  closest.topleft
##        0.2500000       0.7122807      1.4217273        0.1672037
```

(5)输出混淆矩阵

用 caret 包中的 confusionMatrix()函数生成混淆矩阵及相关指标。R代码及输出结果如下：

```
Actural <- factor(df_final_aug$Deny_num,
                  levels = c(1, 0),
                  labels = c("Denial", "Accepted"))
```

```
Prediction <- ifelse(df_final_aug$.fitted > 0.113, 1, 0)
Prediction <- factor(Prediction,
                     levels = c(1, 0),
                     labels = c("Denial", "Accepted"))
crosstable <- table(Actural, Prediction)   # 生成交叉表
caret::confusionMatrix(crosstable)
## Confusion Matrix and Statistics
##
##                  Prediction
##    Actural    Denial  Accepted
##     Denial       203        82
##   Accepted       609      1487
##
##                Accuracy : 0.71
##                  95% CI : (0.691, 0.728)
##     No Information Rate : 0.659
##     P-Value [Acc > NIR] : 0.0000000659
##
##                   Kappa : 0.234
##
##  Mcnemar's Test P-Value : < 0.0000000000000002
##
##             Sensitivity : 0.2500
##             Specificity : 0.9477
##          Pos Pred Value : 0.7123
##          Neg Pred Value : 0.7094
##              Prevalence : 0.3410
##          Detection Rate : 0.0853
##    Detection Prevalence : 0.1197
##       Balanced Accuracy : 0.5989
##
##        'Positive' Class : Denial
```

参考文献

[1] 达摩达尔•古扎拉蒂. 计量经济学:原理与实践[M]. 2版. 北京:中国人民大学出版社,2022.

[2] 杰弗里•M. 伍德里奇. 计量经济学导论:现代观点[M]. 7版. 北京:清华大学出版社,2022.

[3] 乔舒亚•安格里斯特,约恩—斯特芬•皮施克. 基本无害的计量经济学:实证研究者指南[M]. 上海:格致出版社,2021.

[4] 庞皓,史代敏. 计量经济学[M]. 5版. 北京:科学出版社,2023.

[5] 王敏杰. 数据科学中的R语言[M]. https://bookdown. org/wangminjie/R4DS/,2024.

[6] 徐德义,李奇明,李忠武. 基于R的应用统计 [M]. 2版. 北京:中国统计出版社,2023.

[7] 朱顺泉. 经济金融计量及其R语言应用[M]. 北京:清华大学出版社,2016.

[8] 赵西亮. 基本有用的计量经济学[M]. 北京:北京大学出版社,2017.

[9] AGRESTI A. An introduction to categorical data analysis[M]. Wiley,2018.

[10] ANDERSEN R. Modern methods for robust regression[M]. Sage,2007.

[11] NOKERI T C. Practical econometrics and data science[M]. Apress,2022.

[12] BERTSIMAS D,KING A,MAZUMDER R. Best subset selection via a modern optimization lens[J]. Annals of statistics,2016,44(2):813—852.

[13] BRUCE P,BRUCE A,GEDECK P. Practical statistics for data scientists:50+ essential concepts using R and Python[M]. O'Reilly Media,2020.

[14] COLONESCU C. Using R for principles of econometrics[M]. 2nd ed. CreateSpace,2018.

[15] DAVID D. R for statistical learning[OL]. 2020-10-28. https://daviddalpiaz. github. io/r4sl/.

[16] EISENHAUER J G. Regression through the origin[J]. Teaching statistics,2003,25(3):76—80.

[17] FRANK E H. Regression modeling strategies with applications to linear models, logistic and ordinal regression, and survival analysis[M]. 2nd ed. Springer,2015.

[18] FOX J,WEISBERG S. An R companion to applied regression[M]. 3rd ed. SAGE,2020.

[19] GARRETT G, WICKHAM H. R for data science: import, tidy, transform, visualize, and model data[M]. O'Reilly Media,2017.

[20] WICKHAM H. ggplot2:elegant graphics for data analysis[M]. 2nd ed. Springer,2016.

[21] HAYASHI F. Econometrics[M]. Princeton University Press,2011.

[22] HAYES A F,CAI L. Using heteroskedasticity-consistent standard error estimators in OLS regression: An introduction and software implementation[J]. Behavior research methods, 2007,39:709—722.

[23] HILL R C,GRIFFITHS W E,LIM G C. Principles of econometrics[M]. 5th ed. Wiley, 2018.

[24] HOSMER D W, LEMESHOW S. Applied logistic regression [M]. Wiley, 2013.

[25] HYNDMAN R J, ATHANASOPOULOS G. Forecasting: principles and practice. 3rd ed. Otexts, 2021.

[26] JAMES G, WITTEN D, HASTIE T, et al. An introduction to statistical learning: with applications in R[M]. Springer, 2014.

[27] KUTNER M H, NACHTSHEIM C J, NETER J, et al. Applied linear statistical models[M]. 5th ed. McGraw-Hill, 2004.

[28] LIU J, RAO B D. Robust linear regression via L0 regularization[J]. IEEE Transactions on Signal Processing, 2018, 66 (3): 698—713.

[29] LONG J S. Regression models for categorical and limited dependent variables[M]. SAGE, 1997.

[30] NEWEY W, WEST K. A simple, positive semi-definite, heteroscedasticity and autocorrelation consistent covariance matrix[J]. Applied econometrics, 2014, 33(1): 125—132.

[31] PATIL I. Visualizations with statistical details: The 'ggstatsplot' approach[J]. Journal of open source software, 2021, 6(61): 3167.

[32] PORTER D C, GUJARATI D N. Basic econometrics[M]. McGraw-Hill/Irwin, 2009.

[33] STOCK J, WATSON M. Introduction to econometrics[M]. 4th ed. Pearson, 2018.

[34] TONY C. R companion to real econometrics[OL]. 2021-02-21. https://bookdown.org/carillitony/bailey/.

[35] ZEILEIS A. Econometric computing with HC and HAC covariance matrix estimators[J]. Journal of statistical software, 2004, 11(10): 1—17.